KB125117

공교육과 기독교

발행일 • 2014년 8월 5일
지은이 • 강영택 김창환 송순재 유재봉 정병오 카를 에기디우스
펴낸이 • 김진우 임종화
펴낸곳 • 좋은교사운동 출판부

출판등록번호 • 제 2000-34호
주소 • 151-836 서울특별시 관악구 남부순환로 218길 36, 4층
전화 • 02-876-4078
팩스 • 02-879-2496
홈페이지 • www.goodteacher.org
이메일 • goodteacher2@kornet.net
디자인 • 디자인집 02-521-1474

ISBN 978-89-91617-19-3 03370
값 15,000원

공교육과 기독교

독일 · 영국 · 덴마크 · 미국 · 한국의 근대 공교육 전개 과정에서 나타난 기독교의 역할

강영택 | 김창환 | 송순재 | 유재봉 | 정병오 | 카를 에기디우스

좋은교사

공교육과 기독교의 관계에 대한 역사적 고찰을 시작하며

오늘날 한국의 기독교 교육운동은 여러 영역에서 다양한 형태로 그 어느 때보다 활발하게 전개되고 있지만, 한 가지 공통적인 벽에 부딪혀 있다. 그것은 '공교육'을 어떻게 이해하고 대응해야 할 것인가 하는 문제다. 공교육을 기독교적으로 어떻게 보아야 하는가 하는 문제가 분명해져야만 기독교 교육운동의 다음 단계 운동 목표와 전략을 짤 수 있을 텐데 이에 대한 관점이 분명히 정립되어 있지 않아 어려움을 겪고 있다. 그러다 보니 개별 학부모에서부터 교회, 교육운동 단체들에 이르기까지 공교육의 도전 앞에서 제대로 방향을 잡지 못하고 있다.

기독교사운동은 공교육을 기독교적으로 어떻게 보아야 할 것인가 하는 문제와 관련하여 가장 실제적인 어려움을 겪고 있는 영역이다. 기독교사운동은 1970년대 후반부터 주로 대학생 선교단체 출신들의 학사모임 형태로 시작이 되어 '기독교사로서의 소명과 영성, 전문성' '학교에서의 전도와 양육' 등의 주제로 모임을 지속해왔다. 그러다가 1990년대 중반부터 연합운동이 시작되었고, 2000년대 들어서면서 '좋은교사운동'이라는 이름으로 '기독교 정신에 기반한 교육실천 운동과 교직문화개선 운동' '기독교 세계관에 기반한 수업과 생활지도' '기독교적 관점에서 교육제도와 구조를 분석하고 이를 개혁하는 운동'에 이르기까지 폭넓은 교육운동을 전개해왔다. 이들은 대부분이 공교육에 속한 기독교사들로서(최근에는 기독교 대안학교 교사들도 많이 활동하고 있다) 기독교사운동이라는 정체성을 유지하고 분명하게 드러내는 가운데 '복음전도 운동' '교사 소명 회복과 내부 자정 운동' '교육개혁 운동'을 전개함으로써 공교육 가운데서 무시할 수 없는 세력으로 자리를 잡고 있다.

하지만 기독교사운동이 교육계에서 존재감이 미미할 때와는 달리, 교육계에 중요한 영향력을 미치는 집단으로 자리를 잡으면서, 기독교사운동이 갖는 '기독교성'이 문제가 되고 있다. 한국이라는 다종교 사회 가운데서 공교육은 종교적으로 중립을 지켜야 하는데, '기독교'를 중심 가치에 두고 공교육 가운데서 활동하는 것이 맞지 않다는 것이다. 그래서 한국 공교육 내에서 좋은교사운동의 활동과 가치를 높이 평가하는 사람들 가운데서도 좋은교사운동의 멤버십을 기독교사에게 한정짓지 말고 일반 교사들에게 개방하라고 권유를 하는 사람이 많이 있다. 그래서 이제는 좋은교사운동이 '기독'을 내려놓고 '일반적으로 좋은'으로 성육신(?)을 하라고 요구하기도 한다. 물론 좋은교사운동이 '기독'을 내려놓는다는 것은 핵심 정체성을 내려놓는 것을 의미하기 때문에 이를 수용하지 않고 있다. 하지만 좋은교사운동이 일반 교육계의 이러한 우려에 대해 응답을 할 필요는 있다. 역사적으로 공교육은 기독교의 영향 하에 생성 확대되어 왔고, 지금도 기독교가 그 정체성을 유지하면서 공교육 속에서 그 역할을 하는 것이 공교육의 공공성과 질을 높이고 유지하는데 더 기여할 수 있음을 일반인들도 납득할 수 있는 논리로 증명할 필요가 있다.

이뿐 아니라 한국 기독교가 사회적인 신뢰를 잃어버리고, 기독교의 일부가 공적 영역에서 기본 질서나 타종교에 대한 배려를 하지 못함으로 인해, 모든 공적 영역에서의 종교중립에 대한 압박이 커져가고 있다. 이러한 분위기는 기독교사들을 위축시켜 기독교사로서의 정체성을 가지고 행하는 자신의 교육 행위에 대한 자기검열을 강화시키고 있다. 그래서 기독교사가 가지고 있는 기독성을 공교육의 공공성을 풍요롭게 하는 형태로 표현하는 교육 행위를 위축시킬 뿐 아니라 이러한 풍성한 교육활동에 기반한 교사와 학생간의 자발적인 종교활동의 영역도 위축시키고 있다. 이러한 상황에 대해 기독교는 한편으로 정부를 향해 기독교가 가진 영성과 세계관은 공교육 출발의 기반이었으며, 지금도 공교육의 공공성에 생명력을 불어넣고 활성화시킬 수 있는 것임을 입증할 필요가 있다. 동시에 기독교사들을 향해서도 기독교가 가진 생명력과 가치를 가지고 교육의 상황 속에서 창의력을 발휘하는 일은 기독교적인 활동일 뿐 아니라 공교육 교사로서 마땅하고 칭찬받을 일임을 확신시켜줄 필요가 있다. 그리고 이러한 공교육 속에서 기독교의 정신에 기반한 공교육 활동의 연장선에서 이루어지는 교사와 학생 사이의 자발적인 종교활동 역시 공교육이 가진 공공성에 위반되지 않을 뿐 아니라 오히려 생명력과 풍성함을 주는 것임을 확신시켜줄 필요가 있다.

최근 미션스쿨이 직면하고 있는 위기도 공교육과 기독교의 관계에 대한 올바른 인식의 부재에 기인한 바가 크다. 어느 나라 할 것 없이 공교육의 발전 과정에서 기독교는 공교육의 중요한 부분을 맡아 역할을 해왔다. 물론 각 나라의 역사적 상황에 따라 그 존재 방식의 차이가 있기는 하지만 기독교가 설립한 학교들은 각 나라 공교육의 공적 가치 실현에 있어서 빈 부분들을 메우고 공교육이 나아갈 방향을 제시하는 데 기여를 해왔고, 이러한 부분에 대해 정부도 그 가치를 인정하면서 공존을 모색해왔다.

그런데 우리나라의 경우 정부는 미션스쿨들에게 재정 지원을 한다는 명목으로 일반 공교육의 틀 가운데서 관료적 통제를 강화하고 있다. 비록 정부가 미션스쿨에게 재정적 지원을 하고 공교육의 틀 가운데서 공존시킨다 하더라도 미션스쿨이 가진 종교적 가치를 한국 공교육의 공공성을 높이고 활성화시키는데 활용할 수 있을 텐데 이러한 관점은 전혀 가지고 있지 않다. 반면 미션스쿨의 경우 자신들이 가진 기독교적 가치를 한국 공교육이 가진 교육의 사유화 현상과 입시 위주의 생명력을 잃어버린 상황을 치유하는 대안의 능력으로 드러내지 못했다. 오히려 한국 교육이 가진 병폐에 편승해서 입시명문의 기득권을 차지하려는 방향으로 자율권을 사용함으로 국민들의 신뢰를 얻지 못하고 있다.

그러기에 이제 정부든 미션스쿨이든 공교육이 원래 추구해야 할 수준높은 공적 가치 실현을 선도하는 존재로서의 미션스쿨의 가치와 역할을 재인식할 필요가 있다. 이는 서구 여러 국가는 물론이고 한국 공교육의 초기 역사 가운데서도 나타났던 현상이다. 그래서 정부는 한국 교육이 가진 병폐를 해결하기 위한 자산으로서 미션스쿨의 가치를 주목하고 적극 활용하며, 한국 기독교는 미션스쿨을 통해 믿음의 선배들이 각 나라의 근대 역사에서 공교육의 기초를 다지며 정신을 세워갔던 그 일을 다시 시작할 필요가 있다.

지난 10년 동안 기독교 대안학교와 홈스쿨 운동이 활발하게 일어났다. 이는 한국 기독교가 다음 세대 교육의 위기에 대해 본질적인 대안을 찾기 시작했다는 측면에서나, 한국 공교육이 가진 획일성에 대한 균열을 내기 시작했다는 면에서 고무적인 일이 아닐 수 없다. 하지만 기독교 대안학교와 홈스쿨이 기대했던 만큼 한국 교회나 공교육 가운데 큰 파장을 일으키지 못하고 주춤거리고 있는 상황이다. 여기에는 여러 이유가 있지만 공교육과의 관계 설정 부분에서도 한 원인을 찾을 수 있다.

대부분의 기독교 대안학교나 홈스쿨의 경우 하나님께서 자녀 교육에 대한 일차적인 책임을 부모와 가정에게 주셨다는 데서 출발을 한다. 그래서 자녀를 국가가 주관하는 학교에 보낼 것이 아니라 부모가 직접 교육하거나 부모들이 뜻을 모은 기독교 대안학교에 보내야 한다고 주장을 한다. 여기까지는 틀린 이야기가 아니고 한국 기독교가 회복해야 할 이야기다. 하지만 여기서 그친다면 부족하다. 종교개혁 이후 하나님께서 부모와 가정에게 주신 자녀 양육에 대한 책임을 그러한 사명을 제대로 느끼지 못하거나 실현할 형편이 되지 못하는 가정의 자녀들까지 포괄해서 실현하기 위해 기독교인과 교회가 중심이 되어 시작한 것이 공교육이기 때문이다. 물론 지금 공교육이 이러한 기능을 제대로 수행하고 있느냐 하는 부분에 대해서는 많은 논의가 필요하겠지만, 공교육이 하나님이 부모와 가정에게 주신 교육권을 보편적으로 실현하고자 하는 동기에서 믿음의 선배들이 시작한 운동이라는 것을 기억하는 것은 매우 중요하다.

그래서 현재 공교육이 가진 한계를 절감하고 많은 헌신과 큰 결단을 통해 기독교 대안학교나 홈스쿨을 선택할 수도 있지만 이 경우에도 공교육의 회복에 대한 소망을 버려서는 안 되고 공존의 가능성을 염두에 두어야 한다. 그래서 기독교 대안학교나 홈스쿨 운동이 교육이 나아갈 본질을 보여줌으로써 공교육 변혁의 모델이 되도록 노력해야 한다. 그리고 기독교 대안학교나 홈스쿨도 형식적인 면에서는 공교육을 벗어나 있지만 내용적인 면에서는 공교육보다는 더 충실하게 기독교적 공공성을 추구해야 한다. 그리하여 기독교 대안학교와 홈스쿨이 갖는 본질적인 공공성이 일반 국민들의 지지를 받아 기독교 대안학교나 홈스쿨도 공교육이라는 큰 틀 내에 포용이 되어, 공교육의 개념을 확대하는 역할을 해야 한다.

물론 현 한국 상황 가운데서 기독교 대안학교나 홈스쿨은 소수자 운동이고, 희생을 감내하면서 하는 운동이기 때문에 어떤 의미에서 다수이고 강자 위치에 있는 공교육을 포용하기가 쉽지 않을 수 있다. 그리고 소수나 약자가 다수와 강자에 대해 각을 세우지 않으면 에너지를 잃어버릴 수도 있다. 하지만 기독교 대안학교나 홈스쿨은 하나님의 공교육이라는 큰 차원에서 자신들이 하고 있는 일을 보고, 전체 공교육을 볼 필요가 있다. 그래야만 길게 볼 때 기독교 대안학교와 홈스쿨 운동이 내 자녀는 물론이고 한국 사회와 한국 교회에 의미있는 기여를 할 수가 있다.

이상에서 한국 기독교 교육운동이 처해있는 상황을 공교육에 대한 인식과 관계 측면에서 간략하게 살펴보았다. 그렇다면 한국 기독교 교육운동 앞에 하나의 벽이자 과제로 주어져있는 공교육에 대한 올바른 인식과 관계의 문제를 풀어가는 열쇠를 어디에서 찾을 수 있을까? 이 책에서는 역사에서 찾고자 했다. 즉, 공교육이 처음 탄생했던 유럽의 대표적인 나라인 독일, 영국, 덴마크, 그리고 한국에 가장 큰 영향을 미친 미국, 이에 더하여 한국 근대 공교육의 역사를 살폈다. 이들 각 나라의 공교육은 어떻게 탄생하고 어떤 과정을 거쳐 지금은 어떤 모습을 유지하고 있는지, 이러한 각 단계마다 기독교는 어떤 역할을 했는지,

그리고 공교육의 전개 과정에서 기독교와의 갈등은 무엇이고 어떻게 해결해왔는지 등을 구체적으로 살펴보았다.

이렇게 공교육과 기독교와의 관계를 역사적 측면에서 살핀 이유는, 다른 모든 사회 현상도 비슷하겠지만 공교육도 불변하는 실체라기보다는 역사 가운데서 형성이 되었고 또 지금도 변화하고 있는 개념이라는 것이다. 그래서 이론적이거나 당위적인 접근보다는 역사 속에서 생성과 변화와 갈등해온 역동을 살피는 것이 현재 우리가 부딪힌 문제를 풀어가는데 많은 시사점을 줄 것이라고 판단했기 때문이다. 또 하나 "해 아래 새 것이 없다."는 말처럼 현재 우리가 공교육과 기독교와의 관계 속에서 겪고 있는 많은 문제들은 그 형태의 차이는 있겠지만 우리가 처음 겪는 문제가 아닌 역사 가운데서 한 번쯤 겪은 문제라는 것이다. 그래서 비록 문화와 상황의 차이는 있지만 역사 가운데서 믿음의 선배들이 대처해온 방식이나 변해온 과정을 살피는 것이 지금 우리의 문제를 푸는데 도움을 줄 것이라고 판단했기 때문이다.

물론 이러한 역사적인 접근만으로는 한계가 있다. 공교육이 처음 출발할 때와 형성할 때는 지금과는 큰 시대적 간격이 있다. 또 기독교가 국교로서 역할을 했던 서구의 상황과 다종교사회인 한국 사회의 차이 역시 매우 크다. 그럼에도 불구하고 역사적 고찰을 비켜갈 수는 없고, 충분한 역사적 성찰의 기초를 잘 닦아야 지금 겪고 있는 문제의 해답을 제대로 찾아갈 수가 있다. 이런 의미에서 이 책의 작업은 현재 한국 기독교 교육운동이 직면하고 있는 공교육에 대한 관점과 관계 설정의 기초 작업이자, 향후 작업을 위한 방향을 제시하는 책이라고 할 수 있다. 동시에 한국 공교육과 기독교의 관계에 대한 본격적인 과제 풀이를 남겨두는 미완의 작업이라고 할 수 있다.

이 책은 2013년 11월과 12월에 실시되었던 〈근대 공교육의 전개와 기독교〉 기획 강좌의 결과물이다. 바쁜 중에도 이 기획의 취지에 공감하여 원고 집필과 강의를 감당해주신 김창환, 유재봉, 강영택, 송순재 교수님께 감사를 드린다. 이 분들은 각 나라 교육의 전문가들로서 공교육과 기독교의 관계에 대한 다소 생소한 주제를 붙들고 씨름해 주셨다. 그리고 이 강좌의 기획에 참여하고 좌담회에 참석해 주신 송인수, 김진우, 임종화, 박장진, 노종문님께도 감사를 드린다. 이들은 본 기획 강좌를 충실히 듣고 원고를 검토한 후 현재 한국 기독교 교육운동에의 적용점을 깊이 있게 논의해 주셨다. 무엇보다 이 강좌에 온라인 오프라인 형태로 참여하면서 고민을 나눠주신 80여 명의 선생님들에게 감사를 드린다. 이들 덕분에 이 원고들이 조금 더 실제적으로 다듬어질 수 있었다. 아울러 각자가 처한 기독교 교육운동의 현장에서 이 주제를 날마다 피부로 느끼면서 고민하고 씨름하는 많은 선생님들과 교육 관련자들이 이 책을 통해 고민의 실마리를 찾을 수 있길 간절히 소망해 본다.

2014년 8월
저자들을 대표해서 정병오

PUBLIC EDUCATION
AND CHRISTIANITY

독일 공교육의 전개와 기독교

독일 공교육의 전개와 기독교

김창환

I. 들어가는 말

공교육이란 일반적으로 국가 또는 지방자치단체, 즉 공적(公的) 주체에 의해 설립되고 운영·관리되는 학교교육을 말한다. 공교육은 공익을 위하여 공적 주체가 공적인 절차를 거쳐 결정하는 성격을 갖기 때문에 민간단체(종교단체 포함)가 설립하여 운영하는 사적(私的) 성격의 사립학교 교육과 구별된다.

제도로서의 공교육은 학교제도로서 구체적으로 표현되어 있다. 교육의 기회균등을 실현하기 위하여 '능력에 따라 균등하게 교육받을 권리'를 보장함으로써 교육기회의 균등원칙이 학교제도 운영의 기본이되고 있으며, 이 맥락에서 의무교육과 무상교육의 원칙을 제도화하고있다.

본 장에서는 위와 같은 의미를 지닌 공교육이 역사적으로 발달해

온 과정을 고찰하고자 한다. 특별히 근대 공교육의 탄생지인 독일의 공교육을 중심으로 공교육의 전개과정을 고찰하고, 특징을 분석하고, 우리에게 주는 시사점을 살펴보고자 한다.

II. 독일 공교육의 역사

1. 중세시대 : 교회의 교육 독점

중세사회는 삶의 모든 분야에서 종교(기독교)가 지배하던 사회였다. 종교와 종교생활은 중세인의 삶을 규정하였다. 문화, 예술 등 다른 모든 분야와 마찬가지로 학교와 교육 역시 교회가 지배하였다. 중세 시대 학교는 교회의 부속기관이었고, 교육은 곧 기독교 교육이었다. 공적으로 이루어지는 모든 교육, 즉 공교육의 형태를 띠고 있는 모든 교육은 기독교 교육이었다고 할 수 있다.

6세기 경부터 수도원학교(Klosterschule), 대성당학교(Domschule)들이 설립되었는데, 이러한 학교는 중세 시대 대표적인 학교 형태였다(Stoodt, 10). 이 곳에서는 기독교 사제들을 양성하는 것이 일차적 교육목적이었다(Titze, 12). 그러나 귀족 자제 등 일반인들이 교육을 받을 수 있는 기회를 제공하기도 하였다.

중세 후기에 설립된 대학은 종교적인 목적보다는 세속적인 목적으로 설립되고 운영되었다. 중세 대학에서는 성직자 뿐 아니라, 법률가, 공무원, 의사가 양성되었다. 중세 후기에 들어서면서 초 · 중등 교육 영역에서도 세속적인 학교들이 탄생하기 시작하였다. 중세 후기인 13세

기 경 도시가 발달하면서 도시 상인이나 부유층 자제를 대상으로 도
시학교(Staedteschule)가 탄생하면서 교회로부터 독립된 학교들이 등
장하기 시작하였다(Titze, 13). 초등단계에서는 독일어 학교(deutsche
Schule)가 탄생하기 시작하였는데, 이는 세속적인 목적으로 기초적이
고 실용적인 교육을 실시하는 학교였다(Titze, 14).

2. 르네상스와 종교개혁 시대 : 근대적 공교육의 출발

1) 르네상스와 교육

중세시대의 공교육은 르네상스와 종교개혁 시대를 겪으면서 변화
를 맞게 된다. 성역화된 교회에서 수행되던 교육이 세속화의 길로 접
어들게 된다. 14-15세기에 걸쳐 이탈리아에서 출발해 전 유럽으로 퍼
져나간 문예부흥운동을 우리는 르네상스(Renaissance)라고 부른다. 재
생 또는 부활이란 의미를 지닌 르네상스는 고대 그리스 문화를 부활시
키고 부흥시켜 새로운 근대문화를 창조하려는 운동이었다. 그러나 르
네상스는 좁은 의미의 문예부흥운동, 즉 문화운동에만 머무른 것은 아
니었다. 르네상스는 서양 전체 문화의 구조적인 변혁을 가져왔다. 중
세의 신 중심 사회와 문화를 탈피해 인간 중심 사회와 문화로의 전환
을 가져왔다. 중세라는 틀을 벗어나 근세라는 새로운 세기로 이행하는
역사적 기점이다. 구조적인 변혁은 인간 삶의 모든 분야와 관련되었다.
정치, 경제, 사회, 문화, 학문, 예술 등 모든 삶의 분야에서 새로운 것이
시작되었다. 중세적인 전통과 질서는 이제 그 막강한 힘을 상실하게
되었다.

중세사회는 삶의 모든 분야에서 종교(기독교)가 지배하였던 사회였

다. 르네상스는 위의 삶의 영역들이 종교적 틀에서 벗어나서 독립하게 하는 동기를 제공하였다. 기독교 국가가 세속 국가로, 기독교 사회가 세속적인 사회로, 기독교 문화가 세속적인 문화로, 기독교 예술이 세속적인 예술로, 기독교 교육이 세속적 교육으로 탈바꿈하는 전기를 마련하였다. 한마디로 르네상스는 삶의 모든 분야가 세속화되는 결과를 가져왔다고 평가할 수 있다.

르네상스는 교육의 변화에도 전기를 마련하게 된다. 먼저, 고대 그리스 사상과 예술에 대한 관심은 자연스럽게 고대 언어를 배워야 할 필요성을 제기하였고, 이를 위해 언어교육이 중요한 교육내용으로 받아들여졌다. 특별히 라틴어는 인문주의 교육과정의 가장 중심에 놓이게 되었다. 이로부터 '라틴어 학교'라는 세속적인 학교가 탄생하게 된다. 중등교육기관이었던 라틴어학교에서 학생들은 거의 대부분의 시간을 고대 언어, 특별히 라틴어를 배우는 데 보냈다. 다음으로, 고대의 발견과 더불어 르네상스 시대 인문주의자들은 고대 그리스 사람들의 자유교육 이상을 추구하였고, 인간적 교양을 갖춘 자유인을 길러내고자 하였다. 인간적 교양을 갖춘 자유롭고 자신이 넘치고 고대 언어와 시문학에 능통한 달변가를 키우는 것을 교육의 이상으로 삼았다. 종교적 인간이 아니라, 세속적인 자유인이 교육 이상으로 제시된 것이다.

2) 종교개혁과 공교육의 탄생

종교개혁은 르네상스 운동의 영향으로 나타난 첫 번째 결실이다. 르네상스 정신을 이어받은 종교개혁은 인간의 독자성과 자율성을 강조하며, 전통과 중세적 질서로부터 인간을 해방시키는 움직임을 강화하였다. 루터가 말한 바와 같이, 오직 믿음(sola fide), 오직 은총(sola gratia), 오직 말씀(sola scriptura)으로 확인되는 종교개혁적인 특징은

신과 인간의 개인적이고 직접적인 관계와 내면적인 신앙만이 종교적 삶의 바탕이 된다는 점을 강조하며, 개인의 체험과 양심, 이성적 판단과 종교적 책임을 중요시하였다. 제도적 교회의 전통과 권위는 더 이상 힘을 발휘할 수 없게 되었다. 이렇게 볼 때 종교개혁은 '인간의 발견'이란 르네상스의 일반적 성격을 이어받아 '종교적 주체로서의 인간의 발견'이란 성격으로 승화시켰고, 인간의 역할이 강조되는 기독교 사회로 이행되는 데 크게 기여하였다.

역설적인 것은 종교개혁이 일차적으로 종교의 개혁임에도 불구하고 결과적으로 세속적 삶에 대한 관심을 불러일으켰고, 세속화 과정을 촉진시키고, 생활과 의식의 개혁에 큰 영향을 미쳤다는 점이다. 종교개혁의 본 고장인 독일에서는 사실 르네상스나 인문주의보다 종교개혁이 사람들의 삶에 더 큰 영향을 미쳤다. 국민들의 삶과 문화, 언어, 학문, 그리고 교육에까지 국민들의 전체 삶의 영역에 침투해 그것을 변화시켰다. 모든 국민들이 종교적인 영역에서 뿐만 아니라 일상적인 삶의 영역에서도 주체적으로 참여하고 활동하도록 이끌었다. 즉, 종교개혁은 유럽에 개신교회의 탄생을 가져온 것 뿐만 아니라, 문화, 사상, 사회, 정치, 교육 전반에 걸친 개혁을 함께 수반하였다. 때문에 종교개혁은 당시의 르네상스, 인문주의 문화운동과 나란히 중세의 종말과 근세의 시작을 가져온 역사적 운동으로 평가되고 있다.

종교개혁가들의 세속적 삶에 대한 관심은 그들의 신학적 논리가 뒷받침하였다. 그들은 세계의 구원이 단지 교회 내 영적 세계의 구원만을 의미하는 것이 아니며, 속세의 구원도 중요하다고 보았다. 그리고 속세의 구원은 이 세상에서 이루어져야 한다고 보았다. 기독교인들이 속세에서 여러 직업에 종사하며 그곳의 구원을 위해 힘써야 한다고 보았던 것이다. 르네상스 운동이 시민계층의 일부 정신적 엘리트들에 의해 주도되었다면, 종교개혁은 모든 대중이 관련되고 참여하였다는 점에서 정신사적이고 교육사적으로 차지하는 의미가 과소평가될 수 없다.

무엇보다 종교개혁은 근대 공교육을 출발시키는 전기를 마련하였다. '만인제사장설'은 교육의 대상 영역을 확대하는데 결정적으로 기여하였다. 구교에서는 교회가 하나님의 계시를 받아서 이를 매개하는 기관으로 이해되었고, 따라서 하나님의 말씀인 성서는 교회에 의하여 해석되어 신자들에게 매개되는 것으로 이해되었다. 일반 신도들은 독자적으로 성서를 읽고 이해하고 해석할 직접적인 필요가 없었고 이것을 위한 교육은 더더욱 요청되지 않았다. 그러한 구조 속에서 일반 신도와 사제 사이에는 계층적인 차이가 존재하였으며 교육은 사제의 전유물이 되었다.

종교개혁은 이러한 기존의 입장을 거부하고 모든 기독교인들이 사제의 중재 없이 독자적으로 하나님의 계시를 받을 수 있으며, 하나님의 말씀인 성서를 읽고 해석할 수 있다는 점을 천명하였다. 종교개혁은 사제와 일반 교인 사이의 직분상의 차이를 부정하였고, 모든 기독교인이 사제와 마찬가지로 하나님의 계시를 받고 사제로서의 직분을 감당해야 한다는 이른바 '만인제사장'의 개념을 제시하였다.

따라서 일반 교인들이 이러한 제사장으로서의 직분을 감당하기 위해서는 말씀을 이해하고 해석하며 이를 전할 수 있는 수준에 도달해야 하며, 이를 위해 교육이 필수적으로 요청되었다. 이렇게 종교개혁은 교육의 대상을 소수의 사람들에게서 모든 사람에게로 확대했다고 할 수 있다.

또한 종교개혁과 더불어 교육의 장이 확대되었다. 중세에는 교회가 교육의 구심적인 역할을 하였다. 학교는 대부분 교회에 속한 기관이었고 교회의 교육적인 권위는 부모의 교육적인 권위에 우선한다고 생각하였다. 그러나 종교개혁가들은 근본적으로 '교육의 장'에 대하여 새로운 사고를 전개하였고, 그 결과 교육의 장을 '교회'에서 '가정'과 '학교'로 확대하였다.

가정을 교육의 가장 영향력 있고 비중 있는 교육의 장으로 승격시킨 종교개혁가는 누구보다도 루터라고 할 수 있다. 루터는 가정이 가장 중요한 교육의 장이며, 부모야말로 최고의 교육적 권위와 책임을 갖고 있다는 점을 신학적으로 정립하였다. 그는 부모의 자녀에 대한 교육이 '하나님의 명령'이라고 말하고, 부모는 자녀의 육체적 평안과 세상에서의 안녕만을 책임지는 것이 아니라, 동시에 하나님의 대리자로서 그들에게 말씀을 접하게 하고, 이를 통해 자녀의 영적인 구원에까지 관여해야 하는 과제를 갖는다고 주장했다.

그러나 종교개혁과 더불어 무엇보다 커다란 개혁을 경험한 교육의 장은 학교라고 할 수 있다. 교육의 대상을 소수의 성직자에게서 모든 사람에게로 확대하고, 교육의 목적을 '교회'의 유지와 존립뿐만 아니라 '세상나라'의 평화와 질서유지라는 차원으로 확대하여 보았던 종교개혁가들은 교회뿐만 아니라 '세상'을 위한 교육의 필요성을 제시하였다. 루터는 통치자들이 국가를 바로 보존해야 할 의무가 있고, 국가를 바로 보존케 하기 위해서는 성장세대를 올바로 교육시키는 것이 필수적이고, 따라서 통치자들과 국가에 교육의 의무가 있음을 주장하였다. 그리하여 국가 차원에서 학교를 세우고 그곳에서 모든 시민의 자녀들을 교육시켜야 한다는 공교육의 개념을 제시하였다. 이러한 그의 국가 주도의 공교육 개념이 종교개혁 이후 오늘날까지 유럽사회에서 자리 잡게 되었으며, 이 점에서 루터는 서구에서 공교육의 아버지로 평가되고 있다.

3) 루터의 공교육사상

마틴 루터(M. Luther, 1483-1546)의 교육사상은 일차적으로 종교개혁 운동과의 연결선상에서 보아질 수밖에 없다. 실제로 루터가 교육에 관심을 돌리게 된 배경도 교육 자체의 중요성 때문이라기보다는 종교개혁을 통한 사회개혁을 시도해 가는 과정에서 교육의 중요성을 실감하게 되었고, 이를 바탕으로 교육적인 저술들을 쓰게 되고 학교개혁에도 관여하게 된 것이다.

루터는 인간의 존재는 먼저 하나님 앞에 선 존재(coram Deo)이면서, 동시에 세상 앞에 서 있는 존재(coram mundo)라는 양면을 지닌 존재이기에 인간은 영적 나라(geistliches Regiment)와 세상 나라(weltliches Regiment) 두 나라에 동시에 속한다고 보았다(Lohse, 1995, 335). 영적 나라는 인간의 영적 구원을 목적으로 하는 나라로서 하나님의 말씀과 성령이 다스리는 나라이고 '교회'와 동의어로 쓰였다면, 세상나라는 시민들의 안녕이 목적이 되는 나라로서, 그 안에 질서가 지켜지기 위해 이성과 법과 강제(검)가 다스리는 나라로 '국가'와 동의어라고 할 수 있는 나라라는 것이다(양금희, 2012: 351).

루터는 '영의 나라'의 존립에 있어 복음과 성서를 핵심적인 요소로 보았고, 성서의 바른 이해와 바른 가르침을 위해 언어가 필요하고 그에 따라 교육이 필수 불가결한 것임을 분명히 하고 있다. 그리고 '세상의 나라'의 존립과 발전을 위해서도 루터는 교육이 필수적임을 설명하고 있다. 교육이 없으면 인간은 "야만스러운 짐승처럼 서로 물고 뜯고 죽이고⋯ 그리하여 인간 세상은 무질서가 횡행하는 세상이 되어 버릴 것"이라고 주장하였다(Luther, 1991: 63).

루터는 인간 삶과 교육의 목적은 모든 인간이 하나님의 자녀로서 하나님을 바로 섬기며 세상에서 올바로 살아가도록 돕는 것이라고 보았다. 즉, 학생들을 기독교적인 경건함으로 이끌고, 세상에서 유익을 끼치며 살도록 교육하는 것이다. 의사, 법률가, 교사, 수공업자 등 세속적인 직업을 갖고 그 안에서 신의 자녀로서 올바로 사는 것을 가르치는 것이 교육의 목적이라고 보았다.

루터는 '시의원에게 주는 글'에서도 단순히 학교를 설립하는 것이 아니라, '기독교 학교'(christliche Schule)를 세울 것을 요청하였다. 루터는 국가가 교회를 세워야 한다고 하였지만, 교회가 학교 운영에 적극적으로 참여하는 형태를 정착시켰다. 루터는 무엇보다 '목사의 학교감독권'(geistliche Schulaufsicht)을 제정하여 학교를 감독하는 권한을 교회에 두었다. 그는 또한 학교법을 교회법의 우산 아래 둠으로써, 교회에게 학교법을 제정하는 권한을 주었다(양금희, 2012: 357).

신학자와 목사로서 루터는 성서와 교리문답을 가르치는 것을 교육의 핵심 내용이라고 보았다. 이를 위해 그는 1529년에 성서의 핵심내용과 기독교의 주요 교리를 정리한 〈소교리문답서〉를 펴내었다. 교리문답서는 오랫동안 교회교육뿐 아니라 가정교육의 지침서 역할을 담당하였다. 그러나 루터가 생각하는 교육은 좁은 의미의 기독교 교육으로 제한되지 않았다. 그가 생각하는 교육은 일반 교육을 포함하는 넓은 의미의 기독교적 교육이었다. 따라서 교육내용 역시 단지 성경과 교리문답에 제한되는 것이 아니라 7자유교과, 역사, 언어 등 세속적인 내용도 포함되었다.

4) 새로운 교육제도의 탄생

종교개혁은 기존의 교육제도를 뒤흔들어 놓았다. 중세시대의 많은 수도원 학교와 대성당 학교들이 폐교되었다. 이러한 상황에서 교육에 큰 가치를 부여했던 루터 등 종교개혁가들의 계획은 차질을 빚지 않을 수 없게 되었다. 학교의 부족 뿐 아니라, 잘 교육된 교사를 찾는 것이 쉽지 않았다. 또한 교육을 위한 재정이 부족했다. 종교개혁 과정에서 많은 토지들과 사회 시설물들이 국가에 귀속되었지만, 그러한 추가 수입은 종교나 학교와 관계된 곳에는 사용되지 못했다. 부모들은 학교 교육비를 지출하는 데 큰 어려움을 겪고 있었다. 이러한 상황에서 종교개혁가들은 한편으로는 가정을 종교교육의 중요한 장으로 인식하게 되었고, 다른 한편으로는 남아있는 기존의 학교를 이용하거나 새로운 학교의 설립을 주장했다.

가) 초등교육기관

종교개혁 이전에도 초등교육기관은 존재했었다. '독일어 학교'(Deutsche Schule)라는 명칭으로 읽기와 쓰기를 가르치는 학교가 중세말기에 등장하게 되었다. 이러한 교육은 특히 도제들의 양성과 밀접한 관련을 맺으면서 점차적으로 확산되었다. 그러나 이러한 초등교육기관은 주로 도시에 있었고, 그 수준도 읽기, 쓰기 등 간단한 수준에 머물렀다. 종교개혁은 초등교육에 변화를 가져왔다. 그러한 변화는 두 가지 측면에서 살펴볼 수 있다. 먼저 주로 지방마을을 중심으로 새로운 형태의 초등교육기관이 설립되었다. 교회 관리를 하면서 목사를 돕는 사람인 사찰이 교육을 담당하는 '사찰학교'(Kuesterschule)가 탄생하였다. 순수한 종교적인 목적 아래 설립된 사찰학교에서는 교리문답, 찬송가 등 종교적인 내용과 더불어 읽기, 쓰기, 셈하기 등 세속적인 내용도 가르쳤다. 다음으로 기존의 세속적인 '독일어 학교'는 종교개혁의 영향으로 읽기, 쓰기 등 세속적인 내용 외에도 종교적인 내용을 동시에 가르칠 것이 의무화되었다. '독일어 학교' 교사는 기독교교리를 가르치는 새로운 과제를 부여받게 되었다. 사찰은 이제 교사가 되었고, 기존의 교사는 종교교육도 담당하는 종교교사가 되었다.

원래 초등교육을 담당하는 교사는 지역교회 목사였다. 그러나 그들의 업무가 과중하기 때문에 목사를 돕는 사찰이 성장세대의 교육을 담당하게 된 것이다. 사찰은 본래 교사로 양성을 받은 사람이 아니었다. 그들은 일반적으로 목수, 재단사, 제화공 등 수공업자였다. 그러다가 사찰로 일하게 되고, 읽고 쓰는 능력이 있는 사람은 종교수업도 추가로 맡게 되었다. 그들은 대단히 적은 보수를 받았고, 따라서 많은 경우에는 부업을 갖고 있었다. 종교수업을 수공업자 출신이 맡는 이러한 전통은 오랫동안 지속되어, 전문적인 교사가 양성되어 활동할 때에도 사찰교사는 계속 활동하였다.

1528-29년에 작센에서 실시된 학교방문 장학에서 루터는 교회의 사찰들에게 적어도 주 1회씩 학생들을 모아, 십계명과 신앙고백, 주기도문, 그리고 찬송가를 가르치도록 하였다. 이러한 교육을 위해 루터는 소교리문답서를 저술했다. 이러한 사찰학교는 많은 도시와 마을들에서 설립되었다. 이 당시의 수많은 교회법(Kirchenordnung)과 학교법(Schulordnung)에서 확인할 수 있듯이, 국가는 이러한 형태의 학교에 관심을 표명하였다. 1559년 뷔르템베르크(Wuerttemberg)의 영주는 이러한 형태의 학교를 세워 어린이들이 읽기, 쓰기, 셈하기, 종교수업, 찬송가 등을 배울 수 있게 하였다. 이러한 학교는 교회와 학교의 방문장학(Visitation)이라는 제도의 뒷받침으로 계속 확산되었다. 교회로부터 전권을 위임받은 방문장학위원회는 각 지역의 교회와 학교의 상태를 파악해서 개선을 위한 제안을 하였다. 주로 지방 마을에 설립된 이러한 종류의 사찰학교의 교육 장소는 목사관이었다. 학교에 대한 감독권은 지역사회의 목사와 교회감독청에게 있었다.

나) 중등교육기관

교육에 대한 루터의 관심은 주로 초등교육에서 실현되었다. 이와 다르게 또 다른 종교개혁가 멜란히톤(P. S. Melanchton, 1497-1560)은 중등교육에 관심을 가졌다. 1524년부터 그는 많은 도시와 지방정부에 학교개혁과 관련해 조언을 하고 직접 참여하였다. 그리고 학교에서 사용되는 교과서를 집필하기도 하였다. 멜란히톤은 특별히 학교제도를 새롭게 조직한 것으로 유명하다. 그의 학제안은 라틴어학교, 김나지움, 그리고 대학으로 구성되어 있다. 가정교육을 받은 학생은 3년제 초급 라틴어학교에 입학한다. 라틴어 학교에서 학생들은 라틴어를 읽고, 쓰고, 말하는 것을 배웠고, 고전가들의 글에 친숙해질 수 있었다. 1학년에서는 읽기와 쓰기를 배우고, 다음으로 라틴어 문법을 배운다. 2학년에서는 음악과 문법과 종교를 배운다. 3학년에서는 2학년에서 배운 내용들을 심화 학습한다. 초급 라틴어학교를 졸업한 학생들은 상급학교인 상급 라틴어학교 또는 김나지움에 입학한다. 변증법, 수사학, 시학, 수학, 그리스어가 주요 교육과정으로 구성되어 있다. 더불어 키케로의 문헌, 윤리학, 역사 등이 가르쳐졌다. 그와 함께 학생들의 연령수준에 맞는 종교교육도 실시되었다. 라틴어 공부를 통해서 성서를 읽고 이해할 수 있고, 그를 바탕으로 참된 신앙에 다다를 수 있다는 생각은 모든 종교개혁자들에게 있어서 공통점이다. 라틴어 학교에서의 수업은 일반적으로 기도와 예배와 밀접한 관련을 맺고 있었다. 그럼에도 불구하고 개신교 라틴어 학교는 그 수적인 면에서 충분하지 못했고, 많은 경우에 있어서 종교개혁자들의 요청에 부응하지 못했다.

1543년에 작센(Sachsen)의 영주는 포르타(Pforta)와 마이센(Meissen) 그리고 1550년에는 그림마(Grimma)에 국가학교를 세웠다. 곧 다른 영주들도 동일한 학교를 세웠다. 이러한 국가학교

(Landesschule) 또는 영주학교(Fuerstenschule)는 모든 재능 있는 어린 이들에게 개방되었고, 재정적으로 국가에 의해 뒷받침되었다. 이 학교 는 국가 관료와 교사를 양성하기 위한 준비 기관이었고, 동시에 대학에 서의 신학공부를 준비하는 기관이었다. 이 학교에서는 초등학교 수준 의 기초수업은 없었고, 라틴어를 일정 수준 정도 할 줄 아는 것이 입학 조건이었다. 멜란히톤의 교육이론이 이 과정에서 영향을 미쳤다. 슈트 라스부르크(Strassburg)에서는 슈투름(J. Sturm, 1489-1553)이 인문주 의적이고 종교개혁적인 이념을 바탕으로 16세기에 가장 유명했던 개 신교 학교를 세웠다. 10년 과정의 라틴어 학교교육에 참여하기 위해 전 유럽에서 학생들이 몰려들었다. 고대 그리스와 로마의 고전가들의 글 을 읽고 배우는 것이 주요 교육과정이었다. 종교수업 자체도 주로 언어 교육에 치우쳤다. 교리문답서를 번역하고, 그리스어로 된 바울 서신을 외우는 것이 종교수업 교육과정의 대부분을 차지하였다. 슈투름에게 있어서는 종교적이고 세속적인 요소의 조화가 그 특징을 이루고 있었 다. 주목할 사실은, 16세기 중엽부터 적어도 두 가지 고전어를 가르치 는 학교가 김나지움(Gymnasium)으로 불리어졌다는 점이다. 그리고 슈 투름의 학교는 그러한 김나지움의 모델이었다. 여기서 현재까지 내려 오는 독일의 김나지움 학교의 시작을 확인할 수 있다.

3. 17세기 절대국가 시대 : 교육의 국가화

전통적으로 독일의 교육은 한편으로는 교회의 것이요, 다른 한편으 로는 가정의 것이었다. 종교개혁 이후 루터의 주장에 따라 교육이 점차 공교육화 과정을 겪으면서도 학교교육은 국가의 간섭 없이 이루어졌다. 그러나 17, 18세기에 들어서면서 정치 · 경제 · 사회적인 변화와 더불어 국가와 학교의 관계는 변화하기 시작했다.

르네상스 이후 전개된 세속화 경향은 사람들로 하여금 중세의 종교적 삶에서 현세적 인간의 삶에로 관심의 전환을 가져왔다. 현세적 삶에 대한 관심과 더불어 정치, 경제, 문화, 학문, 예술 등 각 삶의 영역들은 종교적인 틀로부터 벗어나 독자성과 자율성을 확보하게 되었다. 종교개혁은 그것의 '종교개혁'적인 성격에도 불구하고 '삶의 개혁'으로 연결되었고, 결과적으로 세속적 삶에 대한 관심을 확대시켰다.

르네상스 및 종교개혁과 더불어 진행된 세속적 삶에 대한 긍정적 평가는 30년 전쟁(1618-1648)과 더불어 더욱 강화된다. 종교개혁 이후 신 · 구교의 갈등이 표출된 종교전쟁인 30년 전쟁은 사람들로 하여금 자신들을 보호할 수 있는 강력한 국가를 희망하게 하였고, 그 결과 근대적인 국가들이 탄생하게 되었다. 다른 한편으로, 30년 전쟁은 사람들로 하여금 100년 이상 지속되어 온 신학적이고 종교적인 논쟁에 지치고 종교를 혐오하게 만들었다. 종교는 더 이상 사람들을 구속할 수 있는 힘을 잃게 되었다. 사람들은 이제 인간의 이성과, 인간성, 관용이 바탕을 이루는 새로운 종교, 사상, 삶에 관심을 갖게 되었다. 이와 더불어 삶의 세속화 작업은 더욱 가속화되었다. 전쟁 후 이제 종교 대신에 인간사, 신학 대신에 철학과 자연과학이 부흥하게 되었고, 사람들은 인간 이성의 도움으로 새로운 사회를 건설하려 하였다.

절대국가는 이러한 정치적-사상적 배경을 갖고 출범하였다. 르네상스와 더불어 중세의 봉건적 계층질서가 와해되고 황제와 교황을 정점으로 하는 우주적 질서가 약화되면서 정치적 권력은 중간 단계의 권력자인 신흥도시와 각 지방의 영주들에게로 점차 집중되었다. 특별히 봉건 영주들은 11-12세기에 걸쳐 진행되었던 황제와 교황의 다툼으로 인해 두 사람의 권한이 약화되는 것을 틈타 자신의 권력을 확대하여 나갔다. 이와 더불어 몇몇 영주 국가들은 공격적으로 자신들의 영토를 확장하여 나갔고, 막강한 권력을 행사하며 독립적인 국가를 형성하게 되었다. 16세기에 형성된 독립 국가들은 행정기구를 설치하고, 전문 관료를 고용하고, 세금을 거두고, 상업과 무역을 권장하고, 군대를 설치하는 등 국가권력을 강화하면서 절대적인 힘을 키우게 되었다. 이로부터 절대국가가 성립하게 된다.

16세기 후반부터 등장하기 시작한 절대국가는 밖으로는 주변의 작은 영주 국가를 침략하여 예속시키고, 식민지를 개척하고, 안으로는 체제정비를 통해 더욱 권력을 공고히 하게 된다. 특별히 30년 전쟁과 농민전쟁은 종교에 대한 환멸을 가져옴과 동시에 평화와 안전을 보장할 수 있는 권력의 필요성을 부각시켜, 절대왕정체제를 더욱 공고히 하는 결과를 낳았다. 프랑스의 루이 14세를 대표로 하는 절대왕조는 전 유럽에 퍼졌다. 독일에서는 프로이센이 강력한 절대국가로 영향력을 행사하였다. 국가행정, 재정과 조세제도, 군사력 등이 절대왕조에 의해 정비되고 중앙집권화되고 관료화되었다. 국가는 이제 막강한 힘을 지니게 되었고 국민들을 훈련시켰다. 국가는 모든 국민들의 삶을 지배하고 통제하게 되었다. 절대국가에서는 원칙적으로 두 가지 계층만이 존재하게 되었다. 즉, 지배자인 1인의 절대군주와 피지배자인 모든 신하 두 계층만 있는 것이다.

절대국가의 내적이고 외적인 권력은 군대에 의해 지켜졌다. 30년 전쟁 이후 모든 절대국가는 귀족의 원조로부터 독립해 독자적인 군대를 갖추었다. 군대를 운영하기 위해서는 돈이 필요했으며 세금만으로는 군대 운영비용이 부족했다. 때문에 국가의 부를 증진할 수 있는 새로운 경제체제가 필요하게 되었다. 그래서 중앙집권적 절대국가는 경제적 영역에서 중앙정부가 통제하는 국민경제체제를 이룩하였다. 상업과 교역을 중심으로 국가의 부를 증대시키는 것을 주 내용으로 하고있기 때문에, 절대주의 경제체제를 '중상주의'라고 부른다. 절대국가는식민지 개척과, 무역의 증대, 관세부과, 원자재 수입과 완제품 수출, 외국자본의 투자, 공장제 수공업의 성장 등을 통해 전체 국가 경제생활을이전과는 비교가 되지 않을 정도로 증대시켰다.

절대국가는 자신의 정치적 목적을 달성하기 위해 교육에 깊은 관심을 기울였다. 절대적 권력을 행사하기 위해서는 국민들이 지금까지의 계층과 지역의 소속에서 벗어나 국가의 국민이라는 의식을 갖는 것이 필요하였다. 절대국가는 교육을 통해 국민의식과 국민적 자질을 갖추게 하고, 모든 국민을 하나로 통합할 수 있다고 보고, 교육을 강조하고 학교를 세우게 되었다. 즉, 절대국가는 교육을 국민의 정치적 사회화(Politische Sozialisation)를 위한 중요 통로로 파악하였다(Wehler, 1987: 282) 복종심, 충성심, 질서의식, 근면, 성실 등의 사고능력과 행위능력 등 절대국가가 필요로 하는 신민으로서의 자질들을 잘 갖추도록 해 필요한 사회영역에서 적절히 이용하려 했다.

이러한 점들을 배경으로, 17세기 초부터 국가가 교육에 더 개입하고, 어린이들을 의무적으로 교육시켜야 한다는 주장이 제기되었다. 1606년 켁커만(Bartholomaeus Keckermann, 1571-1609)은 7세 이상의 아동을 대상으로 의무교육을 실시하여야 하고, 국가가 그것을 감독하여야 한다는 주장을 하였다(Titze, 18). 17세기 리얼리즘 교육의 대표자인 라트케(Wolfgang Ratke, 1571-1635) 역시 학교의 설립과 운영 주체, 감독 주체는 교회가 아니고, 국가이어야 한다고 주장하였다(Titze, 18).

이러한 주장들을 바탕으로 절대국가는 교육을 국가적인 목적을 달성하기 위한 효율적인 수단으로 활용하기 위하여 특별히 두 가지 측면을 강조하였다. 첫째, 학교법(Schulordnung)을 제정하였다. 절대국가는 그 동안 교회법 안에 있던 학교관련 규정을 독립시켜 따로 학교법을 제정하고, 국가가 교육의 담지자로 군림하였다. 학교법에는 학교를 세우고 유지하는 것을 국가의 의무로 규정하고 있을 뿐 아니라, 교재와 교육내용을 조정하는 권리가 국가에 있음을 명시하고 있다. 둘째로, 절대국가는 의무교육법을 제정하였다. 바이마르(Weimar) 학교법에서는 1619년에, 고타(Gotha) 학교법은 1642년에, 브라운슈바이크(Braunschweig) 학교법에서는 1651년에, 뷔르템베르크(Württemberg) 학교법에서는 1649년에, 프로이센 학교법에서는 1717년에 의무교육을 규정하고 있다. 모든 국민을 의무적으로 교육시켜 국가가 필요로 하는 신민을 양성하려고 한 것이다.

절대국가가 교육에 깊은 관심을 기울이면서, 이제 교육은 더 이상 교회의 소유물이 아니게 되었다. 교회교육이요 교회학교였던 독일의 교육과 학교는 이제 점차적으로 국가교육, 국가학교로 바뀌었다. 루터가 종교개혁의 확대를 위해 강조한 국가학교와 국민교육은 아이러니컬하게도 절대왕조에 이용되어 절대국가를 지탱하는 도구가 되었다.

절대국가의 교육에 대한 관심은 정치적 목적만을 성취하기 위한 것은 아니었다. 절대왕조는 군림만 한 것이 아니라, 국민들의 복리증진에도 책임감을 갖고 있었다. 모든 국민들의 복리증진을 위해서는 무엇보다 국민들이 실용적인 지식과 기술을 익혀 사회에서 유용한 사람으로 사는 것이 필요하다고 보고, 교육을 통해 그것을 이루려고 힘썼다. 모든 국민을 의무적으로 교육시켜 국가가 필요로 하는 신민(臣民)으로 양성하기 위해 절대국가는 교육의 목적과 내용 측면에서 실용주의적 관점을 견지하였다.

절대주의 시대 교육의 목적은 관점에 따라 다양하게 드러나고 있다. 정치적 관점에서 볼 때, 국민의식을 갖고 국가에 봉사하는, 국가 발전에 '유용한' 신민을 키우는 것이 교육의 주요 과제였다. 경제적인 관점에서 볼 때는, 각각의 직업 영역에서 필요한 '유능한' 자질과 기술을 가르치고 익히는 것이 주요 과제였다. 사회적 관점에서 볼 때, 종교적 관점에서 벗어나 세속적이고 실용적인 지식을 소유한 사교성이 뛰어난 사회구성원이 교육이상이었다. 교육적 관점에서 볼 때, 리얼리즘 교육의 과제는 학습자에게 삶에 도움이 되는 사물관련 지식을 제공해 그에게 주어진 삶의 과제를 성취하게 하는 것이었다. 이 모든 것에서 확인되듯이 절대주의 시대 교육의 과제는 자연적이고 정신적이고 사회적인 환경 속에서 사물 관련성을 통찰할 수 있는 지혜인, 즉 실제적 삶에서 유능한 인물을 키우는 것이었다(Blankertz, 1992, 32). 삶과의 관련성 속에서 '실제성'과 '실용성'이 핵심적 교육과제로 등장했다.

1642년에 제정된 고타(Gotha) 교육법은 이러한 절대주의 시대 교육 정신을 담고 있다는 점에서 주목할 필요가 있다. 교육을 통해 국가를 부강하게 하고, 국민의 경건성과 도덕성을 키우고, 그들의 삶의 상태를 개선하고자 노력한 독일 고타의 영주 에른스트(Ernst der Fromme)는 당시 고타 김나지움 학교장이었던 라어허(A. Reyher)로 하여금 리얼리즘 교육학자 라트케의 교육적 노력을 실천에 옮기도록 하였다. 라이허는 그의 명에 따라 고타 학교법을 1642년 입안했다. 학교의 국가화 과정에서 고타 교육개혁은 주목할 만하다. 고타 교육법은 학교를 국가와 교육전문가의 감독 하에 두는 것으로 규정하였다(Titze, 19). 주목할 것은 총 13장 가운데 제8장 한 장을 특별히 자연적이고 실용적인 과목에 대한 소개와 그것을 가르치는 방법에 대해 할애하고 있다는 점이다. 이 안에서 그는 지금까지 일반적으로 내려오던 읽기, 쓰기, 셈하기, 노래하기, 종교 등의 과목에 자연, 산수, 기하, 지리, 사회 등 실제적인 삶과 관련된 과목을 가르칠 것을 강조하고 있다(Dietrich/ Klink, 1972: 85-95).

고타 학교법은 지금까지의 종교적인 성격의 초등교육을 세속적인 관심에 따라 움직이는 일반 초등교육으로 전환하였다는 점에서 주목받을 만하다. 또한 실과과목이 처음으로 초등학교 교육에 포함되었다는 점에서 역사적 의미가 크다. 때문에 고타 학교법과 학교교육은 오랫동안 다른 영주국가의 학교법과 학교교육의 모범이 되었다.

4. 18세기 계몽주의 시대 : 국민교육 사상

계몽주의는 18세기 유럽의 사상적 흐름을 말한다. 계몽이란 칸트의 표현에 의하면 "인간 스스로의 잘못에 의해 빚어진 미성숙성으로부터 탈출하는 것"이다(Kant, 1921-23: 169). 즉, 계몽이란 인간의 삶에서 무지몽매, 편견, 미신 등을 제거하고, 깨우치는 것을 말한다. 깊이 있고 명석하게 사고하는 이성을 바탕으로 올바른 판단을 하고 살아가는 것이 강조되었던 시대적 흐름이 계몽주의다. 전통과 권위에 도움을 빌기보다는 인간의 이성적 능력에 대한 신뢰가 컸던 시대가 계몽주의 시대다. 때문에 계몽주의는 다른 말로 이성주의라고 표현하기도 한다. 이성이 라틴어로 'ratio'로 표기하기 때문에, 이성주의는 곧 합리주의 (rationalism)와도 연결된다. 인간의 이성을 기초로 합리적인 판단을 내리고 합리적인 사회를 만들고 살아가는 것이 계몽주의적인 삶이다.

18세기 계몽주의 시대는 17세기 절대주의 시대와는 분명히 구별된다. 절대주의 시대에는 절대왕조의 지배 아래 군주와 신하만이 존재했다. 또한 중앙집권적인 절대왕조 아래서 계층이 분명했고, 귀족이 중심이 되는 귀족문화가 중심을 이루었다. 중앙집권적인 권력 구조 아래서 개인의 존재와 가치는 인정되지 않았다. 그러나 계몽주의 시대에 들어와 개인의 자율성과 이성, 자유와 존엄성이 가치 있는 것으로 여겨졌으며, 인간의 이성을 바탕으로 사회와 문화에 대한 비판적인 정신을 강조하도록 이끌었고, 그러한 이념은 계층과 신분에 얽매여 있던 인간을 해방시키는 결과를 낳았다.

　계몽주의 시대의 이성에 대한 무한한 신뢰는 곧 인간에 대한 신뢰로 이어졌고 현세에 대한 관심과 세속화를 촉진시켰다. 내세에서의 영원한 복을 추구하는 것보다 현세에서의 행복을 추구하는 것에 보다 큰 관심을 갖게 되었다. 국가에 대한 이해도 달라져 계몽주의자들은 인간의 이성을 바탕으로 한 합리적인 국가의 필요성을 강조하게 되었다. 각 개인의 뜻이 모아져 계약에 의해 성립되는 이성적인 국가가 로크나 루소 등 계몽주의자들이 추구한 국가였다. 이러한 국가에 대한 새로운 이해는 17세기 중앙집권적 절대국가가 '계몽된 절대국가'로 변신하게끔 이끌었고, 종국적으로는 군주제에서 민주공화정으로의 변화를 뜻하는 프랑스혁명(1789)을 낳는 결과를 가져왔다.

　계몽주의 시대의 주체는 '계몽된 개인'이다. 17세기 절대왕정하의 귀족과 궁정문화는 이제 더 이상 힘을 발휘하지 못하게 되었으며 그 자리에 시민사회와 시민문화가 들어서게 되었다. 시민들이 새로운 정치, 경제, 사회, 문화의 주체가 되어 그들의 삶을 표현하며 시민문화가 정착하게 되었다.

　계몽이란 단어가 뜻하는 바와 같이 전 국민을 대상으로 하는 깨우침은 시대적 과제였다. 당시의 지식인, 문필가, 시인, 목사 등 정신적 엘리트들은 일반 국민들을 깨우치는 것을 시대적 사명으로 여겼다. 그들은 자신들을 일차적으로 인류의 교육자로 여겼다. 그 당시 쓰여졌던 대부분의 계몽주의 저술들은 곧 교육서였다. 따라서 '일반 국민교육' 이념은 계몽주의 시대 전체를 꿰뚫는 특징이다. 이 때문에 18세기를 '교육의 세기'로 부르기도 한다. 계몽주의 시대는 모든 인간이 교육을 통해 정신적으로 성숙하고 발전할 수 있다는 생각이 지배하였던 시기이다.

계몽주의 사상은 18세기 교육의 구체적인 실천에도 많은 영향을 미친다. 대중교육이 확산되고 '국민교육'이라는 생각이 구체적인 결실을 맺게 된 것이다. 루터가 공교육을 강조한 이후 유럽 모든 나라에서 교육에 관심을 기울였고, 17세기 절대국가는 교육법을 제정하면서 국민들의 교육을 위하여 힘썼다. 18세기 계몽주의 사상은 일반 대중을 대상으로 하는 국민교육을 더욱 확산시키는 결과를 가져왔다. 계몽주의적이고 합리주의적인 사고는 학교의 세속화를 가속화시켰다. 누구나 자신의 소질과 능력에 따라 교육을 받고, 그러한 소질과 능력에 부합하는 일을 하여야 한다는 생각이 설득력을 얻게 되었다(Titze, 23).

정치적으로 볼 때, 18세기에 들어와 절대국가는 더욱 강화되었다. 절대국가가 강화되면서 교육이 국가기능화 되고 도구화되는 것도 더욱 강화되었다(Titze, 36). 계몽된 절대 군주는 국가의 목적을 달성하기 위한 교육의 중요성을 간파하였다. 1717년 프로이센의 프리드리히 왕은 학교교육이 의무이고, 그것을 위반할 경우 학부모는 벌금을 물어야 한다는 칙령을 반포한다. 프리드리히 왕은 프로이센 전역에 학교를 세우기 위해 지원하였고, 교사 양성을 위해 교사세미나도 설치하였다(Helmreich, 57).

절대주의 시대 교육제도가 국가기능화 되는 것은 학교법에 의해 재확인되고 강화되었다. 수많은 규칙들과 학교법(Schulordnung)을 제정하여 절대국가는 학교교육을 규제하고 감독하여 모든 지역에서 교육효과를 균등화하려고 시도하였다(Michel/Schepp, 1973: 30). 1763년 독일 프로이센에서는 교육법을 제정하였다. '일반지방학교법'(General-Land-Schul-Regiment)으로 불리는 교육법은 최초로 프로이센 전 지역에 적용되었다. 이 법 안에는 학교가 국가 기관이라는 점을 천명하고, 의무 교육, 교육감독 및 장학, 국가 교육과정, 교사교육 등 오늘날의 교육법과 거의 유사한 내용을 담고 있다. 특별히 학교가 국가기관이라는 점과 의무교육을 강조하여 국가가 전 국민을 대상으로 교육을 실시하여야 하는 책임이 있음을 분명히 하고 있다. 종교개혁 이후 지속되어 온 교육의 세속화 작업이 이제 하나의 결실을 맺게 된 것이다.

1794년에 제정된 '프로이센 일반지방법'(Allgemeines Landrecht für den preuβ ischen Staaten)은 독일 공교육의 역사에서 매우 큰 의미를 갖고 있다(Froese/Krawietz, 1968: 127-132). 이것은 교육을 국가기능화 하려는 프로이센 학교정책의 정점을 이룬다. 학교는 이제 명백한 국가기관으로 규정되었다. "학교와 대학교는 국가기관으로서 청소년들에게 실용적인 지식과 학문을 가르치는 것을 과제로 삼고 있다."(§1) 그 동안 국가의 규제와 간섭으로부터 멀리 있었던 학교는 이제 국가의 감독 아래 들어오게 되었다. 더 나아가 가르치는 것이 국가의 허가 아래서만 계획되고 시행될 것을 명시하고 있다(§2). 9장에서는 국가의 감독 권한을 명백히 하고 있다. "모든 공공 학교기관은 국가의 감독에 언제라도 복종해야 한다."(§9) 여기에는 사립교육기관도 포함되었다. 모든 사립교육기관은 지역의 학교감독관청의 감독 하에 운영되게 되었다(§4). 국가의 학교에 대한 지배권이 분명히 확인되고 있다. 동시에 학부모의 교육권이 제한되었다. '프로이센 일반지방법'은 기존의 학부모권이 국가에 의해 제한됨을 제시하고 있다. 더불어 국가는 부모에게 미래의 국가 시민을 교육하는 의무를 부과하였다(§43). 학교에 대한 국가의 지배, 학교 감독, 의무교육 등을 주 내용으로 하고 있는 프로이센 핵심 교육정책이 여기서 분명히 드러나고 있다.

5. 19세기 산업화 시대 : 공교육의 도구화

1) 프로이센 교육개혁(1810-1819)

국가와 학교의 관계를 보다 밀접히 하는, 구체적으로 표현하면, 학교의 국가 기능화가 보다 강화되는 계기는 프로이센 교육개혁 시기에 이루어진다. 1806/07에 절대국가 프로이센이 프랑스 혁명군에 패배하자 프로이센은 국난을 맞게 된다. 이 전쟁의 패배는 단지 군사적인 것이 아니라, 국가 전체의 파멸이었다. 때문에 전쟁에서 패배한 이후 국가를 재건하기 위한 개혁은 필수적인 것이었다. 국가기관의 근본적인 개혁 없이는 프로이센의 재건은 불가능한 것으로 비춰졌다. 때문에 개혁의 주요 목적은 국가기관의 재조직화에 모아졌고, 모든 개혁정책이 이와 관련해 계획되고 실천되었다.

무엇보다 헌법체계를 바꾸는 것이 급선무였다. 구 헌법은 전체 국민을 규제하고 동원하는 힘을 갖지 못했다. 새 헌법체계는 새 시대의 요구에 맞게 출신성분에 관계없이 모든 국민들이 자신의 권리와 의무를 인식하고, 국가적 당면과제를 인식하고 국가재건에 참여하도록 이끄는 것을 일차적 과제로 삼게 되었다. 때문에 개혁의 주요 테마는 자유화정책(Freisetzungspolitik)이 되었다. 절대국가의 계층사회에서 개인의 자기개발 가능성은 제한되었다. 성장세대의 미래는 일반적으로 계층에 따라 탄생과 더불어 결정되었다. 이 상황은 이제 변해야 했다. 국가의 재건을 위해 국가는 이제 모든 국민들을 필요에 따라 동원할 수 있어야 했다. 개혁가들은 국민들을 전통적인 계층에서 해방시켜 자유롭게 자신의 삶을 결정하고 자신을 개발할 수 있는 기회를 제공하려 하였다. 개혁은 농업 분야, 상업 분야, 재정 분야, 군대, 행정 분야, 교육 부문 등 모든 분야에서 이루어졌다(Wehler, 1975: 145-290).

이 모든 개혁 가운데 교육개혁은 중심적인 역할을 차지했다. 인간의 변화 없이는 개혁을 통한 성과를 기대할 수 없기 때문이었다. 당시 프로이센의 수상이었던 슈타인(Freiherr vom Stein)과 그의 동료 개혁가들은 사람(사람의 의식)을 변화시키지 않고서는 프로이센의 부활은 불가능하다고 보았다. "공동체정신과 시민정신을 소생시키고, 잠자고 있는 국민들의 가능성을 일깨우고, 국민과 정부의 협력, 조국과 국민정신에 대한 새로운 인식" 등이 슈타인에 의하면 행정을 개혁하는 것보다 훨씬 중요한 과제로 인식되고 있었다(Freiherr vom Stein, 1959: 394). 전 국민의 내적인 정신적 힘을 일깨우고 북돋워주는 것은 교육개혁의 과제였다.

개혁가들에게 있어서 교육이란 한편으로는 '모든 사람을 위한 교육'(일반교육)으로, 다른 한편으로는 '국가를 위한 교육'(국가 교육)으로 이해되었다. 다시 말해, 교육은 한편으로 모든 국민에게 교육받을 기회를 제공하는 것과, 국가재건이라는 국가적 목적을 달성하는 기능으로 파악되었다. 약 10년 동안 진행되었던 프로이센 교육개혁의 핵심 내용은 크게 세 가지로 정리될 수 있다.

첫째로, 일반적인 국민교육(allgemeine Nationalerziehung)이란 목적을 달성하기 위해 프로이센 개혁가들은 기존의 학교제도를 개편했다. 일반교육을 위해서는 모든 사람이 신분과 계층의 차이에 관계없이 다닐 수 있는 통합학교(Einheitsschule)가 요청되었다. 국가가 주관하는 그러한 통합학교는 훔볼트에 의하면 연령에 따라 세 단계로 나

누어졌다: 기초학교(Elementarschule), 김나지움(Gymnasium), 대학(Universität). "이 모든 단계들은 국민교육이란 목적을 달성하기 위해 하나의 전체로 조직되어야 하고, 그 안에서 각각 단계의 목적에 맞는 교육이 이루어져야 한다."고 교육개혁가 쉬베른(J. W. Süvern, 1775-1829)은 강조했다(Schulreform in Preussen 1809-1819, 1966: 125). 사회의 필요성에 따라 다양하게 구성되었던 복선형 교육제도를 교육개혁가들은 이제 국가의 주도하에 단선형 교육제도로 바꾸려고 하였다(Humboldt, 1984: 69-76).

둘째로, 프로이센 교육개혁가들은 학교제도 뿐 아니라, 학교에서 배우는 교육내용도 국가가 관여해야 한다고 보았다. 19세기 이전까지만 해도 독일에서는 학교교육 내용을 규정하는 그 어떤 중앙주무관청이 없었다(Schmitz, 1980: 64). 때문에 학교 교사들은 비교적 자유롭고 융통성 있게 교육내용을 선정할 수 있었다. 그러나 프로이센의 교육개혁안에 따르면, 모든 교육내용은 이제 체계적이고 단계적으로 조직되어야 했다(Menze, 1975: 242). 한 예로 쉬베른은 1812년 김나지움을 위해 매년 배우는 교과목 수와 주당 시간 배정을 한 교육안을 제시하였다(Paulsen, 1921: 291-292).

셋째로, 프로이센 교육개혁은 특별히 고등교육에 집중되었다. 일련의 제도개혁을 통해 국가는 고등교육기관을 자신의 수중에 장악하려고 했다. 1812년에 대학입학시험법(Abiturreglement)이 제정되었다. 그 전까지 대학입학 문제는 해당 대학의 소관사항이었다. 그러나 이제부터는 국가가 그것을 관장하게 되었다. 그 결과 김나지움의 교육과정이 단일화 되고, 사립학교가 폐지되었으며, 국립학교가 강화되었다. 1810년에 도입된 중등교원시험(examen pro facultate docendi)은 교사에 대한 국가의 감독과 통제권한을 확대하였다. 교사들은 이제부터 국가공무원이 되었다. 당시까지 학교를 지배하던 교회의 권한은 약화되고, 국가가 그 권한을 물려받게 되었다.

2) 산업화와 공교육

19세기에 접어들어 산업화가 본격화되면서 교육을 통한 능력 개발이 강조되었고, 교육은 사회발전 및 경제발전의 도구로 인식되었다 (Titze, 23). 산업화와 더불어 인력 공급이 부족해지자 아동노동이 점차 보편화되는 상황을 맞게 되었다. 아동 노동은 어린이들의 삶을 피폐하게 만들고, 노동력 착취 및 인권 침해 등 다양한 사회적 문제점을 야기시켰다. 아동의 의무교육은 법에는 명시되어 있었으나, 실제적으로는 제대로 작동되지 못하였다. 일례로, 1814년 독일의 대표적인 산업 도시인 아켄(Aachen) 시에는 30,130명의 주민이 살고 있었는데, 그 가운데 4,800명의 청소년이 의무교육 대상자였다. 그러나 실제적으로 그 어떤 형태의 학교교육을 받고 있는 숫자는 1/3이 안 되었다. 1841년에는 3,700여 명의 어린이가 아동노동으로 인하여 교육을 받지 못하고 있었다. 아동 노동 때문에 학교교육을 제대로 받지 못하자 의무교육이 다시 강조되게 되었다. 아켄 시의 경우, 1853년이 되어서야 의무교육이 보편적으로 시행되게 되었고, 1861년에 필요한 학교 건물이 확보될 수 있었다(Titze, 159).

국가적으로 산업화가 추진되면서 종교교육 역시 국가사회 발전을 위한 도구로 이해되었다. 종교교육에 국가가 적극 개입하여, 종교교육이 국가적 목적, 특히 하층민의 사회통합 목적으로 활용되었다(Titze, 173). 이러한 상황에서 교회와 국가는 유착관계를 유지하였고(Titze, 175), 교회교육이 자본주의 교육에 이용되고 왜곡되었다. 한 손으로는 기도하고(bete!), 다른 손으로는 일하라(arbeite!)는 구호가 조직적으로 전개되었다. 기독교 복음이 국가 정책을 정당화하는데 이용되고, 가난한 국민들을 억압하고 복종시키는 수단으로 활용되었다. 이 때문에 국가는 역설적으로 학교가 교회의 영향으로부터 벗어나는 것을 반대하기도 하였다.

3) 1848년 독일 혁명 이후 공교육

1848년 독일의 시민 혁명이 실패한 이후 진보주의자들의 교육개혁 노력은 실패하게 된다. 다시 득세한 보수주의자들은 왕권을 강화하기 위하여 초·중등 교육을 국민들을 훈육시키는 도구로 활용하였다(Titze, 196). 반혁명 친정부 세력은 1854년 프로이센 규정(Die Preussische Regulative)을 제정하여 교육을 국가 수단화하는데 앞장서게 된다. 교육의 목적은 국민들을 국가 권력에 복종시키는 것, 특히 하층민의 봉기를 제어하고, 그들을 복종시키는데 두어지게 되었다. 기독교교육 역시 국민 훈육을 위해 더욱 강조되어, 종교교육이 공교육의 핵심으로 다시 강조되게 되었다(Titze, 191). 교사교육 역시 국가권력에 복종하는 국민들을 육성하는데 필요한 교원들을 양성하는 것으로 강조되었다. 국가교육(애국교육)과 종교교육이 하나의 목적으로 연합하게 되는 결과를 초래한 것이다(Titze, 193).

이러한 가운데 교육은 사회질서를 유지하고 재생산하는 기능을 충실히 담당하게 된다. 그리하여 사실상 사회계층을 재생산하는 기능을 수행하였다(Titze, 197). 상류층 자녀들은 도시 초등학교를 졸업하고, 김나지움을 졸업하고, 대학에 진학하여 졸업한 이후 상류층에 편입되고, 하류층은 빈자학교(Armenschle)를 졸업하고 노동자 계급으로 살아가는 데 교육이 기능적 역할을 담당하게 된 것이다.

이렇게 되자, 교육을 둘러싼 계급투쟁도 본격화하게 된다. 보수-기독교-황제 연합과, 사회주의 세력 연합의 투쟁이 지속되었다. 사회주의자들은 교육을 통하여 사회주의 이데올로기를 확산시키려고 하였고, 보수주의자들은 교육을 통하여 사회주의 이념이 확대되는 것을 방지하도록 하였다. 이러한 계급투쟁 가운데 교육은 기능화, 도구화되었다. 공교육 및 학교는 황제의 지배수단이요(Titze, 227), 사회주의와의 투쟁 수단으로(Titze, 228) 전락하였다. 종교수업 역시 황국 신민을 훈육하는 도구로 활용되었다.(Titze, 268)

4) 1871년 통일제국 시대의 공교육

1871년 독일이 하나의 제국으로 통일되었다. 독일 제국의 학교는 크게 3가지 형태로 구성되었다. 첫째는 국민학교(Volksschule)다. 8학년 과정으로서 모든 어린이들은 의무적으로 국민학교에 다녀야 했다. 둘째는, 중간단계의 학교(Mittelschule)로서 9-10학년 과정이다. 주로 직업교육과정의 학교들이 이에 해당하였다. 셋째는, 김나지움이다. 김나지움은 9학년제로 운영되었고, 김나지움을 졸업하면 대학에 진학하였다. 모든 국민학교는 기독교학교, 즉 개신교학교이거나 가톨릭학교였다. 나중에 이 둘이 섞인 일반 종교학교가 탄생하기도 하였다. 이 모든 학교단계에서 종교(기독교)는 필수교과였다.

독일 제국 연방 정부는 교육을 연방 정부를 지탱하는 도구로 파악하였다. 국민들에게 애국심을 길러주고, 교육이 국가 경제 발전에 기여하기를 기대하였다. 종교교육 역시 국민을 국가 신민으로 훈육하는데 활용되었다. 국가와 교육, 국가와 종교, 국가와 종교교육은 밀접한 관계를 맺으며 운영되었다.

당시 학교는 국가가 설립·운영하는 것으로 되어 있고, 감독권도 국가에 있는 것으로 되어 있었으나, 실제로 학교를 감독하고 장학하는 기능은 교회가 갖고 있었다. 교회의 목사가 감독 및 장학 기능을 수행할 수 있는 전문성을 갖고 있었고, 특히 초등학교의 경우 종교학교였기 때문에 국가의 입장에서는 교회가 실제적인 감독 기능을 행사하는 것을 묵인하였던 것이다. 사회민주당과 교원단체는 이러한 교회의 학교 감독권에 반대하였다. 사회민주당은 학교를 교회의 감독으로부터 분리할 것을 주장하였다(Helmreich, 98).

18세기 말부터 시작된 의무교육은 19세기에 결실을 거두게 된다. 19세기에 들어와 초·중등 영역에서 교육기회가 전 유럽에서 지속적으로 확대되었고, 독일의 경우 1870년 경 초등학교 취학률이 97.5%에 달하였다. 완전 취학이 이루어진 것이다. 여성의 사회참여가 늘어나면서 19세기 중엽부터 여성 운동이 시작되었다. 프뢰벨의 영향에 따라 유치원이 설립되면서 여성의 사회참여가 더욱 활발하게 된 것이다. 여성의 자유와 권리 증진 노력의 일환으로 19세기 말에는 여학생만을 위한 '여학교'가 독일과 유럽 사회에서 급속히 늘어나게 된다.

6. 20세기의 공교육 : 국가교육의 정착

1915년 사회민주당이 8년제 국민학교를 종교학교가 아닌 국가학교로 전환할 것을 골자로 하는 법안 개정안을 제출하였으나, 받아들여지지 않았다(Helmreich, 150). 그러다가 제1차 세계대전 이후 바이마르 공화국에서 민주공화파(사회민주당·민주당·중앙당)가 정권을 잡으면서 개혁안이 마련되기 시작하였다. 주요 골자는 국민학교를 종교학교에서 일반통합학교(Einheisschule)로 전환하고, 교회의 학교 감독 및 장학권을 삭제하고, 학교교육에서 종교교육의 기능을 약화시키는 것이었다(Helmreich, 153). 그러나 이러한 개혁안이 지나치게 혁명적이라는 비판에 직면하게 되자, 다음과 같은 절충 조정안이 마련되었다. 첫째, 초등학교 단계에서 기존의 종교학교(개신교, 가톨릭 학교)와 더불어 세속적 일반학교를 동등하게 인정한다. 둘째, 학부모와 학생이 학교를 선택하게 한다. 셋째, 교회의 학교 감독권한은 폐지하고, 국가로 이양한다. 넷째, 종교수업은 제1의 필수교과로서 계속 유지하는 것이었다(Helmreich, 161f.).

이렇게 하여 바이마르 공화국에서 국가와 교회의 분리가 시작되었다. 독일 교회는 이제 국가교회에서 국민교회로 변화하였다. 공교육에서 종교교육이 차지하는 위상에도 변화를 가져왔다. 공교육은 이제 완전 세속화되었고, 종교교육은 하나의 교과목으로 가르쳐지게 되었다(Stoodt, 95).

바이마르 공화국 시대의 학교제도 가운데 국민학교(초중학교 단계)는 8학년제였는데, 이 가운데 초기 4년을 구분하여 '기초학교'(Grundschule)로 개편하는 제도 변경이 있었다. 1932년 독일 초등학교 유형과 학생수를 살펴보면 다음과 같다.

<표1> 독일 초등학교 유형과 학교수(1932년)

학생수	전체	개신교학교	가톨릭학교	일반 종교학교 (개신교+가톨릭)	세속학교
개신교	4,560,527	3,365,357	24,351	1,141,867	28,952
가톨릭	2,702,004	64,097	2,294,546	337,022	6,339

* 출처 : Helmreich, 186.

제2차 세계대전 이후 독일의 공교육에서는 기본적으로 바이마르 공화국 시대의 공교육 원칙이 그대로 적용되었다. 국가의 학교설립 운영권, 학교감독권이 보장되었다. 초등학교 단계의 종교학교는 일반학교로 전환되었다. 외견상 학교의 유형에서 기독교적 흔적은 찾기 어렵게 되었다.

대 학

학령					연령
13	직업학교		김나지움 상급학교		19
12					18
11					17
10					16
9	하웁트슐레	레알슐레	종합학교	김나지움	15
8					14
7					13
6	진로모색 단계				12
5					11
4	초등학교				10
3					9
2					8
1					7

<그림1> 독일의 교육 제도

그러나 오랜 역사적-종교적 전통이 완전히 사라진 것은 아니다. 종교수업이 제1의 필수교과목으로 교육과정에 포함된 것도 그대로 수용되었다. 교회는 종교수업에서 교유한 권한을 행사할 수 있었다. 더불어 기독교 정신은 오늘날에도 독일 공교육의 뿌리가 되고 있다. 독일 교육법에는 기독교 정신이 학교교육의 이념에 영향을 미친다는 점이 명시되어 있다.

III. 교회와 국가의 관계

독일에서 전통적으로 교회와 국가는 기본적으로 협력관계를 유지하면서 긴장관계를 형성하기도 하였다. 교회는 복음의 사명을 바탕으로 인간(기독교인)의 존엄성과 자유를 강조하였다. 그러나 국가는 시민들의 복종을 요구하였고, 평화의 지킴이로서 국가의 가치를 주장하고 법률과 규정을 통하여 그것을 정당화하고자 하였다. 교회는 종교적 주체로서의 개인의 자유를 강조한 반면, 국가는 사회공동체 구성원으로서의 개인의 역할을 강조하였다. 교회와 국가의 이러한 기본적 관심사의 차이는 둘 사이의 긴장과 갈등을 초래하는 원인이 되었다.

교회와 국가의 협력적 긴장관계는 중세시대부터 시작되었다. 중세는 크게 황제 권력과 교회 권력이 절대 권력을 행사하던 시기였다. 이두 권력은 때로는 연합하고 때로는 대립하며 유럽을 지배하였다. 중세 말기로 오면서 두 권력의 대립은 극심하였다. 때로는 황제 권력에 교회가 무릎 꿇었고, 때로는 교회 권력에 황제가 무릎 꿇었다.

이러한 가운데 가톨릭교회는 도그마에 체포되어, 시대의 변화에 따라가지 못하였다. 많은 사람들이 종교적 쇄신을 요구하고 종교개혁 운동을 전개하였으나, 가톨릭교회는 그러한 요구에 박해로 응답하였다. 그러다가 1517년 루터의 종교개혁이 시작되었다. 루터의 종교개혁은 이전의 종교개혁과는 달리 수많은 지지자를 획득하게 된다. 그리하여 루터교라는 개신교가 탄생하고 종교개혁이 이루어진다.

종교개혁은 종교와 국가와의 관계를 새롭게하는 전기가 되었다. 루터의 두 세계(하나님 나라와 세상 나라) 이론은 성(하나님 나라)과 속(세상 나라)의 구분을 가져왔고, 결과적으로 세속사회에서 국가의 힘을 강화하는 결과를 초래하였다. 왕 또는 영주는 성스러운 권력과 세속적 권력을 모두 장악한 하나님의 대리자로서 인정받게 되었다. 왕 또는 영주는 국가의 최고 종교 지도자인 주교를 임명하는 권한까지 부여받았다. 동시에 반대급부로 주교에게는 일정 부분 세속적 권한이 인정되었다. 권력을 분점한 것이다(Scheuner, 1329). 특별히 인간 삶에서 핵심을 차지하는 주요 영역, 즉 세례, 교육, 결혼, 장례 부분은 교회의 고유 권한 사항으로 인정되었다.

교회와 국가의 관계에서 근본적인 변화는 절대주의 국가 시대에 확립되었다. 절대 국가의 군주는 막강한 권력을 휘둘렀고, 교회는 절대국가의 예속적 위치에 놓이게 되었다. 18세기 계몽주의에 영향을 받은 합리주의적 사고 역시 초자연적인 권력을 인정하는데 주저하였고, 따라서 세속 국가의 권한을 강화하는데 기여하였다. 이제 국가에게는 교회를 감독할 권한까지 부여되었다(Scheuner, 1330). 교회의 힘은 점차 종교적 공동체의 영역에 머물게 되었다.

그럼에도 불구하고 다른 나라와는 달리 독일에서는 교회와 국가의 관계가 대단히 밀접하였다. 오랫동안 독일의 교회는 국가교회였다. 국가교회의 특징은 국왕이 기독교인이어야 하고, 교회는 국가와 국왕의 지배를 받는 것이다. 1919년 바이마르 공화국 이후 교회가 국가교회(Staatskirche)에서 국민교회(Volkskirche)로 변한 이후에도 교회는 여전히 국가와 밀접한 관련을 맺어왔다. 국가종교공동체로서 교회는 한편으로 국가와 긴밀한 관련을 맺으며 영향력을 행사하여 왔고, 다른 한편으로는 교회공동체로서 독자적인 영역을 구축하며 존립하여 왔다. 즉, 독일에서 교회와 국가는 상호 존중하며 협력적인 관계를 유지하여 왔다고 평가할 수 있다.

교회와 국가의 이러한 관계는 공교육의 발전과정에서도 그대로 확인된다. 독일을 포함한 서양 교육의 역사는 기독교와 밀접한 관련을 맺고 있다. 공적 교육을 교회가 담당하였기 때문이다. 중세시대에 처음 생긴 학교는 교회의 부속학교였고, 교회가 학교를 관리하였다. 종교개혁 이후 학교는 국가의 관리 속으로 넘어가게 되었다. 공교육의 주체가 교회에서 국가로 이관된 것이다. 그럼에도 불구하고 교회와 국가는 오랫동안 협력관계를 지속하여 왔다. 절대주의 국가 시대에 접어들면서 형식적인 학교설립 및 감독 권한은 국가로 넘어갔지만, 실제적으로 학교는 교회가 감독하며 운영되어 왔다. 지속적인 세속화에도 불구하고 16, 17세기의 학교는 교회의 기관이었다(Titze, 17). 교회의 영향은 19세기 후반까지 유지되어 왔다. 20세기 이후 학교가 완전히 국가의 권한 아래 편입된 이후에도 종교교육이 정규수업에서 제1의 필수교과목으로 인정되는 등 교회의 영향력은 여전히 유지되고 있다. 교회와 상호 협력적이고 책임을 공유하는 방향으로 학교를 공동 운영하여 왔다고 평가할 수 있다(Niemeier, 1560). 오늘날 독일 교육에서도 기독교적 정신과 가치는 공교육을 구성하는 기본 정신과 원칙으로 강조되고 있다. 독일 교육법에서도 이러한 점이 명기되었다.

<표2> 독일 공교육의 발달 과정

		중세 시대	종교개혁 시대 (16세기)	절대주의 시대 (17세기)	계몽주의 시대 (18세기)	산업화 시대 (19세기)	바이마르 공화국 이후 (20세기~)
학교 설립과 운영		교회	교회	국가	국가	국가	국가
학교 감독	형식적	교회	교회	교회	국가	국가	국가
	실질적	교회	교회	교회	교회	교회	국가
종교수업권 (정규교육)		교회	교회	교회	교회	교회	교회

종합적으로 볼 때, 독일 교회와 국가는 비교적 협력적인 관계를 유

지하며 공교육을 관리하여 왔다고 할 수 있다. 교회와 국가는 공교육을 통하여 학생의 전인적인 성장을 돕고, 국가사회 발전에 필요한 인력을 양성하는데 협력하였다. 또한 종교적인 인성을 갖추도록 하는데 협력하였다. 반대로 독일 교회는 국가의 과도한 교육 개입 및 교육을 수단화하고 기능화하는 노력에 대하여 적극적으로 비판하지 못한 문제점도 갖고 있었다.

Ⅳ. 독일 사례의 평가 및 시사점

1. 독일 공교육 전개과정의 특징

지금까지 독일 공교육의 역사적 전개과정을 살펴보았다. 특별히 교회와 국가와의 관계를 중심으로 공교육의 발달과정을 고찰하였다. 독일 공교육 전개과정의 특징은 다음과 같이 정리될 수 있다.

첫째, 일반적으로 서구에서 공교육은 프랑스혁명 이후 국가가 교육을 관장하면서 시작되었다. 독일의 경우에는, 길게는 중세부터, 짧게 보아도 종교개혁 이후 이미 교회를 중심으로 공교육이 실시되었다. 근대 절대국가가 국가교육을 강화하기 이전에 교회가 공교육 기능을 담당한 것이다. 이렇게 볼 때, 독일 공교육에서는 교회가 중요한 담지자 역할을 담당하였다고 말할 수 있다.

둘째, 독일에서는 근대 공교육의 출발이 세속적인 목적보다는 종교적인 목적과 더 큰 관련을 맺고 있었다는 점이다. 루터가 공교육을 강조하였을 때, 공교육은 기독교인이 이 세상나라에서 기독교인으로서 책무를 성실하게 담당하기 위한 교육의 장이었던 것이다. 기독교인으로서 성경적 지식과 세속적 지식을 배워 세상시민으로서의 역할을 충실히 감당하도록 한 것이었다. 그러한 정신은 후에 절대국가가 성립되고 세속화 과정이 촉진되면서 공교육 내용에서 세상지식이 지배할 때에도 여전히 남아있었다고 할 수 있다.

셋째, 교회는 전통적으로 교육을 매우 중시하였다는 점이다. 중세시대에는 말할 것도 없고, 근대 이후에도 일반 학교는 교회 소속 기관이었다. 교회는 다음 세대의 교육을 교회의 고유 업무로 파악하고 이를 위해 적극 노력하였다. 그러한 교회의 노력 덕분에 공교육의 발전이 가능하였고, 그러한 교회를 신뢰하였기 때문에 독일에서는 19세기까지 교회에 교육 감독 권한을 부여하였던 것이다.

넷째, 종교교육이 독일 교육의 핵심으로 여겨졌고, 지금도 그렇다는 점이다. 종교수업을 통하여 학생의 종교적 인성을 키우고, 훌륭한 시민으로 성장시키는 노력을 기울이고 있다.

요약하면, 독일 교회는 공교육의 발전에 크게 기여하였다. 세상나라에 기독교인이 적극 참여하여 국가사회 발전에 책임있는 역할을 수행하여야 한다는 주장이 공교육에서 실현되었다. 독일 공교육의 출발점은 교회이고, 교회는 국가와 협력하며 보편적 교육기회 실현, 사회정의 구현 등 사회 발전에 기여하여 왔다고 평가할 수 있다.

2. 오늘날 독일 공교육의 특징

오늘날 독일은 공교육이 가장 발달된 나라 가운데 하나로 꼽힌다. 독일 공교육의 특징은 다음과 같이 정리할 수 있다.

첫째, 국가가 교육의 담지자라는 것이다. 독일 헌법(기본법) 7조에는 "학교는 국가의 감독 하에 있다."고 명시되어 있다. 국가가 대부분의 학교를 운영하여, 사립학교 교육은 미미한 수준(사립학교 학생은 전체의 6%)이다. 의무교육은 고등학교 졸업 연령(18세)까지로 규정되어 있다.

둘째, 공교육이 추구하여야 하는 가치들로서 개인과 공동체의 조화, 수월성과 형평성의 조화를 추구하고 있다. 특별히 개인의 성장과 더불어 공동체 안에서 조화롭게 더불어 살아갈 수 있는 능력을 함양하는 것을 중시하고 있다. 학교에서 인성교육과 시민성 교육과 공동체성 교육을 충실히 실천하고 있다.

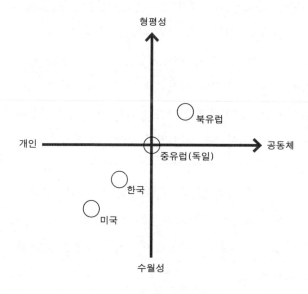

<그림2> 독일 공교육의 가치

셋째, 공교육의 경쟁력이 뛰어나다는 점이다. 학교교육이 교육적 가치를 구현하며 충실하게 실시되고 있고, 학생의 소질과 능력과 적성에

부합하는 학교 선택, 수준에 맞는 수업, 다양한 진로 탐색이 가능하고, 직업교육은 세계 최고의 경쟁력을 자랑하고 있다. 교육의 질과 경쟁력을 확보하는데 있어서는 무엇보다 교원이 중요하다고 판단하고 독일은 세계 최고 수준의 전문성을 갖춘 교원을 확보하는 노력을 기울이고 있다. 독일에서 교원이 되기 위해서는 1차 임용고사에 합격하고, 1~2년 과정의 교원연수원을 성공적으로 이수한 이후, 2차 교원임용고사에 합격하여야만 한다. 독일 교원들의 학력은 기본적으로 석사 이상이라고 할 수 있다. 우수한 수준에 걸맞게 독일 교원들에 대한 처우도 세계 최상급이다. 독일 교원들은 공무원 또는 준공무원(정년이 보장되는) 신분을 갖고 있다. 급여는 OECD 국가 가운데 가장 높은 그룹에 속한다. 교원들의 높은 전문성은 사회적으로 인정받고 있고, 이것이 책무성으로 연결되어 교육의 질을 높이는데 기여하고 있다.

넷째, 누구나 원하면 교육을 받을 수 있도록 하는 장치들이 적절히 마련되어 있다. 즉, 교육복지 시스템이 잘 갖추어져 있다. 개인이 선택할 수 없는 환경적 차이로 인하여 불이익을 받지 않고 균등하게 교육받을 수 있는 시스템이 마련되어 있다. 유아부터 박사까지 전 교육 과정이 무상으로 공급되고 있다. 무상교육이 완벽히 실현되어 돈이 없어서 공부를 못 하는 경우가 없다. 초중등학교부터 대학까지 학교들이 평준화되어 있어서 격차가 거의 없다. 교육소외계층과 더불어, 중도탈락 학생, NEET 청소년들(중도에 학교를 이탈하고, 직업을 갖고 있지 않고, 교육훈련도 받지 않은 청소년들)에 대한 특단의 대책을 마련하고 진로, 직업 교육을 강화하고 있다.

<표3> Not in Education, Unemployed by Age(15~19)(%)

순위	국가	NEET	순위	국가	NEET
1	슬로베니아	3.2	18	포르투갈	7.4
2	노르웨이	3.5	19	그리스	7.5
3	폴란드	3.6	20	미국	7.6
4	독일	3.7	21	프랑스	7.9
5	네덜란드	3.8	22	호주	8.1
6	체코	3.8	23	캐나다	8.2
7	슬로바키아	4.6	24	한국	8.5
8	헝가리	4.6	25	일본	9.9
9	스위스	4.8	26	영국	10.0
10	핀란드	5.1	27	뉴질랜드	10.4
11	오스트리아	5.3	28	아일랜드	10.4
12	스웨덴	5.4	29	이탈리아	12.5
13	덴마크	5.5	30	스페인	12.8
14	벨기에	5.9	31	멕시코	18.6
15	에스토니아	6.1	32	이스라엘	22.5
16	룩셈부르크	6.3	33	터키	25.6
17	아이슬란드	6.8			

* 출처 : OECD(2012). Education at a Glance.

다섯째, 공교육에 대한 사회적 신뢰가 높다. 학교와 교사에 대해 학부모와 사회가 무한 신뢰를 보내고 있다. 학생이 상급학교로 진학하는 데 있어서 학교와 교사가 결정하고, 학부모들은 대체적으로 이를 존중한다. 시험이라는 매개체가 있기는 하나, 교사의 판단과 결정이 결정적으로 영향을 미치게 된다. 교사의 평가권 역시 매우 강력하다. 학교 시험의 종류와 방법, 횟수 등은 전적으로 해당 교과 교사의 판단에 따라 결정된다. 더욱 놀라운 것은 수능시험평가권이다. 수능 시험은 학생이 재학하는 학교에서 치루고, 주관식 논술 시험의 출제와 채점이 학교 교사에 의하여 이루어진다. 그리고 독일의 모든 대학은 고등학교 교사의 채점 결과를 그대로 인정하고 입학전형을 실시하게 된다. 교사의 전문성과 권위, 신뢰가 어느 정도인지 미루어 짐작할 수 있다.

여섯째, 기독교적 가치가 교육의 전반을 지배하고 있다. 자유, 복지, 배려, 나눔, 봉사 등의 기독교적 가치가 학교교육에 정착되었다. 독일 헤센주의 교육법을 살펴보면, 자유와 평등, 기독교적이고 인본주의적 전통, 민주시민교육, 사회성 교육(존중, 관용, 정의, 연대), 성평등 교육, 다문화/국제이해교육, 다양성 인정 및 차별 금지(소수자, 이민자 포함), 자연 환경 보존에 대한 책임 등 기독교적 가치가 충실히 반영되어 있다. 또한 독일 정규 교육과정에서 종교 교과가 가장 중요한 교육과정으로, 즉 종교교육이 교육의 근본임이 강조되고 있다.

<표4> 독일 초등학교(바덴-뷔르템베르크 주) 교육과정표

교과목	학년			
	1	2	3	4
종교	2	2	2	2
국어(독일어)	6	6	7	7
실과	3	3	3	3
수학	4	5	5	5
미술/공예	1	2	3	3
음악	1	1	1	1
스포츠	3	3	3	3
계	20	22	24	24
보충/촉진과정	2	2	3	3

<표5> 독일 바에에른 주 김나지움 교육과정표

학년	5	6	7	8	9	10	11
종교/윤리	2	2	2	2	2	2	2
국어	5	5	4	4	3	3	4
영어	6	6	4	4	3	3	4
라틴어	–	–	5	4	3	3	4
불어, 스페인어 등	–	–	–	–	5	5	5
수학	4	4	4	4	3	3	3
물리	–	–	–	2	1	2	2
화학	–	–	–	–	–	–	2
생물	2	2	2	1	2	2	–
역사	–	2	2	2	2	2/1	2
지리	2	2	1	2	1	–	2
사회	–	–	–	–	–	1/2	–
경제/법	–	–	–	1	1	1	–
미술	2	3	2	1	1	1	1
음악	3	2	2	1	1	1	1
체육	2+2	2+2	2+2	2+2	2+2	2+2	2+2
	28+2	30+2	30+2	30+2	30+2	30+2	34+2

3. 한국 공교육에 주는 시사점

독일 공교육의 전개 과정, 교회와 국가와의 관계가 한국 공교육에 주는 시사점을 다음과 같이 정리할 수 있다.

첫째, 공교육의 의미와 가치에 대한 성찰이 필요하다는 점이다. 역사적으로 살펴볼 때, 교육은 가정교육과 교회교육에서 국가교육으로 공교육의 중심축이 변화하여 왔다. 국가는 국가의 존립과 국가공동체의 유지 및 발전을 위하여 공교육을 수단으로 파악하고 이용하여 왔다. 그러나 교육이 근본적으로 학생 개인의 전인적 성장과 발달을 목적으로 한다는 점을 고려하면, 위와 같은 공교육은 교육의 본질적 가치 구현과 배치된다. 공교육이 의도하는 국가적 목적은 학생 개개인을 통하여 달성되는 것이므로, 공교육은 교육의 본질적 가치를 구현하는 방향으로 운영되어야 한다. 독일의 공교육 전개과정에서 17세기 절대국가 시대에서 공교육과 종교교육이 일방적으로 국가적 목적을 성취하는 수단으로 활용된 점은 비판되어야 한다. 이와 더불어 한국 공교육이 추구하는 가치를 고민하고 정립하는 노력이 필요하다고 할 수 있다. 〈교육기본법〉과 〈교육과정 총론〉에 명시된 교육적 가치를 검토하고, 국가사회적이고 교육사회적인 합의를 도출하는 노력이 필요한 것이다.

둘째, 위의 점과 관련하여 국가와 교회의 역할에 대한 검토가 필요하다. 독일 교회는 절대국가가 교육을 수단화하고 기능화하는 노력에 대해 적극적으로 대처하지 못하였다. 교회는 협조할 것은 협조하되 비판할 것은 비판하여야 하나, 지나친 밀월관계를 유지하면서 비판 기능이 상당히 약화되었다. 교회는 그의 고유한 사명과 가치에 기초하여 국가와의 관계를 설정하는 노력이 필요하다. 교육의 본질적 가치를 추구하는데 있어서는 협조하고, 잘못된 가치를 추구할 경우 비판하는 자세가 필요하다. 즉, 국가에 대하여 협력적-비판적-건설적 관계를 설정하는 것이 바람직하다.

셋째, 종교수업의 의미와 가치에 대하여 고민이 필요하다고 할 수 있다. 독일에서와 같이 종교수업이 단지 기독교적 지식과 가치관을 매개하는 것 이상으로, 인간교육 차원에서 접근하는 것이 필요하다는 것이다. 기독교적 세계관으로 무장되고 참된 인간으로 교육시켜 국가 사회의 발전에 기여할 수 있도록 종교수업의 가치와 범위에 대하여 확장된 인식이 필요하다고 할 수 있다.

V. 나가는 말

그동안 한국 기독교 사학은 국가사회 발전에 큰 기여를 하여 왔다. 지난 100년 동안 한국의 기독교 사학은 교육을 통하여 인재를 양성하여 국가 사회 발전에 큰 기여를 하였다. 국가교육이 강화된 현 시점에서도 기독교 사학은 국가사회 발전에 기여할 수 있는 부분이 많다. 기독교적 가치가 구현되는 미래 한국 사회의 모습을 지금부터 만들어 가는데 기독교 사학이 앞장서야 한다고 본다.

또한 기독교인의 사회적, 교육적 책무도 중요하다. 그동안 한국 기독교는 개인적 차원의 구원 문제에 우선을 두어 왔다. 이제부터는 개인의 변화와 더불어 사회의 변화에도 더욱 많은 관심을 기울일 필요가 있다. 사회 취약계층을 돌보고 지원하는 노력에서 더 나아가, 정의로운 사회, 평화로운 사회, 더불어 공생하는 행복한 사회를 만들기 위해 교회와 교인의 노력이 중요하다. 기독교인이 개인의 구원만 추구하는 것이 아니라, 한국 사회에 하나님의 나라가 실현되도록 노력할 필요가 있다.

이와 관련하여 루터의 공교육 사상에 주목할 필요가 있다. 루터는 기독교인이 교회적 가치만 추구하는 것이 아니라, 이 세상에서 책임 있는 기독교인으로서 소명감을 갖고 살아가는 것이 중요하다고 보았다. 기독교적 세계관으로 무장하고 이 세상에서 기독교적 가치를 구현하며 살아가는 것이 기독교인의 책무라고 보았다. 기독교인이 참여하는 공교육에서도 기독교적 가치가 구현되는 것이 중요하다. 공교육과 관련된 모든 한국 기독교인들이 이러한 책무감을 갖고 살아가는 것이 필요하다고 할 수 있다. 특히, 한국 공교육의 제반 문제점에 대하여 기독교인이 책무감을 갖고 개선하기 위해 노력하는 것이 중요하다. 이를 위해 기독교사의 역할과 책무가 중요하다. 공교육의 질 제고를 위해 노력하는 것 뿐 아니라, 소외된 학생을 돌보고, 인성교육을 강화하고, 교육을 수단화하는 시도에 대항하고, 잘못된 사교육에 대항하고, 인간 파괴적 경쟁력 입시문화를 비판하고, 올바른 교육문화 형성에 앞장설 필요가 있다.

참고문헌

김창환(2007). 인본주의 교육사상. 학지사.

양금희(1999). 종교개혁과 교육사상. 한국장로교출판사.

양금희(2012). 종교개혁기의 학교, 교회, 그리고 국가의 관계에 관한 연구. 장신논단,
　　Vol.44 No.4(2012.12), 345-372.

Blankertz, H.(1992). *Die Geschichte der Pädagogik*, Wetzlar.

Dietrich. Th/ Klink, J-G.(1972). *Zur Geschichte der Volksschule I:*
　　Volksschulordnungen 16. bis 18. Jahrhundert, Bad Heilbrunn.

Dolch, Josef(1965). *Lehrplan des Abendlandes*, Ratingen.

Garin, Eugenio(1967). *Geschichte und Dokumente der abendlaendischen*
　　Paedagogik III: Von der Reformation bis John Locke, Muenchen.

Freiherr vom Stein(1959). B*riefe und amtliche Schriften. Bd. 2. Teil. 1.*
　　Hrsg. v. W. Hubatsch, Stuttgart.

Froese, L/ Krawietz, W.(1968). *Deutsche Schulgesetzgebung, Bd. 1*, Weinheim.

Hahn, Friedrich(1957). *Die Evangelische Unterweisung in den Schulen des*
　　16. Jahrhunderts, Heidelberg.

Helmreich, Ernst Christian(1959). *Religionsunterricht in Deutschland von der*
　　Klosterschule bis heute, Duesseldorf.

Hofmann, Franz(Hrsg.)(1983). *Paedagogik und Reformation von Luther bis*
　　Paracelsus, Berlin.

Huber, E. R.(1975). *Deutsche Verfassungsgeschichte seit 1789, Bd. 1*. Stuttgart.

Humboldt, W. v.(1984). Der Königsberger Schulplan. In: Wilhelm von Humboldt.

    Schriften zur Anthropologie und Bildungslehre. Hrsg. v. A. Flitner, Frankfurt/M.

Kant, I.(1921-23). Was ist Aufkl rung?(1784), *Immanuel Kant*. Werke.

    Hrsg. v. E. Cassirer, Berlin.

Leschinsky, Achim/ Roeder, Peter Martin(1983). *Schule im historischen Prozess*,

    Frankfurt/Main.

Lohse, B.(1995). *Luthers Theologie*, G ttingen.

Luther, M.(1991). Eine Predigt, daß man Kinder zur Schule halten solle,

    K. E. Menze, C.(1975). *Die Bildungsreform Wilhelm von Humboldts*, Hannover.

Michael, Berthold/ Schepp, Heinz-Hermann(Hrsg.)(1973). *Politik und Schule von*

    der Franzoesischen Revolution bis zur Gegenwart. Bd. 1, Frankfurt/Main.

Niemeier, G(1986). Schule und Kirche. Kurt Galling(Hrsg.).

    Die Religion in Geschichte und Gegenwart. 3.Auflage, Tuebingen, 1559-1564.

OECD(2012). *Education at a Glance*.

Paulsen, Fr.(1921). *Geschichte des gelernten Unterrichts auf den deutschen*

    Schulen und Universitäten, 2 Bde., Berlin.

Reble, A(1967). *Geschichte der Paedagogik*, Stuttgart.

Scheibe, Wolfgang(Hrsg.)(1965). *Zur Geschichte der Volksschule. Bd.II*,

    Bad Heilbrunn.

Scheuner, U.(1986). Kirche und Staat. Kurt Galling(Hrsg.).

    Die Religion in Geschichte und Gegenwart. 3.Auflage, Tuebingen, 1327-1336.

Schmitz, K.(1980). Geschichte der Schule. Stuttgart. *Schulreform in Preußen*

    1809-1819. Entwürfe und Gutachten. Bearbeitet v. L. Schweim, Weinheim, 1966.

Stoodt, Dieter(1985). *Arbeitsbuch zur Geschichte des evangelischen*

    Religionsunterrichts in Deutschland, Muenster.

Titze, Hartmut(1973). *Die Politisierung der Erziehung*, Frankfurt am Main.

Walder, Ernst(1980/81). *Reformation und Moderner Staat*.

Wehler, H. U(1987). *Deutsche Gesellschaftsgeschichte, Bd. 1*. München.

PUBLIC EDUCATION
AND CHRISTIANITY

영국 공교육의 전개와 기독교

영국 공교육의 전개와 기독교

유재봉

I. 들어가는 말

이 글의 목적은 오늘날 영국의 공교육을 형성하는 데 있어서 기독교의 역할이 어떠했는지를 살펴보기 위한 것이다. 말하자면, 영국의 공교육 전개 과정에서 기독교가 어떤 기여를 했으며 어떤 갈등을 겪었는지를 고찰함으로써, 한국 교육에 기독교가 기여할 수 있는 방식에 대한 시사점을 찾고자 한다.

이러한 논의를 하기 전에 두 가지 점을 분명히 할 필요가 있다. 하나는 공교육을 무엇으로 볼 것인가의 문제이고, 다른 하나는 왜 하필이면 '영국' 공교육의 전개과정에서의 기독교의 역할을 살펴보려고 하는가의 문제이다. 먼저, 공교육의 개념 규정의 문제이다. '영국의 공교육'이라고 할 때, 공교육의 의미와 범위를 어디까지 볼 것인가의 문제이다. 공교육은 좁은 의미로 국가나 공공단체가 운영하는 학교를 의미하기도 하고, 넓게는 공공성 혹은 공적인 목적을 위해 추구하는 교육을 의미한다. 전자는 학교의 설립과 운영의 주체에 따른 분류로서 이 분류에 따르면 국공립학교가 이에 해당된다. 후자는 목적에 따른 분류로서 이 분류에 따르면 사립학교도 공교육의 범주에 들어갈 수 있다. 이 글에서는 후자의 의미로 사용하며, 공적인 목적을 추구하는 일체의 학교가 포함된다.

다음으로, 영국과 한국은 공교육의 전개과정에서 기독교의 역할이 상이하다는 문제의식이다. 아닌 게 아니라, 영국은 오랫동안 기독교가 국교였기 때문에 공교육의 전개과정에서 기독교가 직·간접적으로 상당한 영향력을 행사해 왔는데 비해, 한국은 기독교가 교육에 영향을 미친 것은 100여 년 남짓하다는 점에서 맥락을 달리한다. 그럼에도 불구하고, 오늘날 영국은 정치적으로 자유 민주주의 사회를 지향하고 있고, 산업화와 도시화의 과정을 거치면서부터 세속화되어 왔으며, 이민자들의 유입으로 인해 종교가 다원화되어 있다. 이러한 영국의 상황은 한국의 상황과 그다지 다르지 않으며, 이러한 상황 속에서 영국의 기독교가 공교육에 어떤 긍정적·부정적 역할을 하였는지를 탐색하는 것은 한국의 기독교가 공교육에 관여하는 방식에 시사점을 제공할 것이다.

이 글은 영국의 공교육 전개과정에서 기독교의 역할을 탐색하기 위해, 다음의 방식으로 진행된다. 먼저, 영국의 공교육 전개 과정을 역사적인 순서에 따라 살펴본다. 둘째, 거시적인 측면에서 영국의 공교육 전개에 있어서 기독교의 역할을 탐색한다. 셋째, 미시적인 측면에서 영국 학교교육 내에서 종교교육의 성격을 논의한다. 마지막으로 영국의 공교육 전개과정에서 기독교의 역할이 한국 교육에 주는 시사점을 살펴본다.

II. 영국 공교육의 역사

영국은 일찍부터 교육이 발달했으나, 국가에 의한 공교육 실시는 상대적으로 상당히 늦었다. 그 이유는 크게 세 가지다.

첫째, 교육에 대한 인식 때문이다. 영국에서 교육은 오랫동안 개인적인 일 혹은 사적인 일로 간주되어 왔다. 이 점에서 교육에 국가가 개입하는 것에 대해서 주저하여 왔다.

둘째, 영국의 사회·문화적 배경과 관련되어 있다. 영국은 계급사회, 엘리트적 잔재가 강하게 남아 있어서 교육은 종교지도자나 엘리트 양성 등 귀족들의 독점물이었다. 이러한 영국의 전통적인 교육은 지나치게 이론적이고 학문적인 성격을 띠고 있어서 일반 대중의 관심 밖에 있었고, 설사 공부를 하게 되는 경우에도 관심사의 차이로 흥미를 잃고 도중에 탈락하는 결과를 초래하게 되었다. 귀족사회에서 대중교육은 도외시 되었으며, 이러한 이유 때문에 공교육은 일찍 발달하기가 어려웠다.

셋째, 영국인의 특성과 관련이 있다. 개인적 자율성, 다양성, 독창성을 강조하는 영국인에게 국가의 교육 간섭은 학교교육의 획일성을 초래하고, 이러한 상황에서 개성과 자유로운 인간 발달은 어려울 수밖에 없다고 인식되었다. 이러한 이유들로 인해, 영국은 국가개입에 의한 공교육이 늦게 발달하였으며, 산업혁명이 일어나 도시 노동자들이 증가하게 되고, 이들 노동자들이 정치적 권리 주장으로 교육을 요구하면서 비로소 공교육의 필요성을 인식하기 시작하였다.

영국 공교육의 역사를 보는 방식은 공교육을 어떤 관점에서 보느냐에 따라 다를 수 있다. 영국 공교육의 시작을 학교가 처음으로 설립된 중세 초기의 수도원학교, 주교학교 등에서 찾기도 하고, 중세 말엽의 윈체스터(Winchester college)를 비롯한 퍼블릭 스쿨(public school)의 설립에서 찾기도 하며, 1870년 영국에 처음으로 의무교육 제도가 도입된 시점으로 보기도 한다. 여기서는 이러한 견해를 포괄하여, 1870년 이전, 1870년-1944년, 1944년-1988년, 1988년 이후의 네 시기로 나누어 살펴본다.

1. 1870년 이전

영국의 공교육이 본격적으로 시작된 것은 1870년 의무교육제도가 처음으로 확립되면서부터이다. 그러나 그 이전에도 영국에는 다양한 종류의 학교들이 존재해 있었다고 볼 수 있다. 영국에는 일찍이 수도원 학교, 주교학교(Bishop's school), 퍼블릭 스쿨 등이 존재하였다. 아일랜드의 경우에는 6세기에서 8세기에 걸쳐 200년 동안 수도원 학교가 설립되어 수준 높은 교육이 이루어졌다. 문법과 수사학을 가르치는 문법학교가 사라져감에 따라, 신학과 교회 운영에 관해 가르치던 주교학교가 점차 일반적인 교육내용을 포괄하였다. 7세기 초의 캔터베리 학교에 문법학교와 성가학교가 병립되어 있었다. 중세시대에 교회의 부설로 성가학교와 문법학교가 병립되어 있던 것은 일반적 특징이었다 (Boyd, 1964 /이홍우역, 1994: 171-4).

중세 후기부터는 사원의 부속학교 외에도 대학 부속학교, 병원 부속학교, 길드학교, 연보학교 등 다양한 학교들이 설립되었다. 이 시기에 설립된 대표적인 학교로는 대학과 연계되어 있으면서 아카데믹한 교육을 위한 윈체스터 컬리지(1382), 이튼 컬리지(1440) 등으로 대표되는 퍼블릭 스쿨이다.[1] 그 외에도 빈민구호소나 병원에 수용된 가난한 아이를 가르치기 위한 학교로서 런던 그리스도 병원 부속의 블루코우트(Blue Coat, 1553), 상인과 장인의 조합학교(guild school)로 세워진 머천트 테일러 학교(1561), 그리고 진혼당에서 죽은 사람의 진혼곡을 불러줄 사제에게 헌금함으로써 사제들이 자유로운 시간에 문법학교의 교과목을 가르치는 연보학교(Chantry school)들이 생겨났다(Boyd, 1964 /이홍우역, 1994: 237-871-4). 이 시기의 영국의 상류층은 수도원 학교, 퍼블릭 스쿨, 문법학교 등에서 성직자 양성과 귀족자녀 교육을 목적으로 라틴어와 그리스어 위주의 교육을 받았으며, 서민들은 도제교육을 통해 생업에 필요한 기술을 배웠다.

여기서 한 가지 주목할 것은 퍼블릭 스쿨이다. 퍼블릭 스쿨은 오늘날 영국의 명문사립학교를 일컫는 말이지만, 문자적 혹은 어원적으로 두 가지 측면에서 공교육과 관련되어 있다. 하나는 귀족이 개인교사를 고용하여 자녀를 가르치는 사교육과 대비해 여러 사람이 뜻을 모아 학교를 세워 공적으로 가르쳤다는 점에서이고, 다른 하나는 퍼블릭 스쿨이 본래 지역의 가난한 사람들을 가르치기 위한 목적으로 세워지거나 그러한 역할을 겸한 학교였다는 점에서이다.

학교의 설립이 급증하기 시작한 것은 교육적 수요가 발생한 산업혁명 전후이다. 문법학교나 퍼블릭 스쿨이 주로 상류층을 위한 학교로 설립되었다면, 산업혁명을 전후로 설립된 학교들은 주로 서민을 대상으로 생활에 요구되는 기초지식이나 생산과 관련된 기술교육 그리고 종

---

1 영국의 전통 있는 퍼블릭 스쿨로는 소위 '클레렌던 나인'(Clarendon nine)을 들 수 있다. 설립 순으로 제시하면 Winchester(1382), Eton (1440), St Paul's(1509), Shrewsbury (1552), Westminster(1560), The Merchant Taylors'(1561), Rugby(1567), Harrow (1571), Charterhouse (1611)이다.

교교육을 위해 설립되었다. 이 시기에 대부분을 차지하고 있는 것이 자선학교(charity schools)이며, 자선학교는 주로 공장이나 그와 관련된 건물에서 생산을 위한 기술과 종교적 교리를 가르치기 위한 목적으로 교회가 주로 설립하였다. 학교의 급증은 1698년에 발족한 '기독교지식증진협회(Society for Promoting Christian Knowledge)' 덕분이며, 이 단체는 약 40년 동안 잉글랜드와 웨일즈에 2천 개나 되는 학교를 세웠다. 그리고 산업혁명 시기인 1780년대에는 레이크스(Robert Raikes)의 주도하에 글로스터(Gloucester)를 중심으로 자선학교의 보조기관인 주일학교가 생겨나고 확산되어 빈민계층의 아이들에게 성경읽기 등을 가르쳤다(Boyd, 1964 /이홍우역, 1994: 421-2). 그 외에도 대중을 위한 교육기관으로 주로 귀족의 부인들이 자택으로 사적으로 운영하던 사숙(dame school), 교육의 기회를 놓친 성인을 위한 비기숙학교(common day school), 교사들이 3-6개월씩 지역을 순회하면서 가르치는 순회학교(circulating school) 등이 있었으며, 여기에서는 주로 읽기, 쓰기, 셈하기 등을 가르쳤다. 이러한 학교들은 국가 주도의 대중교육이 출현하기 전의 모습을 보여준다(조무남, 2006: 4-6).

1870년 이전의 영국의 교육은 두 가지 점에서 공교육이 본격적으로 실시되기 위한 기반이 조성되고 있었던 시기라고 볼 수 있다. 하나는 영국 상류층의 교육이 가정교사 중심으로 이루어지던 것에서 퍼블릭 스쿨을 세워 학교에서 가르치기 시작하였다는 점이다. 다른 하나는 18세기에 접어들면서 서민들을 위한 많은 자선학교, 주일학교를 비롯한 다양한 학교들이 설립되면서 비록 국가가 교육을 주도하지 않았지만 사실상 공적인 성격을 띤 학교교육이 이루어졌다는 점이다. 이렇게 볼 때, 1870년 이전에도 사실상 넓은 의미의 공교육이 이미 이루어진 것으로 볼 수 있다.

2. 1870년-1944년

1870년 초등교육법(Elementary Education Act, 일명 Foster's Education Act)을 통해서 그전에 교회나 자선 단체들에 의해 설립된 학교들이 산재해 있던 것에서 점차 공교육 제도가 확립되기 시작하였다. 이 법에 따라 정부보조금과 지방세로만 운영된 최초의 공립초등학교인 지역교육국 소속(Local School Board)의 보드스쿨(Board School)이 생겼고, 영국의 초등학교에 의무교육이 도입되었다(정희라, 2009: 86-87). 이 법에 따라, 5세에서 10세 사이의 모든 아동은 학교에 의무적으로 출석해야 하였다. 자녀의 교육의무를 위해 자녀에게 학교출석을 시키지 않고 공장에 보내는 부모에게 벌금을 부과할 수 있도록 하였고, 13세 이하 아동이 취업을 하는 경우에는 일정 수준 교육받았다는 증서를 제시하도록 하고 이를 어기는 경우 고용주에게 벌칙을 부과하기도 하였다(정일용, 2013: 186-7). 그러나 1870년 이후에 지방교육국 산하의 초등학교가 설립되었지만, 초·중등교육 사이의 연계는 여전히 이루어지지 않았다.

1902년 교육법(Balfour Act)에 의해, 중등교육시스템이 정비되었으며, 각 지역 내의 초·중등학교의 설립과 운영을 관장하는 지역교육청(Local Education Authority, LEA)도 설립되었다. 1902년 교육법이 공교육의 전개에 있어서 중요한 점은 이 법에 의해 종교계 학교를 비롯한 사립학교들이 국가 교육시스템 안으로 들어오게 되었다는 점이다. 그 당시까지 영국의 교육은 주로 종교 단체들에 의해 설립된 종교계 학교에 의해 이루어졌다. 영국 교육의 대부분을 담당하고 있던 종교계 학교에 지방자치단체가 지방세를 보조함으로써 이들 학교가 공영적 성격을 띠게 된 것이다. 1902년 교육법으로 교육조직 체계가 많이 확립되었음에도 불구하고, 상류계층이 다니는 퍼블릭 스쿨이나 그래머 스쿨과 하류계층이 다니는 초등학교 사이의 분리가 여전히 존재했으며, 이 시기의 국교회 소속의 학교는 특권적 지위를 누리고 있었다.

1870-1944년 시기는 영국의 공교육이 실질적으로 시작되었으며, 다음 몇 가지 점에서 공교육이 확립되고 체계화되는 시기로 볼 수 있다. 첫째, 이 시기에 최초의 공립학교인 보드스쿨이 설립됨으로써 국가가 학교교육에 직접 관여하였다는 점이다. 둘째, 영국의 초등학교에 의무교육(5-10세)이 실시됨으로 공교육의 토대가 구축되었다는 점이다. 셋째, 중등교육체제가 정비되고 지역교육청(LEA)이 설립됨으로써 공교육을 위한 제도적 지원체제가 구비되었다는 점이다. 넷째, 사립학교에도 국가의 재정을 보조함으로써 공영적 성격을 띠게 되고, 따라서 공교육이 확산되도록 하였다는 점이다.

3. 1944년-1988년

영국의 공립학교 체제가 완전히 체계를 갖추게 된 것은 '버틀러 법'(Butler's Act)이라고 불리는 1944년 교육법(The 1944 Education Act)에 의해서이다. 이 법은 2차 세계 대전 이후의 영국 교육제도 체제를 제시하기 위한 것으로서, 두 가지 점에서 공교육 발전에 기여하였다. 하나는 오늘날과 유사한 형태의 학교체제, 특히 중등학교가 체계화되기 시작하였다는 점이다. 1944년 교육법에 따르면, 설립 주체와 운영 방식에 따라 공립학교(Maintained school)는 공립 공영학교(County school, 현재는 Community school), 사립 공영학교(Voluntary aided school, Voluntary controlled school), 특별협약학교(Special agreement school)로 구별된다.[2] 또한 공립학교는 학교의 설립목적과 교육내용에 따라 문법학교(Grammar schools), 신제학교(Modern schools), 기술학교(Technical schools)의 삼원체제로 나뉜다. 문법학교는 학술적인 공부를 위한 교육과정으로서 고전, 문학, 수학 등을 가르쳤고, 신제학교는 실제적인 기술을 가르치는 데 중점을 두었으며, 기술학교는 고급기술자를 양성하기 위한 과학과 기술과목을 중심으로 가르쳤다.

1944년 교육법은 11세를 기준으로 초등학교와 중등학교를 구분하여 '11+시험'(The Eleven Plus examination)[3]을 부과하였다. 시험은 영어, 수학, 지능검사로 이루어졌으며, 교사의 아동에 대한 능력평가와 함께 시험결과를 지역교육청(LEA)에 제출한다. 그 결과에 따라 학생은 문법학교, 신제학교, 기술학교의 진학이 결정된다. 문법학교는 대학을 진학하기 위한 학문적 능력이 있는 학생을 위한 학교라면, 신제학교는 직업현장에서 요구되는 실제적 교육과정을 제공하기 위한 학교이다. 기술학교는 제대로 실현되지 못하였지만 기술을 익히고 직업훈련을 위한 학교이다(Skinner, 2006:47-8).

1964년 집권한 노동당은 삼원적인 중등학교체제 대신에 종합학교

---

2 1944년 교육법에 따르면, 영국의 공립학교는 설립주체, 재정지원, 운영방식에 따라 County school(현재, Community school), Voluntary Controlled school, Voluntary Aided school, Special Agreement school로 구분된다. County School은 전적으로 정부의 지원에 의해 LEA가 운영하는 전형적인 공립학교라면, 사립 공영학교로는 Voluntary Controlled school와 Voluntary Aided school가 있다. 전자는 설립 주체가 개별 (종교)단체이지만 재정을 국고에서 전액 부담하고 이사진 일부와 교사임명에 LEA가 관여한다면, 후자는 우리나라 사립학교와 비슷하며, 설립 주체가 개별 (종교)단체이지만 학교운영비의 일부를 국고에서 보조받고, 이사의 일부를 LEA에서 임명한다. Special Agreement school 학교경비의 75%를 국고에서 부담하고 대신 LEA가 교원임명에 관여한다.

3 11+시험은 수학능력, 에세이, 일반추리력을 측정하며, 1965년 노동당 정부가 집권하면서 축소되기 시작하다가 1976년 교육법에 따라 종합학교체제가 도입되면서 폐지된다. 그러나 문법학교는 종합학교체제가 도입되었지만 여전히 건재하고 있으며, 사립학교나 문법학교도 여전히 자체의 11+시험과 13+시험을 통해 학생을 선발하고 있다.

체제로 전환을 선언하고, 이를 수용하지 않은 학교에 대해서는 지역교육청(LEA)의 재정지원 축소를 통해 통제하였다. 그 결과 1970년 초에는 대부분의 지역교육청이 종합학교체제를 채택하였으며(23 vs. 115), 1976년 교육법에 따라 성적에 의한 선발을 금지하면서 삼원체제의 중등학교 제도는 공식적으로 폐지된다. 그럼에도 불구하고 영국에는 여전히 약 164개의 문법학교가 존재하고 있으며, 사립 형태로 존재하고 있는 문법학교도 상당수 있다.

1944년 교육법이 또한 공교육체제에 공헌한 것은 교육의 보편화이다. 이 법에 따라 영국은 5세부터 15세까지의 초·중등학교 무상·의무교육을 시행함으로 저소득층에게도 교육의 기회가 확대되는 결과를 가져왔다. 의무교육은 1870년 교육법에 의해 10세까지였던 것이, 1899년 12세, 1918년 14세를 거치면서 1944년 교육법에서는 15세까지 연한이 확대되었다. 1972년부터는 현행처럼 16세까지 의무·무상교육이 시작되었다.

1944-1988년까지 영국의 공교육은 완전한 체계를 갖추면서 다음과 같이 발전하였다. 첫째, 1944년 교육법에 의해 초중등학교의 공교육 체계가 정립되었으며, 5세부터 15세까지의 무상·의무 교육이 실시되었다. 둘째, 설립주체 및 운영방식 면에서나 학교유형 면에서 공립학교의 체제가 완전히 확립되었다. 셋째, 1960년대부터는 종합학교 시스템을 도입하여 기존의 11+시험을 통해 학생을 선발하는 차별적 교육이 아니라 모든 중등학생에게 고른 교육의 기회를 제공하게 되었다.

4. 1988년 이후

1988년 교육개혁법(Education Reform Act)은 현행 영국교육의 토대가 되고 있는 것으로서, 기존의 교육제도를 근본적으로 변화시켰다. 교육개혁법에 의해 실질적으로 바뀐 것은 국가교육과정 도입, 주요단계별 학력평가, 학교자율경영 및 학부모의 선택권 확대 등이다(Skinner, 2006: 49).

교육개혁법으로 인한 변화 중 가장 큰 것은 아마 '국가교육과정'(National Curriculum)의 도입일 것이다. 영국은 전통적으로 지방분권적인 성격이 강하였으며, 교육도 중앙정부, 지방교육청, 단위학교간의 연계를 통해 소기의 교육목표를 달성하기에 충분하였다. 학교교육에서 가장 중요한 무엇을 어떻게 가르칠 것인가의 문제를 비롯한 교육에 관한 전반적인 사항은 교사에게 일임되었으며, 별도의 중앙 정부 차원의 교육목표나 교육과정이 필요 없었다. 그러나 지나친 분권화는 복잡성과 불평등을 가져오고, 독창성과 자율성의 지나친 존중은 국가적 차원의 통일성 결여와 교육의 효율성 약화로 인한 국가 경쟁력 저하를 초래하였다. 이러한 문제를 해결하기 위해 국가교육과정의 필요성이 제기되어 왔다.

국가교육과정의 도입에 따라, 잉글랜드와 웨일즈는 각 주요단계(Key Stages)마다 약간의 융통성이 있기는 하지만 기본적으로 10과목, 즉 영어, 수학, 과학 등 세 핵심과목(core subjects)과 미술, 지리, 역사, 현대 외국어, 음악, 체육, 기술 등 일곱 기본교과(foundation subjects) 7과목[4]을 5세부터 16세까지 의무적으로 가르쳐야 했으며, 의무 교과 시

---

4 현재도 핵심과목은 지금도 동일하며, 기본과목은 기존과목이 세분화되거나 더 추가되었다.

간표가 약 70%를 차지하게 되었다. 국가 교육과정에는 주요 단계(Key Stage: KS)마다 도달해야 할 성취수준(1-8수준)과 목표가 제시되어 있으며, 그 목표 달성 여부를 평가하기 위해 5세(baseline test), 7세(KS1), 11세(KS2), 14세(KS3), 16세(KS4, General Certification for Secondary Education: GCSE)에 학력평가(Standard Attainment Tests: SAT)를 실시하도록 하였다.

보수당의 대처 정부(1979-1997)는 교육개혁법(ERA)을 통해 국가교육과정을 도입하는 것 외에도 지속적으로 지방교육청의 역할과 기능을 약화시키고, 중앙정부의 개입을 확대하는 일련의 정책, 예컨대 학교운영위원회(School Governing Body) 도입, 학교자치제(Local Management of School: LMS) 도입, 학부모의 학교선택권(open enrollment) 부여, 국고직영학교(Grant Maintained Schools: GMS) 설립 등을 시행하였다.

교육개혁법에 따르면, 영국의 학교는 크게 사립학교와 공립학교로 나뉜다. 사립학교(Independent schools; Public schools)는 중앙정부나 지방정부로부터 재정지원을 받지 않고, 학생들의 등록금으로 운영되는 학교다. 영국의 사립학교는, 비록 대부분 사립학교가 국가교육과정에 준하여 교육과정을 편성하지만, 원칙상 교육과정을 따를 필요가 없으며 학교운영 측면에서도 자율성이 보장된다. 영국 사립학교의 교육시설, 교사의 수준, 학생과 학교 수준은 대체로 공립학교보다 상당히 높은 편이다. 공립 혹은 공영학교(Maintained schools)로는 종교단체, 자선단체, 민간단체에 의해 설립되었으나 학교운영비, 교직원 봉급 등

세분화 된 과목은 디자인과 기술, 미술과 디자인, ICT이며, 추가된 과목은 시민교육이다. 그 외 종교교육, 직업교육, 성교육, 보건교육(PSHE) 등의 교과를 가르쳐야 한다.

대부분을 공공재정에 의해 운영되는 학교인 사립공영학교(Voluntary Controlled Schools, Voluntary Aided Schools), 지방교육청(LEA)에 의해 설립되고 운영되는 공립공영학교(County Schools), 그리고 지역교육청의 통제에서 벗어나 중앙정부의 교부금으로 운영되는 국고직영학교(Grant Maintained School)로 나뉜다.[5] 이러한 공립 혹은 공영학교는 학교자치제(LMS)에 따라 주로 학교운영위원회 (School Governing Body)가 실질적으로 권한을 가지며, 재단이나 지역교육청(LEA)은 부분적으로 관여하는 편이다.

1998년 '학교기준과 체계법'을 거치면서 현재 영국의 공립학교의 학교유형은 이전보다 다변화되었다. 기존의 공립학교(Maintained school)인 Community schools, Foundation schools, 특정 종교와 관련된 학교로서 공립학교와 동일하게 운영되면서 종교학을 제외하고는 국가교육과정을 따르는 사립공영과 종교학교(Voluntary and Faith school), 지방의회나 재단에 의해 운영되면서 시험에 의해 학생을 선발할 수 있는 문법학교(Grammar school) 외에, 아카데미(Academy)와 자유학교(Free school)가 있다. 아카데미(Academy)는 공적자금으로 운영되나, 지역청의 간섭을 받지 않고 교사의 월급과 조건을 스스로 정하고, 학기와 수업일수를 변경할 수 있는 자율성을 가진 수준 높은 교육을 제공하기 위한 학교다. Free school은 지방의회와는 별도로 학교운영위에

---

5 이러한 학교분류는 1998년 학교기준과 체계법(The School Standards and Framework Act 1998)이라는 새로운 학교체제에 따라, 1999년 9월부터 바뀌었다. Community School(이전의 County School); 교직원채용과 학생의 입학권한은 학교운영위원회에 있고, 학교부지와 건물은 학교운영위원회나 자선단체에 속해 있는 학교 Foundation School; Voluntary Controlled School; Voluntary Aided School은 이러한 새로운 체제는 학교의 자율경영, 공평한 재정, 공평한 입학, 다양성과 지역의 파트너십 원리에 기반을 두고 있으며, 국고직영학교(GM School)는 이 법에 따라 폐지되었다.

의해 운영되면서 별도의 교육과정을 가지며, 정부가 재정지원을 하지만 지방의회가 아닌 자선단체, 대학, 사립학교, 지역사회와 종교단체, 교사단체, 부모단체, 사업체 등이 운영할 수 있는 학교이다. 이상에서 살펴본 영국의 현행 학교제도를 요약하면 〈그림 1〉과 같다.

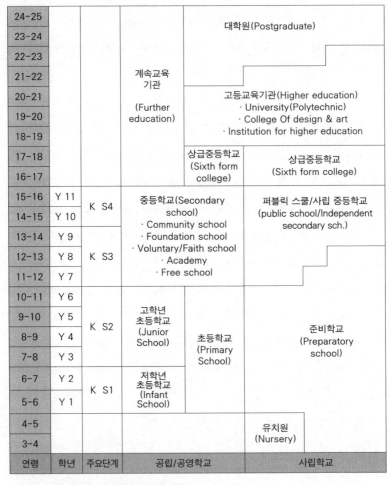

연령	학년	주요단계	공립/공영학교		사립학교
24-25			계속교육 기관 (Further education)	대학원(Postgraduate)	
23-24					
22-23					
21-22					
20-21				고등교육기관(Higher education) · University(Polytechnic) · College Of design & art · Institution for higher education	
19-20					
18-19					
17-18			상급중등학교 (Sixth form college)	상급중등학교 (Sixth form college)	
16-17					
15-16	Y 11	K S4	중등학교(Secondary school) · Community school · Foundation school · Voluntary/Faith school · Academy · Free school	퍼블릭 스쿨/사립 중등학교 (public school/Independent secondary sch.)	
14-15	Y 10				
13-14	Y 9	K S3			
12-13	Y 8				
11-12	Y 7				
10-11	Y 6	K S2	고학년 초등학교 (Junior School)	초등학교 (Primary School)	준비학교 (Preparatory school)
9-10	Y 5				
8-9	Y 4				
7-8	Y 3				
6-7	Y 2	K S1	저학년 초등학교 (Infant School)		
5-6	Y 1				
4-5				유치원 (Nursery)	
3-4					

<그림 1> 잉글랜드 및 웨일즈의 학교제도

1997년 5월 총선에 승리한 노동당 정부(1997-2010)의 교육정책도 보수당의 교육정책 골격을 그대로 유지하면서 부분적으로 개혁을 추구하여 왔다. 블레어의 슬로건 "교육, 교육, 교육"과 브라운 총리의 "국가의 잠재력을 일깨우기 위해"(unlock the nation's potential)에서 보듯이, 노동당 정부도 최고 수준의 공교육 제공을 통해 모든 자녀들이 수준 높은 교육을 받도록 하는 교육의 질 제고에 초점을 두었다. 영국은 종합학교체제가 실패하자 다양한 형태의 학교운영방식을 도입하여 교육의 질을 높이기 위한 방식으로 특성화학교(specialist schools)와 선도학교(beacon schools) 등을 추진하였다. 특성화 학교는 특기적성을 위한 중등학교로서, 도시기술학교(City technical colleges)에서 비롯된 것이다. 특성화 학교는 1993년까지 15개교에 불과하였으나, 언어가 추가되고 1996년에는 미술, 체육이 추가되는 등 점차 다양화되어 왔으며, 현재 잉글랜드에는 전체 공립학교의 88%에 해당하는 약 3,000개교가 있다. 선도학교는 1988년부터 2005년까지 초중등학교에서 탁월한 성취를 보이는 학교에 인증된 학교로서, 선도학교가 가지고 있는 교수법, 정보교환, 컨설팅 등을 지역의 다른 학교에 전파하기 위한 학교이다.

　　현재 캐머런 총리체제의 보수당과 자유민주당의 연합정부(2010-)는 2010년 9월 특성화학교 정책을 폐지하고 아카데미(academies)와 자유학교(free schools) 등 새로운 학교운영방식을 시도하고 있다. 아카데미는 노동당 정부가 성적이 낮은 지역 학교의 학업성취도를 제고함으로써 영국 전체의 교육수준을 향상시키기 위해 도입된 학교이다. 아카데미는 중앙정부의 재정지원을 받으면서 동시에 개인이나 기업의 재정지원을 받을 수 있으며, 예산편성 및 집행, 교사의 급여 등에 대해 자율권을 가진다. 또한 국가교육과정의 핵심 과목을 가르치기는 하나 동시에 특성화된 교육과정을 가지는 등 교과과정 전반 및 수업에 대해 융통성을 가진다. 현 연합정부에서는 학업성취 수준이 높은 학교에도 아카데미에로의 전환을 허용함으로써 2002년의 3개교로 시작한 아카데미가 2011년에 801개교, 2013년 5월 현재 아카데미로 지원을 받거나 전환한 학교가 2,924개교, 2014년 7월 현재 3,980개교에 이른다(https://www.gov.uk/government/publications/open-academies-and-academy-projects-in-development).[6] 다른 한편, 자유학교는 미국의 차터스쿨에 해당되는 것으로서, 정부의 각종 규제로부터 자유롭게 운영하지만 그 결과를 책임지도록 하는 학교운영 방식을 취한다. 자유학교는 2011년 9월에 16개교로 시작하여 2013년 5월에 102개교가 승인되었으며, 2014년 6월 현재 157개교이다(https://www.gov.uk/government/publications/free-schools-successful-applications-and-open-schools-2014).

1988년 이후의 영국 공교육의 전개과정은 다음 몇 가지의 특징을 지닌다. 첫째, 1988년 교육개혁법(ERA)에 따라 5세부터 16세까지 국가 수준의 교육과정을 제공함으로써 잉글랜드와 웨일즈의 학교교육 내용과 성취목표 측면에서 통일된 기준을 제공하였다. 둘째, 다양한 목적을 가진 공영학교를 설립함으로써 교육의 질적 제고와 동시에 획일성을 탈피하려는 시도를 하였다. 셋째, 국가교육과정의 도입은 학교교육의 통일성을 가져다주는 반면, 영국의 전통적인 교육가치인 자율성, 다양성, 독창성, 창의성을 손상시킨 측면이 있으며, 또한 시장주의 교육논리의 도입은 학교의 학업성취도 제고를 가져오는 반면, 교육이 가지고 있는 공적인 가치를 간과하는 문제를 낳기도 하였다.

---

6 아카데미로 전환한 학교는 주로 중등학교이며, 2012년 7월 기준으로 공립중등학교의 42%, 공립초등학교의 3%가 아카데미다.

III. 영국의 공교육과 기독교의 역할

지금까지 영국 공교육의 역사적 발전과정을 탐색하였다. 영국은 교육을 개인적 혹은 사적인 일로 생각하여 공교육에 대한 관념과 공교육의 체계가 비교적 늦게 시작되었다. 영국의 학교는 공교육이 본격적으로 시작되기 이전에도 주로 상류층을 위한 퍼블릭 스쿨과 그래머 스쿨, 그리고 일반 서민들을 위한 주로 종교자선 단체의 다양한 학교들이 존재했었다. 그러다가 1870년 '포스터 교육법'이라고 불리는 초등교육법을 통해서 최초의 공립초등학교가 생겨나고 초등학교에 의무교육이 도입됨으로써 공교육이 공식적으로 시작되었다. 영국의 공교육이 완전히 체계화된 것은 1944년 교육법과 1988년 교육개혁법을 통해서이며, 이 두 법은 오늘날 영국 공교육의 근간이 되고 있으며, 의무·무상교육을 통해 공교육을 확산하는데 기여하였다.

이하에서는 영국의 공교육 전개과정에서 기독교의 위치를 살펴보고자 한다. 다시 말해, 영국의 기독교는 공교육의 발전에 어떤 기여를 했고, 또한 어떤 갈등을 겪어왔는지, 그리고 그 과정에서 공교육과 기독교의 관계가 어떻게 정리가 되었으며, 또 어떤 과제를 가지고 있는지를 논의하고자 한다. 이 논의에는 크게 거시적 측면과 미시적 측면을 포함한다. III장의 거시적 측면에서의 논의는 영국 공교육의 전개과정에 따라 기독교의 공헌 및 갈등과정을 탐색하며, IV장의 미시적 측면에서의 논의는 학교 종교교육의 성격 및 교육과정의 특성을 고찰한다.

기독교가 영국의 공교육의 형성과 발전과정에 기여한 바는 지대하였다고 할 수 있다. 공립 초등학교가 설립되고 초등학교의 의무교육이 도입되는 1870년 이전까지 공교육 과정에서 기독교의 역할은 거의 절대적이었으며, 오늘날에도 여전히 상당 부분 영향을 미치고 있다. 이하에서는 보다 구체적으로 각 시기별로 기독교가 학교교육에 어떤 역할을 했는지를 살펴본다.

첫째, 중세 초기에 기독교와 성직자는 영국 최초의 학교에 관여하였다. 영국 최초의 학교 형태가 중세의 수도원 학교나 주교학교로 볼 수 있다면, 기독교를 떠나서는 학교를 생각하기 어렵다. 교육은 성직자 본연의 임무로 인식하고 있었기 때문에 8세기 말엽의 모든 사원에는 성가학교와 문법학교가 부설되어 있어서 성가대원 훈련이나 성직자를 위한 예비 공부뿐만 아니라 초등교육이나 일반교육을 겸하고 있었다. 따라서 중세 초·중기에 있어서 학교는 교회의 부속학교였다는 점에서, 그리고 교육을 주로 사제들이 담당했다는 점에서 기독교와 긴밀하게 관련되어 있었다고 볼 수 있다.

둘째, 중세 후기 세속화가 급속도로 진행되는 시기에 설립된 퍼블릭 스쿨, 병원 부속학교, 조합학교, 연보학교 등에서도 여전히 기독교적 내용이나 요소를 반영하였다. 이들 학교는 여전히 교육에서 채플이나 종교의식을 주관할 성직자를 두고 있었으며, 주로 성직자가 교육을 담당하였다. 이 시기에는 교육이 교회의 통제와 영향에서 점차 독립하는 경향이 있었지만, 여전히 학교교육은 기독교적 영향에서 벗어날 수 없었다.

셋째, 종교개혁 사상을 계승한 장로교와 청교도의 교육적 이상은 비록 초·중등학교의 성격에 미친 영향력은 미미하였지만, 종교적 학교 이념은 여전히 교육의 전체 방향을 규제하고 있었으며, 훗날 공교육 체제를 확립하는 데 이념적 토대를 제공하였다. 스코틀랜드의 종교지도자 녹스(J. Knox)는 '교회규율 제일서'(First Book of Discipline)에서 교회가 학교교육에 대해 직접적인 책임을 져야 한다는 점, 성과 계층에 상관없이 모든 아동들을 동일하게 보편교육을 실시해야 한다는 점, 교육은 사회적 목적, 즉 교회와 국가에 봉사해야 한다는 점을 강조하였다 (Boyd, 1964 /이홍우역, 1994: 304). 비록 그의 제안은 교회와 의회에서 수용되지 않았지만, 스코틀랜드 교육에 지대한 영향을 끼쳤다. 영국의 청교도적 교육개혁가인 하틀리브(S. Hartlib)와 듀리(J. Dury)도 공교육제도를 주장하였다. 하틀리브는 1650년 '런던자선사업 확대방안'을 통해 빈민 자녀의 교육을 위한 교부금을 지급할 것을 주장하였고, 듀리는 '개혁 학교'(The Reformed school)에서 보편적 학교체제를 역설하였다. 그리고 로크(J. Locke)는 청교도적인 관점에서 기존의 문법학교의 교육 목적과 방법을 비판하였다. 그가 보기에, 교육은 덕, 지혜, 품위, 학식을 갖춘 신사를 양성하는 데 목적이 있어야 하며, 당시의 문법학교가 학문을 위해 덕을 희생하고 있는 점과 학교에서 공공연하게 이루어지고 있는 체벌을 신랄하게 비판하였다(Boyd, 1964 /이홍우역, 1994: 403-413). 종교개혁의 사상은 모든 아동에게 차별 없이 보편교육을 해야 한다는 점과 학교에서 교육을 할 때 어떤 목적과 방향성을 가져야 하는지를 제시해 주었다.

넷째, 18세기 영국은 지금까지 소홀하였던 대중교육 분야에서 괄목할 만한 성장이 이루어졌는데, 그것은 영국 국교회와 비국교파 교회에 의해 설립된 자선학교(charity school) 때문이다. 특히, 1698년 런던과 그 인근에 교리문답학교를 세우려는 목적으로 설립된 '기독교지식증진협회(Society for Promoting Christian Knowledge)'는 학교가 거의 없던 시기에 약 40년 동안 잉글랜드와 웨일즈에 2,000개의 학교(재학생이 4만)를 설립하였다. 이들 학교들은 주로 국교파 학교이며, 비국교파 학교도 국교파 학교의 10%에 불과하였지만 학교 설립에 동참하였다. 그리고 1785년 레이크스(R. Raikes)는 '영국 주일학교 지원 및 장려협회'를 조직하여 자선학교의 보조기관인 '주일학교(sunday school)'를 확산하였다(Boyd, 1964 /이홍우역, 1994: 421-2). 이렇듯 기독교와 기독교 단체는 영국 대중교육의 발전에 결정적인 기여를 하였으며, 자선학교를 세워 대중을 교육하는 교회의 자부심은 대단하였다. 그들은 소외된 지역과 가난한 계층의 자녀들에게 자선학교를 세우고 교육하는 것을 소명으로 삼아 헌신적으로 교육함으로써 국가가 관리하는 교육이 체계를 갖추기 이전부터 영국 대중교육을 시작하였다. 그리고 벨 목사, 퀘이커 교도 랑카스터(J. Lancaster), 로버트 오웬(R. Owen) 등은 학교의 급격한 증가로 인해 부족한 교사수급을 모니터 제도를 통해 제공함으로써 교사교육의 모태가 되었다.

다섯째, 19세기는 영국 교육에서 국가개입과 보편적 교육이 실시되는 전기를 마련하는 시기이며, 따라서 많은 갈등과 논쟁이 있었다. 그동안 학교설립과 운영에 주도적 역할을 해오던 기독교계도 이러한 갈등에 한 몫을 하게 된 것은 아이러니다. 오웬(R. Owen)은 스스로 면사공장 동업자로서 5세에서 10세에 이르는 모든 아동을 위한 무상교육기관을 설립하여 지역을 변화시킨 경험에 비추어 잘 통치되는 국가는 최선의 국가교육체제를 갖춘 나라이고, 따라서 영국 전역에 걸쳐 초 종파적인 정부 주도의 교육체제가 확립되어야 한다고 주장하였다(Boyd, 1964 /이홍우역, 1994: 552-3).

그러나 교육의 국가개입과 대중교육을 확대해야 한다는 노동계층의 요구에 대해 영국 상류층은 반대하였다. 특히 스펜스(H. Spencer)는 교육은 본질상 개인의 관심사이기 때문에 교육을 국가가 관여하거나 통제하려는 시도는 그릇된다는 입장을 취하고 있었다. 그의 교육론에서의 질문 "어떤 지식이 가장 가치 있는 지식인가?"라는 질문은 "어떤 지식이 '개인을 위하여' 가장 가치 있는 지식인가?"로 해석할 때 비로소 제대로 이해된다. 그가 보기에, 교육에서 개인적 이해가 최우선으로 고려되어야 한다(Boyd, 1964 /이홍우역, 1994: 555-6). 이러한 교육의 국가개입과 대중교육 확대에 대한 반대론에 기득권자인 공장주와 지주와 더불어 교회가 동조함으로써 공교육은 한 동안 더 이상 진전하는 것이 어려웠다. 기독교계는 공교육을 실시해야 한다는 제안은 말할 것도 없고, 사립학교에 국고를 보조해야 한다는 제안에도 종파 간의 갈등으로 합의하지 못하였다. 기독교 종파주의자들에 의해 국가 공교육의 실시는 지체되었다.

그러다가 산업혁명이 일어나 도시 노동자의 무지와 빈곤, 무질서 등 여러 사회 문제가 발생하자 정부는 이러한 문제를 최소화하기 위해 교육에 관심을 가지게 되었다. 1802년 정부는 최초의 공장법안인 '도제건강과 사기에 관한 법령'을 공표하여 근로시간을 하루 12시간으로 제한할 뿐만 아니라 도제의 연령과 능력에 따라 읽기, 쓰기, 셈하기 등의 수업을 받도록 하였다. 이들의 교육을 위해 공장은 별도의 공간을 마련하여야 하고, 비용은 고용주가 부담하도록 하였다. 1833년 새로운 공장법안에서는 9세 미만의 아동은 고용을 금지하며, 9세부터 13세 사이의 모든 아동은 하루에 2시간씩 학교에 다니는 것을 의무로 규정하면서 (Boyd, 1964 /이홍우역, 1994: 550-3), 국가에 의한 공교육을 위한 환경이 조성되기 시작하였다.

여섯째, 1870년 공립학교가 생기면서 공립학교와 종교계 사립학교, 그리고 국가와 지금까지 영국에서 학교를 설립하고 관장해 온 교회 간의 관계가 새롭게 정립될 필요가 있었다. 1902년 교육법에 의해 종교계 학교가 국가 교육시스템으로 들어오게 되었다. 지방자치단체가 종교계 학교에도 지방세를 보조함으로써 공영적 성격을 띠게 되었다. 종교계 학교가 공영적 성격을 띠게 되었다는 것이 학교에서 종교적 색체가 사라졌다는 것을 의미하는 것은 아니다. 오히려 영국의 학교교육은 국교회의 영향력 아래 있었다고 볼 수 있다. 국교회는 지역교육청의 학교재정 지원 및 운영에 막강한 영향력을 행사하였으며, 영국 정부도 국교회를 통해 종교교육이 활성화되도록 압력을 가하였다. 여전히 영국 국교회 소속의 학교들은 특권적 지위를 누리고 있었다. 그러나 공립학교와 종교계 사립학교의 이원 체제에 대해 비국교파들은 반대하였으며, 국제 문제로 일시적으로 수면 밑으로 가라앉았지만, 교파간의 갈등이 존재했다.[7]

일곱째, 그동안 기독교가 행사해왔던 교육의 주도권을 이제 국가가 대신하게 되었다. 특히 종교계 학교가 정부가 재정을 보조하는 공영적 성격을 띠게 됨으로써 국교회의 직접적인 영향력은 감소하였다. 1944년 교육법은 영국의 기독교적 정체성을 확립하기 위해 매일 예배 참석과 종교교육 의무화, 그리고 신앙고백적 종교 수업을 허용하였다는 점에서 교육시스템을 통해 기독교적 가치와 정체성을 확대해 나갔다. 1988년 교육개혁법에서는 다문화 · 다종교 사회에 직면하여 영국 전통 종교인 기독교의 가치를 반영하면서 동시에 다른 종교교육도 실시하도록 하고 있다. 1997년 노동당 정부도 종교계 학교의 확충과 국가 통제 강화 정책을 통해 기독교적 가치와 기독교 정체성을 함양하고자 하였다(정희라, 2009: 97).

그러나 학교교육에서 기독교의 영향력은 점차 감소하고 있는 형편이다. 2011년 1월 현재 영국에는 약 7천개(VA 4221, VC 2606)의 종교계 공영학교가 있지만, 보수당과 자유민주당 연합 정부에서 종교교육

---

7 스코틀랜드의 경우, 새롭게 설립되는 공립학교는 장로교 전통의 종교교육을 계속 허용하고, 소수 교파의 학교에 대해서는 재정 지원하는 선에서 정부와 교회가 타협하였다.

을 위한 국가지원이 감소하고 있다. 교육부 장관의 약속에도 불구하고 2011년 종교는 국가교육과정 필수교과가 되지 못하였으며, 새로운 영국식 바칼로리아가 도입되면 인문학의 영역에서 종교교육마저도 제외된다. 더욱 심각한 문제는 종교교육의 절반 정도가 비전문가에 의해 가르쳐지는 등 종교교육을 담당하는 교사의 자질 문제로 인해 내실 있는 종교교육이 되고 있지 못한 실정이다. 이러한 교회와 기독교의 영향력 감소는 교육의 주도권이 교회에서 국가로 넘어감으로써 예견되었던 것이며, 외적인 영향력보다 내적인 영향력을 강화하는 등 새로운 방향을 모색할 필요가 있다.

IV. 영국 학교교육에서의 기독교

지금까지 영국의 공교육 전개과정에서 교회와 기독교가 공교육에 어떠한 역할을 했는지를 거시적인 관점에서 역사적 순서에 따라 고찰하였다. 지금부터는 미시적으로 학교 교육과정에서의 종교교육의 성격 및 위치를 살펴보겠다. 영국은 오랫동안 교회와 학교 사이에 긴밀한 관련을 가지고 있어서 종교교육이 자연스럽게 이루어져 왔다. 1870년 이전의 영국 학교 대부분은 종교단체에 의해 설립되었기 때문에, 학교 수준에서 각 종교단체의 성격에 부합하는 종교교육이 실시되었다. 그러다가 1944년 교육법(The 1944 Education Act)과 1988년 교육개혁법(The 1988 Education Reform Act)에서는 공립학교에서 종교가 의무적으로 가르쳐야 하는 교과로 자리를 잡고 있다.

영국은 오랫동안 공립학교에서 종교교육이 이루어져 왔지만, 종교

교육 양상은 시대에 따라 다소 달랐다고 볼 수 있다. 그것은 대체로 세 가지, 즉 종교수업과 신앙고백적 접근시기(1944-1974), 종교학의 교수와 현상학적 접근시기(1975-1987), 종교교육과 반성적·다원적 접근시기(1988-현재)로 나누어 볼 수 있다(Rudge, 2000: 11 참조).[8]

1. 종교수업과 신앙고백적 접근(1944-1974)

영국의 공립학교 체제는 '버틀러 법'(Butler Act)이라고 불리는 1944년 교육법(The 1944 Education Act)에 의해서 확립되었다. 이 법에 의하여, 5세부터 15세까지의 초·중등학교 무상·의무교육이 시행되었다. 공립학교의 교육은 지역교육청(LEA)의 관할 아래 있었다. 이 시기 학교에서의 종교교육은 집단으로 예배를 드리고, 종교교리를 가르치는 '종교수업'(religious instruction)의 성격을 띠었다. 여기서 말하는 예배와 종교수업은 비록 특정 종파의 기독교를 겨냥한 것은 아니더라도, 적어도 암묵적으로 기독교 신앙에 토대를 둔 것이다. 비록 1944년 교육법에 집단예배와 종교수업에 대한 법적 의무 규정은 없지만, 모든 공립학교에서의 교육은 대체로 집단 예배로 시작하였고, 또한 교리중심의 종교수업(religious instruction)을 실시하였다(Dent, 1968: 20). 물론 이때에도 학부모가 요구하는 경우, 예배와 종교교육을 전적으로 혹은 부분적으로 받지 않을 수 있었다.

그러나 1944년 교육법 26항에 의하면, 공립학교의 형태에 따라 예배와 종교수업의 성격은 다소 달랐다. 영국의 전형적인 공립학교라고

---

8 이하의 구체적 내용은 유재봉(2013b: 202-204)에 주로 의존하고 있다.

할 수 있는 지역교육청 소속의 공립학교(County School)에서는 특정 종파의 예배형식을 따르거나 독특한 교리를 가르치기보다는, 지역교육청 (LEA)의 공통교육계획서(Agreed Syllabus)의 지침에 따라 집단 예배나 종교수업이 이루어졌다. 공통교육계획서의 내용은 주로 이스라엘의 역사, 예수의 생애, 초대교회의 성장 등 기독교 역사였으며, 이러한 내용의 교육을 통해 일상 삶에서 기독교의 가치를 구현하고 하나님 나라를 확장하는 것이 종교교육의 목적이었다(정희라, 2009: 90). 1944년 교육법 27항에 따르면, 사립공영 운영학교(Voluntary Controlled School)의 경우, 일반 공립학교처럼 그 학교가 채택하고 있는 공통교육계획서에 따라 이루어지지만, 학부모가 요청하면 일주일에 두 번은 특정 종파의 종교교육을 받을 수 있었다. 종교계 학교인 사립공영 보조학교(Voluntary Aided School)나 특별협약학교(Special Agreement School)의 경우에는, 다른 공립학교와는 달리, 종교수업 여부가 전적으로 학교 운영위원회의 결정 하에 있고, 지역 공통교육계획서를 반드시 따를 필요 없이 특정 종파교육을 하는 것이 가능하였다(Dent, 1968: 21-22).

1944년 교육법 이후, 영국 학교의 종교교육은 학교의 형태에 따라 약간 다르기는 하지만, 대체로 예배를 드리거나 종교교리를 가르치는 것이 허용되었다. 말하자면, 이 시기의 종교교육은 '종교수업'(religious instruction)의 성격을 띠고 있었다. 이러한 성격의 종교교육에 적합한 접근 방법은 '신앙고백적 접근'(confessional approach)이다. 신앙고백적 접근은 종교적 신념이나 교리, 가치 등을 적극적으로 가르치고 받아들이게 하는 방식이다. 이러한 접근 방식은 영국 사회에서 중요한 의미를 가지고 있었다. 하나는 영국 사회의 대다수를 차지하고 있는 기독교 신앙을 가진 학부모의 교육적 요구를 만족시킬 수 있다는 점이고, 다른 하나는 비종교적인 학생들에게 기독교적 가치를 가르침으로써 사회의 도덕성 정착을 확보해갈 수 있다는 점이다(Watson, 2012: 13). 그러나 (공립)학교에서의 신앙고백적 종교수업은 종교가 없거나 다른 종교를 가진 학생에게 적극적 종교교육을 해도 좋은가, 그리고 종교수업 혹은 종교에 대한 신앙고백적 접근은 인독트리네이션(indoctrination)의 문제를 넘어 '교육'(education)일 수 있는가 하는 문제가 제기될 수 있다. 인독트리네이션의 문제는 유독 종교 교리나 가치의 주입에만 적용되는 것은 아니고, 세속적 신념이나 가치를 주입할 때도 발생할 수 있는 것이기도 하다.

2. 종교학과 현상학적 접근(1975-1987)

영국 학교에서 기독교에 바탕을 둔 종교수업과 신앙고백적 접근은 이전에는 별 저항 없이 이루어져 오다가, 1960년대에 회교, 힌두교, 시크교 등 다른 종교를 가진 이민자들이 증가하면서 문제로 대두되기 시작하였다. 그 과제는 다름 아닌 기독교와 다른 종교를 가진 학생들 사이에서 서로의 종교를 이해하며 살아가는 일이었다. 즉, 비기독학생들에게 기독교를 어떻게 이해시켜야 하고, 기독학생들에게 타종교를 어떻게 이해시키느냐의 문제였다.

이러한 문제에 대처하는 방법으로 대두된 것이 '종교학'(studies of religions, or religious studies)을 가르치는 것이었다. 종교학을 가르친다는 것은 종교적 신념과 가치를 갖도록 하는 것보다는 특정 종교 현상을 객관적으로 이해하는 데 일차적인 목적을 둔다는 의미이다. 종교학을 가르치는 것으로서의 종교교육에서는 특정한 종교의 신앙과 실제에 대한 객관적 기술과 설명을 제공하는 '현상학적 접근'(phenomenological approach) 방식을 사용한다(Lundie, 2012: 26). 이 시기의 종교교육 내용은 기독교 교리나 역사보다는 종교 현상과 다양한 세계종교 이해에 역점을 두어 비교리적인 측면을 강조하였으며, 가르치는 방법에 있어서도 종교교리를 주입하는 방식보다는 학생 스스로가 종교의 의미와 가치를 판단할 수 있도록 하는 방식에 주안점을 두었다. 종교학에 대한 현상학적 접근은 종교마다 가지는 독특한 진리를 인정하기 때문에 타종교에 대한 존경과 관용을 전제한다.

종교학에 대한 현상학적 접근 방식은 1970년대 중반에 접어들면서 '지역공통교육계획서'(Local Agreed Syllabus)에도 반영되기 시작하였다. 그 내용은 각 지역마다 조금씩 다르기도 하지만, 기독교와 같은 특정 종교의 가치나 교리를 가르치는 것보다는 세계종교에 대한 이해를 길러주는 것을 강조하는 방향으로 바뀌었다. 이러한 변화된 종교교육은 종파교육을 주장하는 사람의 입장에서는 다소 비신앙적인 것, 그리하여 만족스럽지 못한 것으로 받아들일 수 있으나, 인본주의자의 입장에서는 여전히 종교적 내용과 가치를 가르치는 것에 대해 비판적인 입장을 견지할 수 있다.

종교학에 대한 현상학적 접근방식을 취하는 종교교육은 다양한 종교 현상에 대해 편견 없이 객관적으로 이해하게 한다는 점, 다종교 사회에서 상이한 종교 이해를 촉진시킨다는 점, 각각의 종교에는 고유한 종교적 진리를 가지며 영적 타당성이 존재한다는 사실을 이해함으로써 상이한 종교에 대한 존경심을 가지게 한다는 점에서 의미를 가진다. 그러나 이러한 방식의 종교교육은 특정 종교의 신념이나 가치를 내면화하는 데는 한계를 가진다. 그리고 실제 교실 수업 상황에서 교사가 언제나 중립성을 지키는 것은 사실상 어렵다. 수업자료를 선택할 때나 가르치는 방법 면에서 교사의 선호가 반영될 수밖에 없기 때문이다.

3. 종교교육과 반성적·다원주의적 접근(1988-현재)

학교에서 '종교수업을 통한 신앙고백적 접근'은 종교를 내면화할 수 있지만, 다종교사회에서 다른 종교를 가지고 있거나 세속적 가치를 가지고 있는 학생에게는 만족스럽지 못한 것일 수 있다. 이와는 달리, '종교학에 대한 현상학적 접근'은 다양한 종교에 대한 객관적 이해를 가져다 줄 수는 있지만, 종교교육의 본래의 목적을 달성하기에는 한계가 있다고 볼 수 있다. 그러므로 이러한 종교교육의 문제를 극복할 수 있는 접근이 요구된다. 이러한 문제의식을 반영한 것이 1988년 교육개혁법(Education Reform Act: ERA)이다.

교육개혁법(ERA)은 종교교육과 관련하여, 세 가지 핵심내용을 포함하고 있다. 그것은 모든 학생은 '종교교육'을 받아야 한다는 점, 모든 학교는 매일 종교적 예배를 제공하여야 한다는 점, 종교는 대체로 기독교적 성격을 띠어야 한다는 점이다(Baker, 1992: 14). 교육개혁법에 드러난 종교교육의 성격과 방법상의 변화가 어떤 것인지는 1944년 교육법과 비교해보면 확연하게 드러난다. 그 변화는 크게 다음의 세 가지이다.

첫째, 종교교육과 관련된 용어의 변화이다. 1944년 교육법에서 사용되던 '종교수업'(Religious Instruction: RI)이라는 용어가 1988년 교육개혁법에서는 '종교교육'(Religious Education: RE)이라는 용어로 변경되었다. 이 용어에 함의되어 있듯이, 이제 모든 공립학교는 종교교육을 실시하되, 이전에 다소 자유롭게 실시해왔던 특정 종교교리나 종교적 신념을 가르치는 '종교수업'(RI)은 할 수 없게 된 것이다.

둘째, 1944년 교육법에는 종교수업에 기독교를 명시하지 않았으나, 1988년 교육개혁법에는 영국의 종교적 전통인 '기독교'를 반영하거나 전반적으로 기독교적 성격을 띠어야 한다고 명시하고 있다는 점이다.

종교교육에서 기독교를 명문화한 이유는 1970년대에 다종교 · 다문화 사회가 되고, 종교교육도 종교학에 관한 현상학적 접근을 하게 되면서 점차 영국의 기독교 문화, 종교적 유산, 국가 정체성이 상실되어 갔기 때문이다. 이러한 상황에서 영국의 정신적 전통과 문화를 회복하기 위한 일환으로 교육과정에 기독교를 명시한 것으로 볼 수 있다.

셋째, 1988년 교육개혁법에는 영국의 주요 다른 종교(유대교, 회교, 힌두교, 시크교, 불교)를 교육해야 한다는 점도 명시하고 있다(8.3항). 영국 종교교육의 지침을 제공하는 각 지역(교육)청에 설치된 종교교육 상임위원회(Standing Advisory Council on RE: SACRE)에서 결정하는 '공통교육계획서'(Agreed Syllabus)[9]에도 그러한 내용이 반영되어 있다. 이것은 영국의 전통 문화인 기독교에 대한 이해와 더불어 영국이 다문화 · 다종교 사회라는 점을 인정하고, 상이한 종교와 종교적 신념을 이해하며, 나아가 그러한 종교적 신념을 가진 사회 구성원들이 상호 존중하는 사회가 되도록 하기 위한 것으로 볼 수 있다(McCreery · Palmer · Voiels, 2008: 3).

이러한 변화는 학교에서의 종교교육의 정책과 성격 변화를 의미한다. 1988년 교육개혁법에 나타나 있는 영국 학교의 종교교육의 성격은 '종교수업'이나 '비교종교학적 지식의 전달'보다는 '종교교육'이어야 하며, 종교교육 방식도 '신앙고백적 접근'이나 '현상학적 접근'보다는 '반성적 · 다원적 접근' 방식을 취하고 있다.

---

8 종교교육상임위원회는 국교, 국교 외의 지역 종교, 지역교사협의회, 지방의회의 대표들로 구성된 네 하위 위원회로 구성된다. 영국(잉글랜드와 웨일즈)에는 모두 126개의 지역 공통 교육계획서가 있다. 공통교육계획서는 각 시기에 따라 다소 변화되어 왔으며, 1993년에 입법화 되어 매 5년마다 검토하게 되어 있다. 모든 공통교육계획서는 특정 종파의 독특한 교리를 포함하지 않아야 하며, 주요 핵심 내용도 비슷하지만, 각 공통교육계획서의 철학과 교육모델은 방법에 따라 다소 상이하다.

영국 종교교육의 구체적인 내용은 국가수준의 '종교교육에 관한 국가교육과정체계'(Religious Education: Non-Statutory National Framework, 2004)와 지역수준의 '공통교육계획서'(Agreed Syllabus)에 따르고 있다. '종교교육에 관한 국가교육과정체계'에는 종교교육의 목적과 구체적으로 도달해야 할 성취목표를 제시하고 있다. 이 체계에 나타나 있는 영국 종교교육의 목적은 대체로 다음 다섯 가지이다.

첫째, 기독교와 영국을 대표하는 주요 종교에 대한 지식과 이해의 습득 · 발달이다.

둘째, 개인, 공동체, 사회, 문화에 대한 신념, 가치, 전통의 영향에 대한 이해를 발달시키는 일이다.

셋째, 영국의 주요 종교와 관련된 종교적 도덕적 문제에 대한 합리적 판단능력을 계발시키는 일이다.

넷째, 학생의 영적, 도덕적, 사회적, 문화적 측면을 향상시키는 일이다.

다섯째, 타인에 대한 긍정적 태도, 자신과 상이한 신념을 가진 사람에 대한 존중, 다종교 사회에서 살아가는 태도를 지니게 하는 일이다 (McCreery · Palmer · Voiels, 2008: 5-6).

영국의 종교교육에서 무엇을 가르쳐야 하는지에 관한 구체적인 교육과정은 기본적으로 지역수준에서 결정된다. 즉, 공립학교 종교교육의 구체적 방향과 내용은 각 지역 종교교육상임위원회(SACRE)의 지역공통교육계획서(Local Agreed Syllabus)에 의해 결정된다. 공통교육계획서의 구체적 내용은 각 지역마다 다양하다. 예컨대, 맨체스터 지역공통교육계획서는 그 지역의 다문화적 공동체의 성격을 반영하고 있다. 1-2학년은 '기독교 가정에서 성장하기', 3-4학년은 '특별한 사람들', 4-5학년은 '특별한 책과 삶의 여정'으로 구성되어 있다. 그러나 종교적 성격을 지닌 사립공영 보조학교나 아카데미는 지역공통교육계획서를 따를 필요는 없으나 가능한 '종교교육에 관한 국가교육과정체계'의 지침을 따르는 것을 권고한다. 국교회와 같은 종교적 성격을 띤 학교의 경우, 국가교육과정체계를 수용하면서 동시에 부가적 목적을 추가한다. 그 부가적 목적이라는 것은 가령, 살아있는 신앙을 소유하기, 종교적 신앙이 어떻게 영적인 삶을 유지하고 계발하는지에 대해 이해하기, 중요하고 독특하고 가치 있는 존재감을 발달시키기, 능동적 시민이 되고 이웃을 이해하고 섬기기 등과 같은 것이다.

종교교육을 위한 지역공통교육계획서에는 두 가지 성취목표 (Attainment Targets: AT)를 설정하고 있다. 두 가지 성취목표는 성취목표 1(AT1)인 '종교에 관한 학습'(Learning about Religion)과 성취목표 2(AT2)인 '종교로부터의 학습'(Learning from Religion)이며, 그 구체적인 내용은 〈표 1〉과 같다(McCreery · Palmer · Voiels, 2008: 6-7).

〈표 1〉 종교교육 성취목표

성취목표1(AT1): 종교에 관한 학습	• 종교의 본질, 신념, 삶의 교훈과 방식, 원천, 표현의 형식과 실제에 대한 탐구 • 해석, 분석, 설명 기술, 전문적 어휘, 지식을 사용하여 의사소통하기 • 궁극적 질문과 윤리적 문제에 대한 이해의 발달 • 가치와 헌신
성취목표2(AT2): 종교로부터의 학습	• 종교에 대한 학습의 관점에서 자신과 타인의 지각과 경험에 대한 성찰 · 반응 • 종교에 대한 학습 내용의 응용, 해석, 평가 기술의 발달

영국 종교교육의 성취 평가는 2005년 교육법에 따라 교육기준청 (Ofsted)에서 한다. 종교교육의 지역공통교육계획서에 충실한지와 '종

교교육에 관한 국가교육과정체계'(2004)의 수준 기술에 따라 일반적 기준의 관점에서 수준을 기술하고 정확히 학생이 무엇이 부족한지를 기술한다. 종교교육은 두 가지 목표, 즉 '종교교육에 대한 학습'(AT1)과 '종교로부터의 학습'(AT2)에 비추어 평가한다. 전자는 종교의 본질, 종교적 의사소통하기, 궁극적 질문과 윤리적 문제, 가치와 헌신 등에 대한 지식과 이해를, 후자는 종교의 학습내용에 대한 자신의 경험과 감정 등 개인적 반응을 측정한다. 종교교과의 학생 성취 평가는 8 수준으로 세분화되어 있다.

지금까지 살펴보았듯이, 영국은 기독교가 국교인 만큼 학교에서 기독교적 종교교육을 하는 것에 별 저항이 없었다. 그러다가 1960년대 이후 영국은 다양한 종교적 배경을 가진 이민자들이 들어오면서 다종교 사회가 되었고 종교교육의 성격과 접근방법에 대한 비판적 검토가 있었다. 그 결과 영국 학교에서의 종교교육은 기독교 교리와 신념을 믿도록 신앙고백적으로 접근하는 '종교적 수업(RI)'에서 '(비교)종교학'(RS)을 현상학적 접근하는 방식으로, 다시 비교종교학적 방식에서 다원적·반성적 접근으로 '종교교육'(RE)을 강조하는 방식으로 변화하였다. 영국의 종교교육은 국가 수준에서 교육개혁법과 '종교교육에 관한 국가교육과정체계'에 전체 목적과 방향을 제시하고 있고 구체적인 내용은 각 지역의 종교교육상임위원회(SACRE)의 지역공통교육계획서(Local Agreed Syllabus)가 결정한다.

영국 공립학교는 예배를 드린다는 점, 종교교육의 성격은 변화하였지만 종교교과를 필수로 가르친다는 점, 그리고 사립공영 보조학교나 사립공영 운영학교 등 주로 기독교 단체가 설립한 학교에 대해서는 여전히 종파교육을 부분적으로 허용하고 있다는 점에서 학교교육에서 기독교적 영향이 상당히 남아있다고 볼 수 있다.

V. 나가는 말 : 한국교육에 주는 의미

이 글은 영국의 공교육 전개과정에서 기독교의 역할을 탐색하는 데 목적이 있었다. 이러한 목적을 위해 거시적인 측면에서 교육 전체에서 기독교의 공헌과 미시적인 측면에서 학교교육에서의 기독교의 위상을 검토하였다. 이하에서는 결론을 대신하여 한국의 공교육에서 기독교가 공헌할 수 있는 몇 가지 방식을 제시하겠다.

첫째, 영국의 학교에서도 볼 수 있듯이, 기독교가 공교육에 공헌할 수 있는 가장 일반적인 방법은 교회가 학교를 설립하는 방식이다. 학교를 설립하는 목적은 크게 두 가지이다. 하나는 복지적 동기이고, 다른 하나는 선교적 동기이다. 복지적 동기는 자선학교에서 볼 수 있듯이, 교육에 소외되어 있으면서 교육을 필요로 하는 사람들을 가르치기 위해 학교를 설립하여 그들에게 교육의 기회를 제공하는 것이다. 선교적 동기는 교회 부설학교에서 볼 수 있듯이, 기독교의 교리와 이념을 가르치기 위한 목적으로 학교를 설립하여 가르치는 것이다. 학교를 설립하여 운영하는 것은 공교육에 가장 직접적으로 기여할 수 있는 방식이다. 그러나 어떠한 동기에서 학교를 설립해 교육하는 것이 공교육에 보다 공헌할 수 있는지의 여부는 각국의 처지와 시대의 상황에 따라 다르며, 따라서 일률적으로 대답하기 어렵다. 이 일은 근대화 초기에 우리나라에서 해 온 일이다. 이제 보다 중요한 것은 그 동기에 부합하게 학교를 실제로 운영하고 교육하는 것이다.

둘째, 한국 기독교가 공교육에 공헌하기 위해 선행되어야 할 것은 기존의 기독교계 학교를 내실화하는 일과 기독교 이념에 충실한 선한 영향력을 가진 학교를 확대하는 일이다. 한국의 기독교계 학교는 근대화 시기의 한국 공교육에 중요한 역할을 하였으나, 시간이 지남에 따라 교육이념이나 운영 전반에 걸쳐서 기독교적 정신에서 벗어나 무늬만 남거나 오히려 비리나 전횡 등 사회적 문제를 노정하는 학교들이 급증 하였다. 공교육에서 기독교가 영향력을 회복하기 위해서는 먼저 기존의 기독교계 학교를 기독교 정신에 부합하게 정상화하는 일이 선행되어야 한다. 나아가 화란이나 미국의 개혁주의 교회가 하듯이, 지역사회에 기독교 이념과 정신에 투철한 기독교 학교를 설립하고 점차 늘려갈 필요 가 있다. 기독교적 이념과 교육과정, 기독교적 학교운영, 기독교적 세계 관을 가진 교사에 의해 교육이 이루어짐으로써 지식의 가르침을 통해 서 뿐만 아니라 올바른 기독교적 운영을 목도하고 몸소 체험하는 경험 을 통해 균형 잡힌 기독교적 인재를 양성할 수 있다. 이러한 일을 하는 데 '한국기독교학교 정상화 추진위원회'의 역할이 기대된다.

셋째, 한국 기독교가 공교육에 공헌할 수 있는 현실적인 방법은 교육과정, 입시 등 학교교육 정책을 비롯한 교육정책 전반에 기독교계 가 적극 참여하고 기여하는 방식이다. 국가 수준의 교육정책이 결정되 고 나면, 학교 수준에서 할 수 있는 일이 사실상 극히 제한된다. 이 점에 서 학교를 설립하고 운영하는 것보다 기독교적 정신에 부합하는 교육 정책을 입안할 수 있도록 하는 일이 실제로 더 영향력이 있다. 여기에 는 소극적인 측면에서 기독교적 정신과 배치되는 교육정책을 비판하고 대안을 제시하는 일과 보다 적극적으로는 부합하는 교육정책을 창출하 고 입안될 수 있도록 하는 일이 요구된다. 현재 '사교육걱정없는세상'이 하는 일은 비록 범위가 제한되어 있고 주로 소극적 측면에서 그 역할을 하고 있지만 이 분야에서 선구적인 역할을 하고 있다. 그리고 기독교 내 에서 이러한 일을 확대하거나 이를 보완하는 역할을 감당하는 많은 단 체가 요구된다.

넷째, 한국 기독교가 공교육에 공헌할 수 있는 방법은 학교 수준에서 기독 교사의 교육과 학생지도를 통해서 가능하다. 교육현장에서 기독 교사가 기독교적 마인드로 학생을 대하고, 좋은 교육을 위해 온갖 노력을 경주하는 것은 겉으로 결과가 쉽게 드러나거나 폼나는 일도 아니다. 그 일은 외롭고 힘든 일이어서, 종교개혁자들이 가졌듯이 우리가 교사로 부르심을 받았다는 소명의식과, 그것이 우리의 존재 이유라는 의식을 가질 때 가능하다. 하지만 이렇게 교육의 최전선에서 헌신하는 것이 공교육을 발전시키는 유일하고 실질적인 방법이다. 이러한 일을 격려하고 도전하는 데 '좋은교사운동'은 좋은 본보기가 된다.

참고문헌

유재봉(2011). 교육의 종교적 차원과 그 정당화. 신앙과 학문, 16(2), 131-146.

유재봉(2013a). 교육에서의 영성회복: 학교에서의 영성교육을 위한 시론. 교육철학연구, 35(1), 97-117.

유재봉(2013b). 영국의 종교교육: 학교에서의 종교교육의 가능성 탐색. 교육과정연구, 31(2), 199-219.

정일용(2013). 미국·프랑스·영국 교육제도. 서울대학교 출판문화원.

정희라(2009). 세속화 다문화 시대 영국의 종교교육과 기독교 정체성. 영국연구, 22, 79-102.

조무남(2006). 영국교사교육제도. 청문각.

Alexander, H. & T. H. McLaughlin(2003). Education in religion and spirituality. N. Blake, et. al.(Eds.). *The Blackwell guide to the philosophy of education*(pp.129-149). Oxford: Blackwell Publishing.

Baker, M.(1992). *A Parents' Guide to the New Curriculum.* London: BBC Books.

Boyd, W.(1964). *The History of Western Education.* 이홍우 외역(2008). 서양교육사. 교육과학사.

Dent, H. C.(1968). *The 1944 education act.* London: University of London Press.

Hare, R. M.(1964). Adolescent into Adult. In T. H. B. Hollins(Ed.). *Aims in education.* Manchester: Manchester University Press.

Hirst, P. H.(1965). Liberal education and the nature of knowledge. In Archambault(ed.) *Philosophical analysis and education.* London: RKP.

McCreery, E., Palmer, S. & Voiels, V.(2008). *Teaching religious education: primary and early years.* Exeter: Learning Matters.

Qualifications and Curriculum Authority(2004). *Religious education: the non-statutory national framework.* London: QCA, DfES.

Rudge, L.(2000). The place of religious education in the curriculum. In A. Write & A. Brandom (Eds.). *Learning to teach religious education in the secondary school*(pp. 9-27). London: Routledge Falmer.

Lundie, D.(2012). Religious education in the United Kingdom and Ieland: England and Wales. In L. F. Barnes(Ed. 2012). *Debates in religious education*(pp. 22-33). London and New York: Routledge.

Skinner, M(2006). T*he Educational System of the United Kingdom.* Washington: AACRAO

Watson, B.(2012). Why religious matters. In L. F. Barnes(Ed. 2012). *Debates in religious education*(pp. 13-21). London and New York: Routledge.-164.

https://www.gov.uk/government/publications/free-schools-successful-applications-and-open-schools-2014(26 July 2014)

https://www.gov.uk/government/publications/open-academies-and-academy-projects-in-development(26 July 2014)

PUBLIC EDUCATION
AND CHRISTIANITY

덴마크 공교육의 전개와 기독교

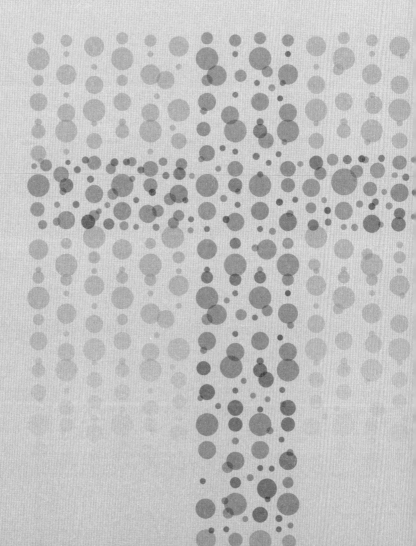

덴마크 공교육의 전개와 기독교

송순재
카를 에기디우스(Karl K.Aegidius)

I. 들어가는 말

이 글은 덴마크 근대 공교육과 자유교육의 역사와 성격, 그 기독교적 관련성을 밝히고 또 이들 제도 안에서 이루어지고 있는 종교교육의 구조와 특징은 무엇인지 살피기 위한 것이다. 자유교육은 초창기 공교육을 비판하는 시각에서 시작되었지만 숱한 대결과 논쟁 끝에 이제는 상당 부분 공교육 제도와 협력하는 꼴을 취하고 있다. 자유교육은 덴마크 교육법에 귀속되어 있으며 따라서 국가 사회적으로 지지받는 구조를 갖추고 있다. 자유교육의 형성 배경에는 특정한 기독교 정신이 작용했으며 (덴마크 루터 국교회를 내적으로 쇄신하는 방향에서) 이는 공교육과는 다른 양상으로 존재해 왔다.

II. 공교육 도입의 역사적 전개 과정

1. 공교육의 도입: 초기부터 1950년대까지의 상황

덴마크 교육제도의 뿌리는 15세기까지 거슬러 올라간다. 이 시기 체계적인 교육제도의 틀이 만들어졌지만 몇 백 년 동안 교육은 귀족이나 엘리트들만을 위한 것이었다. 그러던 중 새로운 전기가 마련된 것은 19세기 초엽으로 1814년 '일반학교법'(General School Law)이 최초로 도입되었다. 당시 덴마크 왕은 지방정부로 하여금 7-14세의 모든 아동을 위한 학교를 설립 운영하도록 의무화했다. 이에 따라 전국적으로 여자 아이들을 포함한 모든 아동들을 위한 학교가 잘 정비되어 세워졌으며 이를 뒷받침하기 위한 교사양성제도도 설치되었다.[1]

이 일반학교의 목적은 다음 두 가지로, 하나는 "기독교적 교훈에 따라 선하고 올곧은 인격"으로 자라나도록 하는 것과, 다른 하나는 "한 국가의 쓸모 있는 시민이 되는데 필요한 지식과 기술"을 가르치기 위한 것이었다. 이 공립기초학교의 목적은 사회와 학교현장에서 있었던 많은 변화에도 불구하고 1937년까지 그 기본 틀을 유지했다. 이 상황은 주목할 만한 것인데, 왜냐하면 이 시기는 독일이나 영국, 미국 등의 공교육제도 설립 시기보다 앞서 있기 때문이다. 덴마크는 세계 최초로 근대적 공교육 제도를 도입한 나라이다.

처음 공립학교가 도입될 당시 시골과 도시에는 마을학교(Village School)와 도시학교(Town School)가 각각 존재했다. 당시 덴마크는 농

---

1 Karl K. Aegidius(2003), "덴마크의 학교풍속도", 송순재 역, 『처음처럼』 35: 82~83.

경사회로 전 인구(약 일백만 명) 중 85% 정도가 농촌에 산재해 있었다. 변화가 일어난 것은 1850년에서 1950년까지 사이로 산업화와 도시화 때문이다. 1950년 무렵 430만 인구의 반 이상이 도시로 이주했고 1/3 정도만 농촌에 남게 되었다. 생활수준은 꾸준히 높아졌고 사회도 비교적 안정세를 유지했다. 정치적 민주화는 민주헌법이 최초 도입되었던 1849년 이래 꾸준히 성장했다. 1950년대 이후 또 하나 급격한 변화 국면들이 전개되기 시작했다. 그 양상을 2000년까지 일별하면 다음과 같다.

2. 1950-2000년 사이 사회적 변천과정

1950년대를 기점으로 덴마크는 농촌 사회에서 산업 사회를 거쳐 탈산업 사회 및 지식 기반의 정보기술 사회로 이행하기 시작했다. 그 중 아이를 기르는 문화적 태도는 1960년대를 기점으로 엄청난 변화를 겪었다. 농업 및 2차 산업은 1950년대에서 1970년대로 이행하면서 기계화와 자동화 과정을 거치게 되고, 1960년대 이후에도 사람들은 시골에서 도시로 끊임없이 이주했다. 1960년대 2차 산업은 처음으로 농업 생산을 앞질렀다. 교외 지역과 도시 주변 마을은 도시화되었고, 작은 지역과 지방정부 자치 기구들은 더 큰 규모로 통합되었으며, 이전의 지역공동체는 해체되거나 급격한 변화를 겪게 되었다. 새 이주민들은 다른 풍습으로 말미암아 기존 주민들과 갈등을 빚기도 했다. 가족 형태도 달라졌는데, 부부 모두 맞벌이를 하면서 일상적인 문화활동이나 운동을 펴나가기는 점점 더 어려워졌다. 여성해방 운동과 권위주의적 습속에 대한 학생들과 청소년들의 대대적 항거, 베트남 전쟁에 반대하는 반미 운동, 성해방 운동, 신(新)마르크스주의에 대한 공감대 형성, 히피족과 반

(反)자본주의, 새로운 스타일의 음악과 의상 등은 기존의 윤리 기준 혹은 정체성에 도전하면서 개인주의적 삶과 문화를 창출했는가 하면, 아이를 기르는 방법과 목표에서도 새로운 길을 추구하는 흐름이 생겨났다.

사람들은 교육에서도 새로운 가치와 목표가 필요하다고 느꼈다. 지금까지와는 다른 성격을 띤 사회에 대해 스스로 생각하지 않으면 안 되었고, 새로운 조건에 적응해야 했다. 이 커다란 변화의 정점에, 1990년대에 이르러 컴퓨터를 비롯한 정보공학기술의 등장과 단계적인 유럽 통합, 세계화된 경제구조로 인한 새로운 과제들이 추가되었다. 이렇게 덴마크의 공교육 제도는 새로운 시대적 조건이 조성될 때마다 이에 적응하기 위한 과제에 끊임없이 직면하게 되었다.

3. 법제화에 따른 공립기초학교 제도의 발전사 및 현황

공립학교에서 주목할 만한 변화는 1814년 이후 다시금 학교법을 손보기 시작한 1937년을 기점으로 일어났다. 공립기초학교(Folkeskole, 폴케스콜레)는 1학년부터 6학년까지의 초등교육 과정과 7학년부터 9학년까지의 중등교육 I 단계를 포괄하는 과정을 말한다. 국회는 이 단계 교육의 목적을 국가수준에서 정하고, 학습 내용의 일반적 기준과 지침을 정하며, 학교 행정과 운영에 대한 사안을 '일반학교법'을 통해 규정하고 있다. 이에 따라 지방자치정부는 지방 수준에서 교장, 교사, 학부모와 협력하여 법의 시행과 재정에 대해 책임을 진다.[2] 1937년 학교법 이후 상황부터 그 골자를 살피면 다음과 같다.

---

2 http://en.wikipedia.org/wiki/Danish_Folkeskole_Education

1) 1937년 학교법

1937년 학교법에는 농촌과 도시 사이의 격차를 줄이고 교육평등의 기회를 구현하기 위한 뜻에서 농촌학교에서 새로운 교과, 예컨대 체육, 물리, 화학, 목공, 가사 요리 등의 교과를 위한 시설을 보완하려는 움직임이 있었다. 하지만 이를 위한 정치경제적 기반은 제2차 세계대전과 1940-45년 독일군 점령으로 인해 무산되었고, 그 결과 이 조치는 1960년대까지로 미루어졌다.

2) 1958년 학교법

앞서 언급한 비전은 1958년 새로 제정된 학교법에서 되살아났으며 1960년대를 거치면서 중앙집중화된 학교건축 방식을 통해 실현되었다. 교육당국과 지방자치단체들은 일반 정규학교를 짓기 시작한 것이다. 그 결과 농촌의 작은 학교들은 폐쇄되었다.

1950년대까지 농촌에서는 7년간의 의무 교육 정도를 충분하다고 여기는 분위기였지만 차츰 교육이 더 많이 필요하다고 느끼는 사람들이 늘어남에 따라 지방정부는 1937년 학교법에 따라 학교를 현대화하기 시작했다. 1958년의 학교법은 지방정부에게 원하는 사람들에게는 누구나 8,9,10학년 교육을 제공할 책임을 명시하고 있다.

1958년 학교법의 정신은 '블루 가이드'(The Blue Guide)에 잘 나타나 있다. 블루 가이드란 행정가, 교사, 학부모 및 학교 문제에 관심이 있는 사람들을 위한 안내서를 말한다. 이 책은 진보적 교육학자와 철학자들의 경험과 사고에 기반을 두고 아동의 자유를 존중하는 새로운 교수법을 제시하고 학습동기를 촉발시키기 위한 발상을 소개했다. 이 방향에서 초등교육 단계의 쇄신 작업이 급속히 진행되었다.

이런 방향에서 이루어진 상황을 둘러싸고 새로운 논란거리가 생겨났는데, 그것은 자유를 촉진할 경우 그 가능성과 한계는 무엇인가 하는 것이었다. 또 교육의 정치적 중립 문제를 둘러싼 물음도 생겨났는데, 즉 교육은 전적으로 중립적일 수 있는가, 혹은 중립적이어야 하는가 혹은 교육의 정치적 남용 또는 정치화를 막기 위해 필요한 내용과 방법을 명확히 규정한 중앙집중화된 구조가 추가적으로 필요한지 등에 관한 물음이었다. 이 논쟁은 다음에 언급할 1975년 학교법의 배경을 이루게 된다.

3) 1975년 학교법

이전에는 공립기초학교를 덴마크 국가의 정체성과 공동의 문화적 가치를 갖추도록 이끄는 터전으로 인식했다. 반면 1960년대 들어서는 새로 출현한 다원적 사회 안에서 사는 시민의 일원으로서 공립기초학교에서 발견해야 할 공통적 기초나 토대에 관한 물음이 부각되었다.

전통적 관점에 의하면 교사는 교육의 중심적 자리에서 학습보다는 교수활동에 매진했으며, 또 그러한 활동을 위한 공적 권위를 정부 당국으로부터 위임받은 자로 인식되었다. 하지만 새로운 관점에 따르자면 교사는 그러한 외적 권위에 의해서가 아니라 인간적이며 그가 가르치는 교과의 지적 내용에 따라 존경받아야 한다는 관점에 의해 도전을 받게 되었다.

나아가서 이 시기에 들어서는 덴마크 사회와 학교교육의 성격을 기본적으로 규정했던 기독교에 대한 개인적 해석도 가능해졌는가 하면, 삶에 대한 감각과 방향에 대한 개인적 탐구도 가능해졌다. 민주주의 사회 구현에 대한 논쟁과 아울러 1960년대에는 반권위주의적 교육과 사회를 구현하기 위한 학생운동이 풍미했다. 이렇게 하여 학생은 학습과정의 중심적 위치에 놓이게 되었다.

이러한 경향은 1975년 학교법에 잘 반영되었다. 이 변화 과정에서 관료사회에서 잔뼈가 굵은 교사들은 새로운 상황에 적응하는데 막대한 어려움을 겪었지만, 다른 교사들이나 젊은 교사들은 상당부분 새로운 변신을 추구할 수 있었다. 교수에서 학습에 중점을 두는 활동 뿐 아니라 교사와 학생, 학부모가 어떠한 관계를 맺어야 하는지에 대한 논의도 활발하게 일어났다.

4) 새로운 문제와 논쟁 상황

1975년 학교법은 전통적 관점과 새로운 관점을 가르는 기점이 되었다. 전자가 법과 질서, 위계적 사고를 대표하는 권력, 기술공학적 사고, 경제적 차원의 경쟁지향적 사고, 옛 국가주의적 가치를 대변했다면, 후자는 아동을 존중하는 관점에서 교육 전반을 재구조화시킨 구조를 대변했다. 하지만 전자가 후자에 의해 극복된 것이라기보다는 새로운 관점으로 인해 이 두 가지 관점이 논쟁을 벌이는 상황이 되었다. 이 논쟁은 교육학자와 교사, 학부모, 정치가들 사이에서 오늘날까지 계속되고 있다. 이 변화 과정에서 학교에 실험적으로 도입된 것들은 작업과 학습을 조직하는 새로운 방법, 이를테면 프로젝트 학습, 워크숍 같은 방법 같은 것들이었다. 학교현장에서는 이들 방법의 진가를 인정하기 시작했다. 1980년대 들어 주목할 만한 것은 학부모의 민주적 참여를 확대하기 위한 새로운 법, 즉 단위 학교에서 '학부모운영위원회'를 설치하기 위한 법이 제정된 것이다.

5) 1993년 학교법

이런 상황에서 앞서 언급한 문제들을 고려한 내용을 담은 새로운 공립기초학교법이 토의에 붙여져 1993년에 통과되었다. 이 법은 학생 개개인의 다면적 발달을 다시 한 번 궁극적 지향점으로 삼으면서, 학생들로 하여금 모국의 문화와 친숙하게 할 뿐 아니라 타 문화권이나 자연과 인간 간의 상호관계를 잘 이해할 수 있도록 하는 것을 중점 과제로 삼았다.

1993년 학교법 중에는 교사들의 행정 부담을 경감시켜 주는 조항과 정치적 영향력에서 자유롭게 해 주기 위한 조항, 그리고 교장의 권한을 강화시키는 조항들이 들어 있다. 이 관행은 1970년대와 1980년대에 지속적으로 확대되어 왔다. 1993년 학교법은 학교운영위원회에서 학부모가 다수를 차지하도록 하여 학부모 대표의 영향력을 확대시켰으며, 이는 많은 학교들에서 민주주의를 확산시키는데 긍정적 영향을 주었다.

1990년대 상황 중 특기할 만한 점은 덴마크 아동들의 학업성취도를 증진시키기 위한 목적에서 특화된 연구소들이 설립된 것이다. 이러한 상황은 덴마크 교육계 전반에 걸쳐 상이한 관점과 입장들 사이에 전투가 벌어졌음을 말해주는 것이다. 한쪽에서 아동의 자율성과 독자성에 대한 신뢰를 기초로 학습과정에서 아동들의 능동적 참여를 주장했다면, 다른 한쪽에서는 학습 및 아동의 진보에 대한 효율성과 학업성취도를 측정하려 했던 것이다. 이 전투 상황은 향후에도 지속될 것으로 보인다.

6) 2002년 11월 협약

앞서 언급한 전투 상황은 2002년 11월 국회에서 공립기초학교의 쇄신과 앞으로의 발전에 관한 합의가 여러 정당들 사이에 도출됨에 따라 더욱 가열되었다. 주요 합의 내용은 다음과 같다.

- 입학을 앞둔 아이들을 위한 예비학교를 더 잘 준비해야 한다.
- 학습장애를 겪는 학생들을 특히 배려해야 한다.
- 비행과 폭력 문제에 대응할 수 있는 조치와 캠페인이 있어야 한다.
- 이중 언어 아이들을 덴마크 학교와 사회에 잘 통합시켜야 한다.
- 국제 비교에 따르면 덴마크 학생들이 다른 유럽 국가 아이들에

비해 뒤처지므로 기초 교과를 가르치는 데 더 많은 시간을 할애
해야 한다.

- 공립기초학교와 청소년 직업교육을 위한 준비 사이가 부실하다.
8-10학년을 위한 새로운 과정을 도입하여 그 틈을 없애야 한다.
- 향후 4년간 공립기초학교의 발전 계획을 추진하기 위한 주요 요
소는 다음과 같다. 자연과학 교과의 질적 향상, 현대적 학습 방법
및 평가법 도입, 보다 건강한 삶의 양식 모색, 학교에서의 안전 도
모, 학생들의 협력 활동과 여가 활동 촉진, 학무모의 참여 제고.

하지만 이 새로운 합의에 대한 비판적 목소리도 만만치 않은데, 즉
중앙집권적 지시구조가 강화되고 있는 추세에 대한 강력한 비판이 그것
이다. 2003년 새로 개정된 학교법은 전통적 학교법의 기본 노선을 따르
고 있지만, 두 가지 점에서 차이를 보인다. 하나는 세속화 과정에서 교회
와 종교에 대한 의무조항을 폐기한 것이며, 이전의 학교법에 따라 국가
의 쓸모 있는 시민 양성을 목적으로 할 뿐 아니라 개인의 성향과 능력을
함양하는 문제에도 관심을 기울인 것이다.

4. 김나지움 – 공립 중등교육 II 단계

덴마크에서는 중등교육의 두 번째 단계 중 하나의 주축을 이루는
과정을 '김나지움(Gymnasium)'이라 하며, 보통 15세에서 19세까지
(11~13학년, 때로는 10~12학년) 학령기에 해당한다. 1903년 이전에
는 대학 진학을 위한 학교를 중세 수도원 학교에서 비롯된 '라틴어 학교
(Latin School)'라 불렀다. 1903년 학교개혁과 더불어 이름과 기능이 바

꿰어, 주된 교육과정으로 고전어, 현대어, 수학·물리학의 세 분야를 편성하고 있다. 최근 들어 이 세 분야는 음악 또는 사회학과 더불어 다양하게 결합하는 방식으로 활성화되어 있다.

1960년대까지만 해도 김나지움 입학생 수는 매년 전체 학생의 5퍼센트에 불과했고, 이 소수의 젊은이들이 미래의 엘리트층을 형성했다. 그러나 1960년 이래 지난 40여 년간, 김나지움 입학생 수는 놀라우리만치 늘어나 오늘날에는 40퍼센트에 이른다. 1960년대 이후 새로운 김나지움들이 많이 세워져, 현재는 전국적으로 고르게 분포하고 있다. 국가와 주정부가 이들 대다수의 김나지움을 관장하고 있으며, 사립 김나지움도 일부 있다. 전통적인 김나지움의 교육 목적과 방향은 어떤 특정한 자격이나 직업을 의도하지 않는 일반적이고도 광범위한 자유교양교육(liberal education)을 제공하는 것과 대학을 비롯한 고등교육기관에서 공부할 학생들을 준비시키는 것이다.

산업사회에서 탈산업사회(지식, 네트워킹, 정보통신과 디지털 미디어에 바탕을 둔 사회)로 이동하고 있는 지금, 김나지움에서 다룰 내용에 대한 새로운 이해가 대두되고 있으며, 교육의 변화 또는 개혁을 위한 토의가 뜨겁게 이루어지고 있다. 이 토의의 첫 번째 성과로 정리된 김나지움의 목적과 방향은 이러하다. 김나지움 교육은 전체적으로 일관성이 있어야 하며, 학생들이 일반적인 교양 교육뿐 아니라 그 이후 심화 과정도 성취할 수 있도록 능력을 배양해야 한다. 이렇게 하기 위해, 학교와 교육기관은 전 교과과정 뿐만 아니라 각 과목들에 대해 다음과 같은 목적을 부여한다.

- 민주주의를 위한 제반 사항에 관심을 갖고 민주적 토론에 참여하고자 하는 희망과 능력을 촉진한다.

- 학생들이 기존 세상을 바라보고 이해했던 관점과 교육과정에서 경험하게 되는 새로운 세계 사이의 유사점과 차이점을 이해하도록 격려하고 계발한다.
- 책임감과 독립심, 창의성과 급우들 간의 협동심을 격려하고 계발한다. 이와 동시에 사회 변화에 대응할 수 있는 적응력을 준비시키고 강화시킨다.
- 학생들이 국제적 감각을 기르는 데 유용한 관점들과 제반 사항들을 소개하고 환경에 대한 더 많은 문제의식을 갖도록 기회를 제공한다.

토의의 두 번째 성과는 김나지움 개혁 프로그램의 현실화를 위한 열정과 노력이 기울여져 교육부가 그 프로그램 개발의 초기 단계에 착수한 것이다. 이는 세계화, 정보통신, 과학기술과 디지털 미디어라는 새로운 흐름에 적응하도록 하기 위한 노력의 일환이다. 150여 개 김나지움 가운데 60여 곳이 2001년 이래 가동되고 있는 이 프로그램의 실험적인 작업에 자진해서 참여하고 있다.

III. 공립학교 제도의 기본 성격과 유형

1. 초등교육과 중등교육 I 단계 - 공립기초학교

공립기초학교 과정은 의무교육이다. 의무교육 이외에 유치원을 다닐 수 있으며, 고등교육 단계에 들어가기 전 자발적으로 10학년 과정을 선택할 수도 있다. 지역 행정당국은 기본교육을 무상으로 제공할 의무가 있다. 하지만 부모들은 자기 아이들이 일반 사립학교나 자유학교에서 공부하게 할 수도 있다. 이럴 경우 부모들은 학비의 20% 정도를 부담해야 하고, 동시에 학교위원회의 구성원이 될 권리를 갖는다. 공립학교와 나란히 자유(대안)학교가 있다. 학생들 중 대략 87% 정도가 공립기초학교에 다니고, 13% 정도가 사립학교나 자유(대안)학교인 프리스콜레(Friskole)에 다닌다. 부모들은 자기 아이들을 직접 가르칠 수도 있다. 하지만 덴마크에서 이 권리를 행사하는 부모들은 아주 극소수이다. 중등교육기관에는 공립기초학교(7, 8, 9, 10학년 과정) 외에도, 지역 행정당국의 의무교육 조항과 별도로 운영되는 260여 개의 자유중등학교인 에프터스콜레(Efterskole)가 있으며, 매년 전체 학생의 대략 15~25% 정도가 이 과정을 이용하고 있다.

1) 법률적 틀

공립기초학교의 법적 틀은 국회의 결정으로 만들어진다. 현재 시행되고 있는 법률은 2006년 국회에서 여당이 다양한 의견들을 수렴해 1975년 법률을 새로 개정한 것이다. 이 법률은 대체로 전통을 수용하면서도, 여당의 의지와 비전뿐 아니라 시대 상황에 발맞춘다는 취지를 살린 것이다. 법안에서 공립기초학교의 목적을 밝힌 다음 조문들은 아주 중요하다. 그 안에 교육의 역할에 대한 이해와 이상을 담아, 사회와 각 개인에게 큰 영향을 미치기 때문이다. 전체 조문을 인용하면 다음과 같다.

제1조. 공립기초학교는 부모와 협력해서 학생들에게 지식과 기술을 제공하고, 양질의 교육을 받을 수 있게 준비시켜야 한다. 또 더 많은

배움을 위한 열의를 촉발시키고, 학생들이 덴마크 문화와 역사에 친숙하도록 해야 한다. 그리고 다른 나라들과 그 문화들에 대한 이해의 기회를 제공하고, 인간과 자연 사이의 상호작용에 관한 이해에 기여해야 하며, 학생 개개인이 다방면에 걸쳐서 소질을 발휘할 수 있도록 자극하고 격려해야 한다.

제2조. 공립기초학교는 공부하는 방법을 계발해서, 학생이 그것을 경험하고 흡수하고 진취적으로 펼칠 수 있는 가능성을 만들어내야 한다. 그러면 학생은 인지력과 상상력을 발달시킬 것이고, 그들 자신의 가능성에 대해 자신감을 갖게될 것이며, 직업을 갖고 활동하기 위한 경력을 계발시켜 나갈 것이다.

제3조. 공립기초학교는 학생이 자유와 민주주의에 토대를 둔 사회 안에서 참여 의식, 공동의 책임감, 권리와 의무를 행사할 수 있게끔 준비시켜야 한다. 그러므로 학교에서 이루어지는 다양한 노력과 공부에는 지적 자유, 동등한 존엄성, 민주주의라는 특징이 잘 드러나야 한다.

물론 교실에서 날마다 이루어지는 평범한 일과와 힘든 공부 속에 이러한 아름다운 이상이 들어있다는 사실을 깨닫기는 어려울 수 있다. 하지만 비록 이러한 이상을 충분히 알아차리지 못할지라도, 그 사체로 교육의 의지와 방향을 나타내주는 지표로서 분명히 가치가 있다.

2) 공립기초학교의 교육과정

이 법률은 학교에서 가르치는 내용에 대한 결정도 담고 있다. 1학년부터 9학년까지의 교육과정으로는 다음과 같은 과목들이 있다.

인문학 : 덴마크어, 영어, 기독교 · 종교, 역사, 사회

실용 · 예술 과목 : 스포츠 · 체조, 음악, 시각예술

자연과학 : 수학, 자연과 기술, 지리, 생물, 물리와 화학

독일어와 프랑스어는 7~9학년 학생들이 선택과목으로 공부할 수 있다. 또 각 지역 학교들은 학생들이 실용적, 예술적, 기술적 성격의 수업을 선택해서 공부할 수 있도록 다양한 과목을 제공할 수 있다. 가령 길을 횡단할 때 좌우 확인하기, 건강, 양성 평등, 가족 문제 같은 주제는 1~9학년에서 배우는 정규 과목에 필수적으로 들어간다. 마찬가지로 상급 단계의 교육, 노동시장과 미래 직업처럼 진로와 관련한 가능성을 탐색하는 오리엔테이션도 들어있다. 특정한 상황에서 학생은 기독교 수업을 면제받을 수 있다. 장애가 있어 배움에 어려움을 겪는 아이들을 위해 다양한 지원 수단을 활용할 수 있다. 모든 교과목에 대해 교육부와 장학사는 조언과 안내를 할 수는 있지만, 교육청이나 교사에게 의무적인 지침이나 생각을 전달해서는 안 된다.

1학년부터 9학년까지의 학교교육에서, 학생과 부모는 학생이 얼마나 성취했는지 알아야 하고, 교육을 통해 학생이 얻은 유익함이 무엇인지도 알아야 한다. 그래서 교육부는 공식적인 평가 기준을 정해 학생이 각 과목에서 성취해야 할 단계별 목표와 최종 목표를 세웠다. 지속적인 평가의 하나로, 교육부는 특정 학년 단계에서 성취해야 할 특정 과목에 대한 학생의 실력도 평가해왔다. 평가 결과는 학생 개개인의 학업계획표에 기록되고, 다음 단계 평가에서 판단 기준으로 사용할 수 있다. 또 각 지역의 공립기초학교에서 실시한 지역의 평균적 평가 결과는 교육부 홈페이지에 게시한다. 그러면 관심 있는 부모와 학생은 자기 학교와 다른 학교의 평균적인 결과를 비교해 볼 수 있다. 각 지역의 공립기초학교는 이 결과물을 자기 학교 홈페이지에 올릴지 말지 판단해서 결정한다. 이같이 국가가 정한 목표에 도달하기 위한 교육활동 평가, 학생 개개인의

학습계획표 등은 덴마크에서는 새로운 현상으로, 교사들 사이의 논쟁거리가 되기도 하고 불만족의 원인이 되기도 한다.

9학년을 마칠 즈음 졸업시험을 보는데 덴마크어, 수학, 영어, 물리 · 화학 과목은 의무적으로 포함되어 있다. 또 매년 교육부가 설치 규정한 인문계 과목과 자연과학계 과목 중 두 과목을 선택해 시험을 본다. 그밖에 다른 과목에 대한 시험은 각 학교가 자발적으로 선택하는데, 보통 부모와 상담한 뒤 학생 각자가 선택하도록 하고, 교육부가 정한 규칙에 따라 학교는 시험을 실시할 수 있다.

10학년 과정은 선택 사항이다. 최근의 경향을 보여주는 통계에서, 2001년과 2002년 사이의 9학년 졸업생 중 63%가 10학년을 선택하겠다고 했다. 이는 나머지 3분의 1 정도는 기숙학교인 자유중등학교 진학을 선택했다는 뜻이다. 10학년을 마친 학생 중 덴마크어, 수학, 영어, 독일어, 프랑스어, 물리 · 화학 과목 수업을 들었을 경우, 해당 과목에 대한 시험을 치를 수 있다. 수업을 듣지 않았거나 시험을 보지 않은 학생들은 9학년 졸업시험 과목 중에서 한 과목 이상의 시험을 칠 수도 있다. 시험을 치겠다는 결정은 학생, 부모, 학교가 의논해 이루어진다.

이 같은 규칙과 조항들 외에도 새로 만들어진 공립기초학교법에는, 학급 정원이 30명을 넘지 말 것과 교육부가 학년별 수업 시수와 과목의 결정권을 갖고 있다는 사실도 명시하고 있다. 수업방식도 각 과목 목표나 주제와 맞아야하고, 공립기초학교의 일반 목적과도 부합하는 방식으로 이루어져야 한다는 것도 명시하고 있다. 그래야 학교는, 학생들이 평가나 시험에 대비해 필요로 하는 것을 충족시켜 줄 수 있고, 학생들은 자기 수준에 맞는 적절한 도전에 대처할 수 있기 때문이다. 공부 방법이나 내용 그리고 주제 선택은, 교사와 학생들이 같이 협의해 정한다. 담임교사(보통 덴마크어 교사가 맡음)는 자기가 맡은 학급에 애정을 갖고, 문제를 해결할 때 학생들과 협력하여 풀어가려 한다.

지역의회는 자기 지역의 모든 어린이들에게, 유치원부터 공립기초학교 10학년까지의 기본교육을 무상으로 제공할 책임이 있다. 지역의회는 자기 지역 공립학교들의 교육활동을 보장하기 위해 적절한 법규나 조항을 제정할 수 있다.

3) 공립기초학교의 교육주체들

학교의 일상생활과 학습활동을 함께 만들어가는 파트너도 있다. 학생회(학생과 학생대표), 교사위원회(교사들과 교사대표), 교장과 교감, 행정·보조 직원, 학교위원회(학부모대표, 교사대표, 학생대표)가 대표적인 그룹이다. 각 그룹의 역할과 권한은 아래와 같다.

모든 공립기초학교에 있는 학교위원회는 학부모들이 선출한 5~7명의 학부모대표, 교사들이 선출한 교사대표 2명, 학생회대표 2명으로 구성된다. 학교위원회 활동은 지역의회에서 정한 교육목표와 틀에 따른다. 위원회는 각 학년의 수업 수, 수업 일수, 선택할 수 있는 과목 수, 배움에 어려움을 겪는 학생들을 위한 특별교육, 교사들 사이의 업무 분담 같은 학교운영과 관련된 방침들을 논의하고 정한다. 또 학부모와 학교가 어떻게 협력할지, 아이들이 수업에서 얻은 게 무엇이며 학부모에게 어떻게 알릴지, 각종 방식과 방침을 정할 수 있다. 학교에서 이루어지는 행사, 캠프, 실습, 학교에서의 여가 시간 조정 등에 관한 규칙들을 정하는 것도 학교위원회의 임무다. 학교예산, 수업 기자재 구입과 관련된 사안, 교칙 같은 것들 역시 학교위원회의 승인을 필요로 한다. 이밖에도 학교위원회는 교사와 교장 임명, 교육 관련 보고서나 계획안을 포함해 지역의회에서 제기된 문제에 의견을 달라는 요청을 받기도 한다.

학교장의 역할은 바퀴 축에 비유할 수 있다. 교장은 교육적이고 행정적인 리더십을 발휘할 책임이 있고, 학교위원회나 지역의회에 자기 학교의 활동을 설명해야 한다. 교사위원회는 가르치는 일에 종사하는 모든 교직원으로 구성된다. 교사위원회는, 2006년 개정된 공립기초학교법에 따라 이전과 달리 학교위원회에 대표 두 명을 참여시킬 권한만 갖는다. 일종의 자문 역할을 하는 위원회인 셈이다. 학생회는 모든 공립기초학교에 다 있지는 않지만, 법률에 의해 5학년 이상 학생들은 자신의 관심사와 관점을 대변할 수 있는 학생회를 구성할 권리를 가진다.

4) 공립기초학교의 당면 과제들

공립기초학교가 당면한 문제와 어려움을 놓고 여러 그룹은 토론을 통해 풀어 나간다. 공립기초학교가 당면한 과제 중에는 '각 조직의 요구가 다를 경우 적절히 힘을 분배하고 결정하려면 어떻게 해야 할까' 같은 토론을 요하는 문제가 있다. 제도란 자연스럽게 특정한 위계질서를 갖기 마련이다. 위계질서에서 상위단체나 사람들이 하위 부분이 수행하는 일을 조정하고 판단하게 된다. 여러 분야에 참여하는 다양한 단체나 참여자들의 의무, 권리, 책임, 권한의 한계는 어디까지인지, '누가 무엇을 결정하고, 어떤 문제를 풀어내는가'를 분명히하기 위한 논의도 이루어지고 있다.

또 다른 과제로 새로운 법규를 둘러싼 입장 차이도 있다. 지난 십여 년 동안, 새로운 법률과 결합해서 교육부가 내놓은 몇 가지 선도적인 제안과 법규들이 교사들의 근무 조건을 근본적으로 규제하고 있다는 사실은 누구도 부정할 수 없다. 이 법규들은 교사들에게 전례 없는 과업과 의무를 수행하라고 요구한다. 이 문제에 대한 논쟁은 치열하다.

그런가 하면 최근 들어 가장 많이 토론된 또 다른 문제로, 평가와 시험에 대한 것이 있다. 1990년대 국립평가연구소가 설립되기 전에는, 덴마크에서는 기본교육에서 시험 결과를 체계적으로 평가할 방법이 없었다. 그런데 2000년에 이루어진 피사(PISA, OECD 국제학생학업성취도 평가)에서, 덴마크의 15, 16세 학생들이 읽기나 쓰기에서 다른 나라 학생들보다 뒤진다는 결과가 나왔다. 이 결과에 정치가들과 정부는 깜짝 놀라고 낙담했다. 더욱이 덴마크는 기본교육을 받는 학생 비율이 세계에서 가장 높은 나라 중 하나였지만, 기본교육을 마친 졸업생들 중 '기능적 문맹자(어떤 임무나 상황에서 필요한 읽기와 쓰기 능력이 결핍된 사람)'로 분류된 사람들의 비율은 약 17%나 될 정도로 높았다. 그 결과, 중앙정부 교육관련 부서 주도로 평가 방법들과 법률이 잇따라 제정되었다. 현 시대에 유행하고 있는 평가 문화를 만들어 내고, 기본교육 기간 동안 특정 시기마다 핵심과목에 대해 전국 단위의 시험을 보고, 통계적인 분석과 비교를 위해서 구체적이고 쉽게 측정할 수 있는 평가 방법을 제공하는 것을 목적으로 했다. 그 다음에는 '공립기초학교에서 교육의 질을 평가하고 발전시키기 위한 심의회'가 이 문제를 조사하고 매년 보고서를 제출하는 일을 맡게 되었다. 심의회는 평가 방법들의 효율성을 평가하고, 현 상황에 나타난 문제들의 해결 방안으로 새로운 방법을 시행해 보거나, 지금의 것을 계속하도록 권고하는 일을 맡았다.

하지만 이 조사 결과가 기계적인 읽기 능력과 교과서 지식을 재생산하는 방식만 고려한 것이 아니냐는 의문과 비판도 제기되었다. 기본교육에서 정말로 중요하게 여겨야 할 가치 있는 결과는 고려하지 않았다는 것이다. 사회적이고 민주적인 태도와 관련해서 학생 개개인이 지니고 있는 독립적인 사고력의 발달 같은 것은 고려되지 않았다는 뜻이다. 이 조사가 교육적 결과를 좀 더 쉽게 평가하려는 데에만 초점을 맞추는 바람에, 금방 드러나지 않는 가치들은 무시하지 않았는지, 또 이러한 가치가 지닌 영속성이나 중요성이 무시되어 교육이 절름발이가 되어 가는 건 아닐지, 염려와 비판이 제기되었다.

정리해 보면, 학교 현장에서 날마다 일어나는 수많은 자잘한 문제들과 새로운 환경에 몸과 마음을 맞춰 나가도록 몰아붙이는 전환기적 도전이, 지금 공립기초학교가 처한 상황인 셈이다. 어쩌면 지금 상황에서 효율적이면서도 유연하게 개혁할 수 있을 거라는 전망이 그리 타당해 보이지 않는다. 한쪽에는, 자신들의 위신이 깎이고 있다고 느껴 지금까지 인정되고 존중받은 가치들과 목표를 지키려 애쓰는 방어적인 현장 교사들이 있다. 다른 한쪽에는, 사회적 경쟁력을 강화시키려는 목적으로 교육 체제를 새롭게 만들겠다는 야망을 품은 중앙의 공격적인 사람들이 있다. 이 둘 사이의 분열이 가까운 미래에 극복되거나 조정되기는 어려워 보인다.

독자적인 관찰자 입장에서, 두 입장 중 어느 한쪽이 옳다고 말하는 건 불가능하다. 혁명이 아니라 공통의 토대 위에서 지속적으로 진화한 덴마크 민주주의의 역사적 경험을 봐도, 이 두 입장 중 하나가 성공하고 다른 하나는 실패할 것이라고 볼 수 없다. 지난 교육 체제의 정당하고 가치 있는 전통을 어떻게 미래 상황에 맞게 적용시키고 적절한 변화를 끌어내느냐에 공립기초학교의 진정한 진보가 달려 있을 것이다. 오직 시간만이 그 결과를 말해줄 것이다.

2. 중등교육 II 단계 – 청소년교육

중등교육 II 단계는 크게 두 범주로 나눌 수 있다. 하나는 김나지움(대학 진학 준비 과정)으로 이 중에는 네 과정이 있다. 또 하나는 직업교육으로 숙련공 혹은 반 숙련 기능공을 양성하는 교육과정이다. 직업교육을 목적으로 하는 중등교육은 2년제에서 5년제까지 그 교육 기간이 매우 다양하다. 이 과정이 어느 정도 걸릴지는 이론 공부 기간과 승인된 회사나 단체에서의 실습 과정 기간에 따라 상이하다. 이 과정을 통해서 학생들은 기초 사회봉사직, 의료 서비스직, 농업, 목수일이나 기타 수공 작업을 요하는 직업, 판매보조원 등에 적합한 자격을 취득한다. 직업교육 과정에 있는 학생들은 인문계 교육과정 중 한 과목 이상을 이수할 수 있다. 이 같은 방식으로 청소년 교육 기간 중에 학생 본인의 선택에 따라 취업과 진학 준비교육 모두가 가능하도록 하고 있다. 여기서는 앞의 네 가지 교육과정에 대해 자세히 알아본다.

1) 중등교육 II 단계의 네 가지 교육과정

가) 김나지움

김나지움의 역사와 배경은 중세 시대로까지 거슬러 올라가는데, 당시 도시에 있는 성당에 부임한 신부들이 최초로 학교들을 세운 데서 비롯된다. 당시 이곳에서 가르쳤던 핵심 과목이 라틴어 이해와 라틴어로 된 텍스트 읽기여서, 1903년 개혁 때까지 이러한 학교들은 전통적으로 라틴어 학교로 불렸다. 김나지움이란 이름으로 바뀐 것은 1903년이고, 세 가지 교육 관련 전문 과목을 개설했다. '새로운 언어들', '오래된 언어들', '수학적 방법'이란 과목인데 모두 3년 과정이다. 20세기 후반기 동안에 '오래된 언어' 과목은 폐지되었고, 남은 두 가지 영역에 필수과목과 선택과목을 유연하게 배치하는 식으로 바뀌었다. 1960년대 이래로 김나지움 입학생 비율은 5~7%에서 29~30%로 증가하고 있는 추세다. 현재의 틀과 모양은 2005년에 이루어진 김나지움 개혁안에 의한 것으로, 이전에는 문과(언어 과정)와 이과(수학·자연과학 과정)로 나뉘어졌던 것에서 대학 교육을 준비하는 의미에서 필수과목과 선택과목을 포괄적으로 선택할 수 있는 체제로 유연하게 바뀌었다.

　법률에 따른 김나지움의 교육 목적은 공립기초학교 9학년 과정의 연장선으로, 앞으로 이어질 상급 단계의 학교 공부에 필요한 기본을 3년 동안의 일반교육 과정으로 제공한다. 김나지움 졸업 시험은 언어-인문학 영역과 수학-자연과학 영역으로 구성되며, 대학 입학을 위한 자격을 결정한다. 가르치는 방법 역시 학생 개개인의 자질 향상에 기여해야 하며, 마찬가지로 학생의 관심사를 충족시키고 민주사회의 삶에 활발히 참여할 수 있는 능력을 계발해야 한다.

나) 대학 준비 과정(HF, Higher Preparatory Exam)

　2년의 보통교육 과정으로, 교육의 목적이나 내용이 김나지움과 거의 비슷한데, 대부분 9년이나 10년 동안의 의무교육 후에 학업에 지친 학생들이 일 년이나 몇 년간 취업이나 여행을 포함한 여러 사회 경험 후 대학 교육의 진정한 필요성을 깨닫고 진학 준비를 원하게 될 때 주로 선택하는 과정이라 할 수 있다. HF를 좀 더 유연하게 변형한 것으로, 자유 시간이나 저녁 시간에 공부를 할 수 있는 과정도 있다. 이 경우 학생들은 한 번에 한 과목이나 두 과목을 이수할 수 있고, 이런 식으로 수학 기간을 연장할 수도 있다.

다) 상경계 대학 준비 과정(HHX, Higher Commercial Exam)

　3년 과정으로, 주로 상경계 전문대학이나 대학 입학시험 준비를 위한 교육과정이다. 산업 활동에서 요구되는 상경계 교육도 이루어진다. 이 과정의 전신은 1888년 개인 사업가인 닐즈 브록커(Niels Brock)가 만들었다. 1920년 최초의 상업전문학교에 관한 법령에 따라서, 그가 세운 상업전문학교가 하나의 모델로 인정받게 되었으며, 1927년에는 가르치는 내용에 대한 행정 지시들이 내려졌다. 이후 새로 생겨나는 상업고등학교에 대한 책임과 감독은 1965년에 무역관련 부서에서 교육부로 이전되었다. 상업고등학교에서 가르치는 HHX 과정들은 1972년에 개정되었으며, 여기서 치루는 시험은 대학 입학을 위한 자격이 될 수 있다. 그리고 1982년부터 다시 개정되고 확장된 과정이 전국의 모든 상업고등학교들에게 제공되고 있다. 현재 일 년에 대략 10%의 학생들이 HHX과정에 입학하고 있다.

라) 기술계 대학 준비과정(HTX, Higher Technical Exam)

3년 과정으로 기술공업계 전문대학이나 대학 입학시험 준비를 위한 교육과정이다. 기술과학, 자연과학 관련 과목을 공부하며, 학습계획의 중요한 부분으로 프로젝트 작업이 이루어진다. 이 과정은 1982년에 기본직업교육의 일환으로 학생들의 교육과 실습을 보충하고 연장시키려는 목적으로 설립되었다. 기술 분야 대학에 입학하는 데 필요한 교육 요구 때문이었다. 이 기술공업고등학교는 1960년대와 70년대에는 김나지움이나 HF 학교에 비해 학생 수도 적었고 토대도 빈약했다. 젊은 세대들 사이에서 인기를 잃었기 때문인 듯하다. 실험적인 기간을 거친 후, 1988년에 HTX 프로그램이 새롭게 개정되었고, 이 학교의 마지막 졸업시험은 대학입학을 위한 자격시험으로 인정을 받았다. 그리하여 이 학교의 졸업생들도 대학에 들어가는데 있어서 김나지움, HF, HHX 졸업생들과 동등해졌다. 현재 일 년에 약 4%의 학생들이 HTX 과정에 입학하고 있다.

HTX 과정은 일반교육과 기술·과학 분야의 고등교육을 제공한다. 이 과정을 마친 학생들은 대학교육 입학 자격을 가진다. 학생의 창의성과 독립적 사고의 계발에 초점을 맞추고 있는 이 과정은 학생들이 이론적인 지식을 가지고 실제적·기술적·구조적인 문제들을 해결할 수 있는 능력을 길러주는 것을 목표로 한다.

2) 중등교육 II 단계의 내용과 조직

가) 김나지움의 교육 내용과 조직

김나지움에서는 모든 학생들이 한 학기 동안 기본과정을 공통으로 듣는다. 그 다음 2년 반 동안에는 학교에서 제공한 과목들 중에서 학생이 스스로 선택해서 공부하는 길잡이 공부(a direction of study)가 이어진다. 과목들은 A, B, C수준으로 나뉘며, A가 가장 높은 수준이다.

입문 성격의 기본과정은, 학문적 공부와 연구방법을 소개하고, 다음 2년 반 동안 이어질 길잡이 공부를 선택하고 마무리 지을 수 있는 충분한 통찰력을 학생들에게 제공하는 것이다. 기본과정 학기에 학생들이 공통으로 들어야 하는 과목은 덴마크어, 영어, 제2외국어, 역사, 체육, 예술 과목, 수학, 기본적인 자연 과학, 사회, 일반 언어학과 대학교육을 위한 일반적인 준비가 있다. 한 방향을 잡아서 공부하는 길잡이 공부는 학생들이 선택할 수 있는데 '인문학과 언어학의 주요 과목들' '사회과학의 주요 과목들' '자연과학의 주요 과목들 등의 세 방향이 있다.

모든 길잡이 공부에는 각각 핵심, 필수과목들과 특별과목 및 선택과목이 있다. 이런 식으로 학생들은 개별적으로 핵심, 필수, 선택과목들을 서로 결합시켜 공부할 수 있다. 공부는 A, B, C 수준에서 어떤 과목들을 얼마나 많이 이수해야 하는지에 대한 지침에 따라 이루어진다. 이러한 복잡한 체제는, 학생 개개인으로 하여금 자신의 공부계획을 구상할 수 있도록 최상의 기회를 제공하기 위한 것이다. 이렇게 선택한 과목들은 서로 보충 역할을 할 것이고, 각 개인의 관심사에 전적으로 알맞기도 하고 일관성을 지닐 것이다. 이는 학생들에게 자기가 공부할 과목을 스스로 선택하고 책임 있게 수행하는 방식으로 학생의 동기와 열의를 강화하는 효과도 볼 수 있다. 이러한 의도가 실현되기 위해서는 좀 더 오랜 시간의 경험이 필요할 듯하다. 교사와 학생들은 학업의 성취 정도를 파악하기 위해 정기적으로 평가를 받는다. 또 각 학교는 체계적이고 비판적인 토론과 전체 결과를 평가하는 절차도 가져야 한다. 이러한 평가에 따라 학교는 적어도 3년에 한 번씩 학교 수업의 질을 향상시키기 위한 활동계획을 제출해야 한다.

나) HF 과정의 교육 내용과 조직

HF 과정은 청소년들을 위한 2년 동안의 종일반 과정으로 구성될 수도 있고, 어른을 위한 과목별 과정으로 구성될 수도 있다. 과목별 과정 기간은 학생이 필요한 수의 과목을 이수하고 필수과목 시험을 통과하는데 시간이 얼마나 걸리느냐에 따라 달라진다. 두 과정 모두 김나지움에서처럼 3단계 수준으로 수업이 이루어진다. 모든 학생이 들어야 하는 필수과목은 다음과 같다. 덴마크어(A 수준 이상 들어야 함), 영어(B), 체육(C), 수학(C), 예술과목(C), 역사(B), 종교(C), 사회(C), 생물·지리·화학(C). 그외 두세 가지 선택과목을 들어야 하고, 광범위한 작문과제와 졸업시험 프로젝트 역시 이 과정의 필수다. 워크숍 수업, 수학여행, 외국에서의 과정 이수 역시 가능하다. 마찬가지로, 안내와 조언을 주는 상담, 공부 방법, 컴퓨터로 데이터 처리하는 법을 소개하는 수업도 가능하다.

다) HHX와 HTX 과정의 교육 내용과 조직

김나지움처럼 이 과정들도 한 학기는 예비과정으로 구성되어 있으며, HHX와 HTX의 모든 학생들은 이 과정을 공통으로 밟아야 한다. 학생들은 예비과정 동안에 앞으로 공부할 과목에 대한 지식, 공부 방법에 대한 수업을 들어야 한다. 마찬가지로 앞으로의 길잡이 공부를 선택할 수 있을 정도의 충분한 기초를 다져야 한다. 이 과정들 역시 A, B, C 수준으로 가르치며, 학생들은 특정한 범위 내에서 자신이 공부할 과목을 선택해서 구성할 수 있다.

HHX의 길잡이 공부과정은 기업ㆍ사업계의 경제 분야와 사회ㆍ국내 경제 분야에 대한 수업으로 구성된다. 이런 핵심 과목들 외에도 학생들은 일반 교육에 필요한 필수과목과 핵심과목을 보충해주는 과목을 들어야 한다. HHX의 상업 분야의 필수 보충 과목에는, 마케팅(B), 덴마크어(A), 영어(A), 무역법(C), 제2외국어(B), 국제 경제(B), 수학(C), 사회학(C), 현대사(B), 비즈니스 경제(B)가 있다. HTX에는 기술과학과 자연과학 분야가 있다. HTX의 기술 분야에서 필수 보충 과목에는 생물학(C), 덴마크어(A), 영어(B), 물리학(B), 화학(B), ITC(C), 수학(B), 사회학(C), 공학(A/B), 공학의 역사(C)가 있다. 각 학교의 지도부는 두세 가지의 핵심 과목들을 학생들이 공부할 수 있도록 방향을 잡아준다. 이런 방식으로 학생들은 가장 높은 수준의 과목들과 상호 작용할 수 있는 자연스런 접점을 가질 것이다.

다른 상급교육 기관들과 마찬가지로, HHX와 HTX 역시 그에 상응하는 외국의 교육 기관에서 받은 과정을 수업의 일부로 인정받을 수 있으며, 수학여행도 포함될 수 있다. 학생 개개인은 조언 내지 상담을 받을 수 있고, 과정 중에 요구되는 과목이나 시험을 이미 이수했다면, 그것을 인정받을 수 있다.

상급 직업교육에 관련된 내용과 체계는 2001년 제정된 '직업교육과 훈련' 법에 명시되어 있다. 이 법에 따르면, 직업교육은 7개 분야, 그러니까 건축, 수공예, 식품과 농업, 운송과 수송, 상업과 사무, 재정, 서비스, 커뮤니케이션으로 나뉜다. 이런 주요 분야 이외에 95개의 하위 분야들이 있고, 이것들은 다시 200개의 세분화된 전문 분야로 나뉜다. 상급 직업학교 입학 자격은 일반적으로 기본학교 9학년의 졸업시험을 통과한 모든 학생들에게 자유롭게 주어진다.

김나지움의 공부 방향과 마찬가지로, 이곳의 모든 공부는 10주에서 60주 기간 사이에 첫 기본 과정을 이수해야 하며, 그 다음 3년 내지 3년 반 동안의 중요 과정이 뒤따른다. 하지만 학생들은 전문대학교(college)에서 이런 직업과정을 시작할 수도 있고, 혹은 견습생으로 학생을 받아들이는 회사나 공장, 단체에서 실제적인 일을 시작할 수도 있다.

직업교육의 전 과정 동안, 학생들은 대략 30~50% 정도의 시간은 학교에서 보내고, 50~70% 정도의 시간은 회사나 공장, 단체에서 실제 견습생으로 일하면서 보낸다. 때로 어떤 학생들은 후반기 교육기간 동안 적당한 견습 장소를 찾는데 어려움을 겪기도 한다. 이런 경우, 학교는 회사나 공장이나 단체 협동조합의 동의를 얻어 학생들이 견습할 수 있도록 일을 배정해줄 의무가 있다. 앞서 언급한 직업교육의 7가지 분야 이외에, 이 법에는 사회복지사와 건강관리인, 건강관리보조사를 위한 교육 분야도 포함되어 있다. 이것들은 비교적 단기간(최대 1년 8개월 내)에 이루어지는데, 학교에서 받는 이론수업 기간과 병원이나 다른 복지 단체에서 받는 실습 기간 사이의 양상은 상급 직업교육의 구조와 비슷하다.

청년들을 준비시키기 위해 마련된 다양한 직업교육과정들을 여기서 자세히 설명하기는 어렵다. 하지만 대충 간추려 보자면, 상급 직업교육은 학생들에게 신뢰할 만한 전문적, 개인적, 보편적 자격을 부여하는데, 바로 노동시장에서 요구되는 자격들이다. 비즈니스 세계에서 특정 영역의 직업을 직접 준비하기 위한 다양한 노선들이 있다. 마찬가지로, 상급 단계의 교육을 준비하는 과정이나 졸업시험을 통해 학생들은 공식적이고 전문적인 자격을 갖게 된다.

<그림> 덴마크의 공교육제도

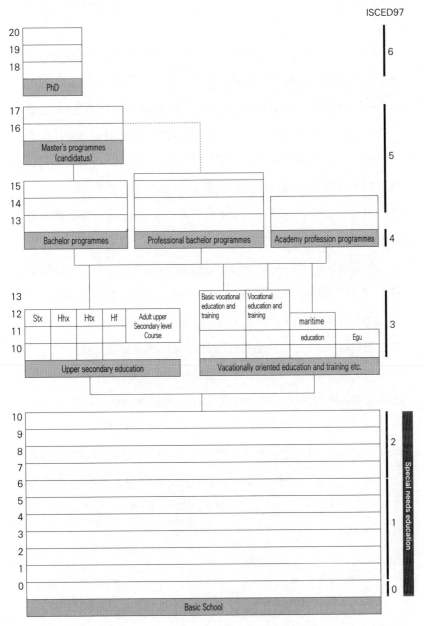

3. 정리

이상 덴마크 근대 공교육의 전개과정과 특징적 성격을 살펴보았다. 여러 분기점들에 따라 드러난 특징들을 검토하는 작업이 중요할 것이다. 현재 진행 중인 덴마크 공교육 제도의 변화와 개혁 과정은, 주로 정치적인 입법 활동에 의해 이끌려가는 것처럼 보인다. 유럽연합의 교육기관들과 교육당국의 정신이 진취적으로 계속 발달하는 상황에 자극을 받으면서, 아울러 세계화라는 도전에 대응하고 미래 경쟁력과 자국 경제를 지키고 싶어 하는 덴마크 정부와 국회 다수당은, 여러 교육 관련 법률을 제안하고 제정하고 있다. 이러한 법 제정은 오래되고 여전히 일반적으로 인정되는 가치들을 따르고 있긴 해도, 덴마크 교육기관들이 실제로 그리고 미래에 따라야 할 새로운 가치, 구조, 기준, 요구, 목표, 내용, 방법의 틀에 따라 이루어지고 있다. 그리하여 교육제도의 중요한 문제와 관련해서, 이 특이한 위에서 아래로 향하는 결정 절차로 인해 교육관계자와 개인들 사이에는 원망과 불만이 표출되고 있다. 또 교육활동 조건의 변화와 악화된 상황, 새로운 요구나 목표에 대한 이해부족, 목표나 의도에 대한 불일치로 인해서 좌절감 역시 널리 확산되고 있는 실정이다. 그런데 독립적인 관찰자의 입장에서 보면 시간이 지나면 결국에는 현재의 갈등을 수습하고 극복할 방법을 찾을 수 있을 것이며, 또한 교육제도의 다양한 참여자와 파트너들 사이에 합리적인 의견 일치도 이끌어낼 수 있을 것이다.

Ⅳ. 자유교육: 역사적 전개과정, 기본 성격과 유형

이 장에서는 앞에서 언급한 국가적 공립학교 제도와는 별도로 혹은 상반된 견지에서 19세기 중엽 태동하기 시작한 자유교육을 초·중등·고등 교육단계에서의 다양한 교육기관들을 중심으로 살펴본다. 개괄적 이해라는 점에서 신뢰할 만한 2차 문헌들을 전거로 삼았으며, 이 자료들을 본 글의 취지에 맞게 간추려 엮으면서 논평을 곁들였다. 먼저 자유교육의 역사와 유형을 살핀 후, 그 기반이자 배경이라 할 수 있는 니콜라이 그룬트비와 크리스튼 콜의 사상과 활동의 주요 면모와 특징, 상호 공통점 및 차이점을 살폈다. 이어서 초창기 자유학교를 기점으로 오늘날까지 전개된 다양한 자유교육기관들의 전개 양상과 주요 특징들을 좀 더 자세히 살핀 후, 끝으로 덴마크 자유교육의 역사적 의미와 한국 상황에 시사적인 점들에 대해 간략히 짚어보았다.[3]

---

3 자유교육 전반을 개관하기 위해서 보덴슈타인(Eckhard Bodenstein)의 "덴마크 연구" ("Länderstudie Dänemark", in: Reformpädagogik und Schulreform in Europa, Bd. II, hrsg. von M. Seyfarth-Stubenrauch, Hohengehren 1996, 437-442)와 덴마크 자유교육협회 (Dansk Friskoleforening)가 편집·간행한 『덴마크 프리스콜레 - 그룬트비-콜 식의 학교 전통(Die dänische friskole - ein Teil der Grundtvig-koldschen Schultradition)』(1995, V.5) 을 뼈대로 삼았다. 그룬트비의 생애와 작품 활동에 대해서는 닐스 뤼네 옌슨(Niels Lyhne Jensen)이 편집한 그룬트비 선집(A Grundtvig Anthology. Selections from the Writings of N.F.S.Grundtvig, Cambridge: James & Co., 1987, 15-30)을 토대로 하고 아울러 다음 자료를 참조했다. Arthur Macdonald Allchin. N.F.S. Grundtvig. An Introdution to his Life and Work, Aarhus Uni.Press, 1998; Royal Danish Embassy. "N.F.S.Grundtvig". www. denmark.org/grundt.html. 콜에 대해서는 쿨리히(Jindra Kulich)의 "덴마크 시민대학의 기초자 크리스튼 콜"("Christen Kold: Gründer der Dänischen Volkshochschule. Mythen und Realität", in: Die Österreichische Volkshochschule 186/Dezember 1997: 7-15)를 주로 하고 베르커(Peter Berker)의 『크리스튼 콜의 시민대학. 19세기 덴마크 성인교육 연구 (Christen Kolds Volkshochschule. Eine Studie zur Erwachsenenbildung im Dänemark des 19.Jahrhunderts)』(Münster 1984)를 아울러 참조했다. 최근의 상황을 반영하기 위해 덴마크자유교육협회(Dansk Friskoleforening)의 인터넷 자료(www.friskoler./dk) 및 덴마크 자

1. 자유교육기관(프리스콜레, 에프터스콜레, 폴케회어 스콜레): 발단, 전개, 유형

앞에서 언급한 국가적 공립학교 제도와는 별도로 혹은 상반된 견지에서 19세기 중엽 자유학교(Friskole, 프리스콜레)가 태동하기 시작했다(자유학교는 1~9/10학년 어린이와 청소년을 위한 공립기초학교인 폴케스콜레(Folkeskole)에 대응하는 학교로, 우리나라의 초등학교와 중학교 3학년 내지 고등학교 1학년에 해당). 19세기 중엽은 자유로운 정신이 여기저기서 태동하는 시기여서, 의무교육제도에 제한을 가할 수 있었다. 이를테면 1855년 학교법에서는 만일 부모가 아이를 공립학교에 보낼 의사가 없을 경우 관계 부처에 합리적 근거를 제시하고 의무교육을 면제받을 수 있었다(덴마크의 공립학교는 지자체를 단위로 조직되어 있다. 공립학교와 개개 학과의 공통목표를 정하는 것은 중앙정부지만, 이 목표에 어떻게 도달할 것인지는 지방정부가 정한다. 하지만 중앙정부는 몇몇 교과에 대해서만은 의무적으로 시험을 부과한다). 프리스콜레는 이 시기 절대왕정 치하의 덴마크 사회를 근본적으로 뒤바꾸어 놓은 시민사회의 풀뿌리 운동과 함께 시작되었다. 당시의 국가 공교육체제에 명백하게 반대하는 목소리를 반영하는 것이었다.

유교원대학 인터넷 자료(www.dfl-ollerup.dk) 중 자유교원대학 교사양성과정에 관한 소개 글("Die freie Lehrerschule"), 그리고 덴마크 자유학교협회 국제위원회 위원이자 교사요 역사학자인 비어테 훼네 룬(Birte Fahnoe Lund)이 2008년 유럽자유교육협회(European Forum for Freedom in Education, www.effe-eu.org)에 기고한 덴마크 자유교육 관련 보고문(Denmark Report)과 덴마크 자유교원대학 학장이자 자유교육협회 자문위원인 올레 피더슨(Ole Pedersen)의 글 "Education in Denmark"(대안교육연대 주최 덴마크 자유교육 국제심포지엄 자료집 〈공교육 안팎을 아우르는 배움의 권리. 덴마크 자유교육의 역사를 통해 배운다, 2010.11.12-13)〉, 11-23)에 의거, 앞서 언급한 자료들 중 지난 몇 년간 변동이 있는 부분들을 수정 보완했다.

19세기 초, 덴마크 정부가 유럽을 풍미하던 계몽주의 사상의 영향 아래 학령기 아동을 대상으로 처음 도입한 7년간의 의무교육제는 새로운 정신으로 각성한 농민층으로부터 점차 강한 반대에 부딪혔다. 의무교육 제도가 가정 공동체에 무분별하게 개입하고, 아이에 대한 부모의 권리를 대폭 제한한다고 여겼기 때문이다. 농민들은 학교교육을 받는다 해도 사회적 상승기회를 갖기가 거의 불가능했고, 국가는 위법 행위에 벌금형이나 체형을 가했다. 이러한 상황은 결국 학교교육에 대한 새로운 접근 방식을 낳았다. 그리하여 교육에 대한 국가의 독점을 거절하고 학부모와 교사가 힘을 합쳐 정치적으로나 교육적으로 자유로운 형태로 설립·운영하는 독자적 교육기관인 자유학교(프리스콜레)를 탄생시킨 것이다.

이러한 시도는 명백히 오늘날 대안학교의 선구적 형태라 할 수 있다. 현재 자유학교는 1~9/10학년 아이들을 위한 통합적 종합학교 형태로 운영되며, 2010년 기준으로 260여 개교에 학생 수 32,000여 명에 이를 정도로 성장했다.[4]

아울러 주목할 만한 것은 자유학교와 같은 정신적 토양과 맥락에서 '시민대학'(folkehøjskole, 폴케회어스콜레)과 '자유중등학교'(efterskole, 에프터스콜레)라는 두 유형의 학교가 탄생한 점이다. 시민대학은 성인 교육기관으로, 본래 18세기 중엽 민주적 정치체제를 향해 새로운 변화를 맞이한 덴마크 사회를 배경으로 태어났으며, 농촌 청소년과 농민이 사회, 경제, 정치, 문화 영역에서 부르주아 문화에 맞서 '자유롭고 참여적인 시민'으로 자랄 수 있게 하려는 목적에서 시작되었다. 처음에는 '농민고등학교' 형태로 출발했다가 차츰 청소년 교육을 위한 자유중등학교(직전에 언급한)와, 이와는 다른 경로의 성인교육을 위한 시민대학

4　http://en.wikipedia.org/w/index.php?search=friskole&title=Special%3ASearch&go=Go

으로 분화되었다.

오늘날 자유중등학교는 보통 14~18세 연령층의 8~10학년 청소년을 위한 자유중등학교(우리나라의 중학교 2학년에서 고등학교 1학년 정도에 해당)로, 공교육제도에 병렬하는 구조로 설치되어 있다. 음악, 체육, 수공예, 자연 및 생태 등 특별한 영역에 재능 있는 학생들이나 혹은 학교생활에 싫증을 내거나 공부하는 데 어려움을 겪는 아이들이 1~2년 간 자유롭게 공부할 수 있도록 한 학교다.[5] 한편 시민대학은 주로 18세 이상 청년과 성인을 대상으로 하는 평생교육기관으로, 오늘날 덴마크에서 볼 수 있는 높은 수준의 정치 문화적 민주주의는 이 대학의 역사적 기여 덕분이라고 종종 평가된다. 오늘날 자유학교의 발전은 이 시민대학을 모태로 한다는 점이 중요하다. (시민대학을 뜻하는 덴마크어 폴케회어스콜레는 처음 주로 농민대학 형태로 출발했다는 점에서 '농민대학'이라 번역할 수 있으나, 근본적으로는 왕과 귀족 및 사제 계층과 구별된 국민 전체의 교육을 목적으로 했다는 점에서 '국민대학', '민중대학', '평민대학' 같은 용어로 번역할 수 있겠다. 하지만 무엇보다도 민주화된 사회에서 살아가기 위한 시민의 양성을 의도했다는 점에서 그리고 이를 모태로 오늘날 다양하게 발전되어 운영되고 있는 평생교육기관과의 역사적 연관성을 고려하여 '시민대학'이라는 번역어를 쓰기로 한다.)

이상 세 가지 유형의 학교들은 다양한 유형으로 또 상당한 규모로 발전되었을 뿐 아니라, 또한 오늘날까지 맥이 끊어지지 않고 계속 성장해왔다. 아울러 언급할 만한 것은 앞서 세 유형의 학교를 배경으로 20세기 중엽 이후 또 다른 세계관이나 사회문화적 근거 아래 다양한 자유학

---

5 Efterskolernes Sekretariat (ed.)(2000), Meet the Danish Efterskole, Copenhagen 2000, 4-5, 14-15;
   http://en.wikipedia.org/wiki/Efterskole

교들이 생겨났다는 점이다.[6] 그래서 오늘날 덴마크는 학교의 변화를 모색하려는 거대한 실험실처럼 보인다. 이 학교들 가운데 자유학교와 자유중등학교, 시민대학은 오늘날 덴마크 자유교육의 역사적 기원과 전개 상황을 특징적으로 보여주는 대표적 사례들이자 세계적으로도 널리 알려진, 가장 영향력 있는 자유학교들이라 할 수 있다. 이러한 덴마크의 모든 중요한 학교법(구조, 재정, 교사양성 등)은 정치적 합의 위에 기초한다. 따라서 자유학교와 공립학교는 동일한 국가 조직과 학교법의 테두리 안에 놓여 있다.

2. 자유교육운동에서의 그룬트비와 콜의 역할

덴마크 교육 지형도가 보여주는 이 특이한 현상은 역사적으로 니콜라이 그룬트비와 크리스튼 콜이라는 두 사상가로부터 유래한다. 따라서 두 인물의 교육사상을 그들이 구현해 낸 다양한 자유학교들의 사례와 맥락에서 간단히 살펴보기로 한다.

1) 니콜라이 그룬트비(Nikolaj Frederik Severin Grundtvig)

가) 그룬트비의 역사적 위치
그룬트비(1783~1872)는 번영을 구가하던 19세기 중엽의 덴마크 사회에서 살았으며, 덴마크 루터국교회에서 지도적 영향력을 행사한 목사

---

6 Eckhard Bodenstein(Hrsg.)(1996), "Länderstudie Dänemark", in: Reformpädagogik und Schulreform in Europa, Bd..Ⅱ, Hrsg.v. M. Seyfarth-Stubenrauch. Hohengehren, 438-439.

이자 시인으로, 라틴어와 앵글로색슨어, 현대 덴마크어 분야에서 독보적인 언어학자로, 당대를 대표하는 역사가이자 문화철학자로, 독보적인 북유럽신화 연구가로, 덴마크에서 널리 사랑받는 1,400여 편에 이르는 방대한 찬송가의 번역자 겸 작가요 편집자로, 정치가이자 교육자로, 근대의 덴마크가 종교, 문학, 역사, 정치, 경제, 교육 등 문화 영역에서 새로운 면모를 갖추는 데 결정적 영향을 끼친 인물이다.

나) 그룬트비의 자유교육과 시민교육

그룬트비의 사상과 활동은 기독교 신앙과 덴마크 문화와 민중들의 삶에 대한 독특한 문제의식을 근거로 전개되었다. 그 사상을 요약하자면, 현재 일어나는 사건으로서의 '살아 있는 말'과 '살아 있는 삶', 덴마크 국민과 문화, 국민의 계몽, 특히 농민 계층의 독자적인 의미와 가치, 자유와 자유교육 등이라 할 수 있다.

'살아 있는 말'이란 성서 해석 대상으로의 텍스트가 아니라 교회 공동체의 성례전에서 현재 시점에 생생하게 선포되는 신의 말씀이요, 책에 있는 글이 아니라 구전과 이야기, 대화를 통해서 현재 이 시점에서 말해지는 말이다. 또 '살아 있는 삶'이란 단지 존재한다는 의미가 아니라 힘과 온기, 그리고 사랑으로 추동된 삶을 뜻한다. 자유는 그의 사상적 이력과 긴밀히 연관지어 생각해 볼 수 있는 주제로, 그에게 자유는 삶이 다양한 영역에서 충만하게 전개되기 위한 필수적인 조건이었다. 그는 종교적 영역에서 기존의 교리적 틀이나 지배적 이론에 얽매이지 않고 자유롭게 말하고자 했으며, 정치적 영역에서 자기 자신뿐 아니라 국민과 농민 계층이 자기 권리를 자유롭게 구현할 수 있기를 원했으며, 교육 영역에서는 아이들과 국민 대중의 고유한 삶이 자유롭게 전개되기를 원했다.

기본적으로 그룬트비의 교육론은 '정치적 성격'을 함축하고 있다. 당시 세간에는 학교와 여타 모든 교육의 목적은 자라나는 세대들을 지배계층의 상(像)에 따라 형성해야 하며, 도시 중상층의 가치로 하층민을 이끌어야 한다는 견해가 지배적이었다. 그룬트비는 이에 맞서 평민과 농민에게 깃들어 있는 내적 가치에서 그들을 위한 고유한 가능성을 보는 동시에 미래는 이들 자녀들이 주도할 것이라 주장했다. 따라서 평민과 농민에게 마땅한 교육은 그들이 사는 세계 외부에서 주어지는 형태가 아니라, 내부로부터 출발해야만 한다는 것이 그룬트비의 생각이었다.

이 맥락에서 그룬트비는 '폴켈리(folkelig)'라는 말을 즐겨 사용했다. 이는 덴마크 국민들이 전통적으로 향유해 온 삶과 문화에 관련한 말로, 민중적이라는 뜻도 있지만 민속적 생활양식, 구전에 의한 설화와 시를 뜻하기도 한다. 이 말은 국민 모두가 관련된 전통과 가치로부터 오는 문화적, 사회적 삶을 일컫는 것으로, 다시 말해 국민 모두에게 덴마크어와 문학, 역사에 기초한 교육을 제공함으로써 각자의 인격적 삶을 풍요롭게 하고 스스로 자기 확신과 위엄을 가지고 공적 생활에 참여할 수 있도록 한다는 의미를 담고 있다. 그런 뜻에서 학문적인 개념과는 상반된다. 그룬트비의 정신세계를 사로잡았던 것은 덴마크 국민과 농민에게 깃들어 있는 특정한 삶의 양식, 공동체적 삶의 활기와 풍요로움이었다. 그는 덴마크 농민 문화가 비록 충분히 발전된 것은 아니라 하더라도 그리스 · 라틴 문화와는 별도로 독자적 문화를 구성할 요건을 갖추고 있다고 생각했다. 이를 관습과 실용적인 지식, 문제 해결 능력, 민담과 민요, 언어, 삶과 죽음의 근본 원리에 대한 농민들의 표현에서 확인하고자 했다. 그는 농민 문화 안에서 그리스 · 라틴 문화와는 다른 민족 정체성과 민족문화를 일구어내기 위한 순수함과 굳건함을 찾아냈다. 이는 부르주아 계층의 견해와는 명백히 상충되었는데, 당시 발흥한 낭만주의와 민족주의가 이러한 사상의 배경을 이루었다.

그룬트비는 민중적 문화의 개화를 위해 청소년을 비롯한 평민과 '삶의 계몽(Enligtenment of Life)'이라는 명제를 제시했다. 그 전망을 현실화하려는 발판으로 1930년(7월 혁명이 일어났던 해로 이후 민주사회로의 이행이 결정적으로 예고된 시점)경부터 시민대학(folkehøjskole)을 구상했다. 이는 향후 국민 대중의 참여로 정치체제상 변화가 불가피하리라는 판단과, 그럴 경우 국민 대중이 사회 제반 문제에서 자유롭고 강력하게 자기 목소리를 낼 수 있을 정도로 민주적 교육을 받아야 하리라는 인식에 상응하는 구상이었다. 그는 이 시민대학을 덴마크 국민이라면 누구나 들어가 교육받을 수 있으며, 장차 도래할 민주사회에서 법적 권리를 행사할 수 있는 당당한 시민을 준비시키려는 민주적 대학으로 만들고자 했다.

시민대학에 대한 구상에서 그룬트비는 학교의 위상을 라틴어 학습을 전제로 하는 사회 상층부와 지적 엘리트 그룹을 위한 대학에 '필적'하는 것으로 설정했다. 교육의 주요 내용으로는 덴마크 사회와 문화의 기반이 되는 신화, 모국어, 민요, 조국의 역사와 문학 등을 제시했다. 특이한 것은 특정한 사회적 직종을 위한 특정한 시험 구조는 아예 폐지하고, 다만 그러한 요구에 맞는 자질과 능력을 갖출 수 있도록 가르치는 데 있었다.

시민대학의 교육목표가 계몽이었던 것만큼 그룬트비는 루소에게서 흡사한 점을 발견했으나 그가 인간의 본성에 원천을 두려 하고 영적 차원을 간과한 것에는 반대했다. 그러나 삶의 계몽이라는 점에서는 신학적으로가 아니라 역사적으로 사고하려 했다. 그는 인간의 삶 그 자체의 의미를 드러내고자 했고, 역사가로서 역사의 계속인 현재의 삶을 해석하고자 했다. 또 한 개인이 속해 있는 삶의 연속적 맥락에서 역사의 특징을 보고자 했다. 그는 삶의 계몽을 '역사적 시집'이라 표현했다. 시민대학이란 한 민족의 부분인 개인에게 이러한 연속성의 의식을 품도록 하려는 인위적 방법으로써 '삶을 위한 학교'여야 했다. 내세를 위한 학교가 아니라, 계몽을 요구하는 현재의, 직접적이고 일상적인 생활을 위한 것이어야 했기 때문이다. 삶을 위한 학교는 부자연스럽고 딱딱하고 냉랭하고 어둡고 죽은 태도에 반하는 것이다. 그는 훌륭한 교사의 필수 요건으로 풍부하고 내면적이며 영혼적인 것을 들었다. 이 시각으로 시민대학에서는 문어체가 아니라 '살아 있는 말', 즉 일상생활에서 입으로 사용하는 언어를 통해서 가르칠 것을 주장했다.

계몽을 위한 방법에서 그가 첫 번째로 중시한 것은 자유였다. 자유는 결코 윤리적 언설이나 요구의 형태 따위가 아니라 유순하고 온화한 방식으로 이루어져야 한다고 했다. 이를테면 '상호작용(Interplay)'을 통해서 이루어질 수 있다고 했다. 이는 학생은 교사로부터 배우지만 교사는 학생으로부터 배워야 함을 의미한다. 물론 그러한 접근 방식의 기초는 교사가 먼저 놓아야 한다고 했다. 가르침에서 중요한 것은 살아있는 흥미를 바탕으로 해야 한다고 보았다. 이를테면 여러 이유로 우연히 흥미를 가지게 된 문제를 가지고 다루는 식으로. 그 때문에 삶의 계몽은 명백히, 또 열정적으로 제시될 수 있다. 그러한 상호관계를 이끌어 내기 위해서 그는 활력있는 강의 형태를 선호했다. 그러한 상호작용은 학생들 사이에서도 발생해야 한다고 했다.

시민대학에서 그룬트비는 학생들로 구성된 회의 구조를 구상했는데, 구성원들 사이에서 상호작용의 방식으로 문제가 결정되는 것을 중시했다. 이것이 상호작용의 두 번째 형태다. 그룬트비는 놀랍게도 아무런 프로그램도 갖고 있지 않았다. 그는 모든 것이 현재적 과정에서 상호작용을 통해 이루어지기를 바랐다. 책보다는 훌륭하고 정직한 마음, 건전한 상식, 좋은 귀, 좋은 입을 중시했다.

상호작용의 세 번째 형태는 방랑시인과 청년들 사이에서 발견했다. 방랑시인들은 진실한 자연 속에서 영감을 얻어 모국어로 노래하는 시인들이기 때문이다. 그런 점에서 삶을 위한 학교는 역사적이며 시적인 학교라 할 수 있다. 이 점에서 그룬트비는 모국어를 삶의 계몽을 위한 핵심 요소 가운데 하나로 여겼다. 그는 식자층이 사용하는 라틴어와 독일어에 덴마크어를 대비시키면서 모국어의 권리를 위해 싸웠으며, 또한 학구적 문화에 민속 문화를 대조시키면서 그 가치를 옹호했다.

최초의 시민대학은 1844년 독일과 대립 관계에 있던 슐레스비 지방 최북단 뢰딩(Rødding)에서 애국심을 고양시키고 젊은 농부들의 능력을 향상시킬 목적으로 세워졌다. 이 학교는 그룬트비 사상을 모형으로 세워졌으나 그룬트비가 설립에 관여하지는 않았다.[7]

뢰딩 시민대학은 덴마크 남부에서 애국심을 고취시키기 위한 전초 기지가 되었으며, 1865~1920년에는 애스코우(Askov) 쪽에 자리를 잡았다. 시민대학은 처음부터 소작농들과 다른 계층 간의 평등을 목표로 삼았는데 그룬트비가 바라던 바였다. 그룬트비가 뢰딩 대학을 방문한 적은 없으나 이 학교의 발전을 위해 힘을 보탰고, 역대 교장들은 그와 상의를 거쳐 취임했다. 초기 시민대학들은 그룬트비와 관련을 맺고 있는 이들이 설립했는데, 후대를 위해 결정적 모형이 되었던 최초의 대학은 1851년 크리스튼 콜이 설립한 학교다. 시민대학은 1863년에 15개로 불어났고, 1865년과 1867년 사이에는 25개 학교들이 추가되었다. 동시에 북유럽 다른 나라들로도 확산되었는데, 노르웨이에서는 1864년, 스웨덴에는 1867년, 핀란드에서는 1889년에 최초로 세워졌다. 그 사상에 대한

---

7 Poul Dam(1983), Nikolaj F. S. Grundtvig(1783-1872), 김장생 역(2009), 『덴마크의 아버지 그룬트비』. 누멘, 65-66.

관심은 20세기에 들어서도 영국, 독일을 비롯한 유럽 여러 나라와 북미, 남미, 아프리카 탄자니아 등지에서도 커져가고 있다.

그룬트비는 교육에 관련된 모든 글에서 교육의 제반 형태를 두루 다뤘지만, 아동교육에 관한 체계적 저술은 내놓지 않았다. 그럼에도 그의 사상은 덴마크의 아동교육에도 중대한 영향을 끼쳤다. 그룬트비가 아동교육에 관심을 갖게 된 것은 청년 시절 가정교사 일을 비롯한 교육 경험과 관련이 있다. 이때 그는 기존의 교육에 많은 의문을 품었다. 그가 보기에 당시 학생들이 받던 교육은 상당 부분 기계적 암기법과 생기 없는 교수 자료로 채워져 있었고 학생들은 게으르고 무관심했다. 그 상황은 이원화된 제도 아래 상층부나 서민들을 위한 교육 구조에서 동일했다. 그룬트비는 이를 전통적 교수법의 한계, 혹은 국민 대중을 위해 국가가 도입한 의무교육제도의 한계 때문에 발생했다고 보았다. 그는 당시의 의무교육제도가 다만 국가의 도구로서, 국민을 국가권력이 바라는 바에 따라 조련시키려는 강제적 훈련기관에 지나지 않는다고 호되게 비판했다. 따라서 이를 죽음에 이르게 하는 학교로 단정지으면서 삶을 위한 학교가 필요하다고 주장했다. 인간 정신의 창조적 가능성을 발현시키기 위함이었다.

그는 아동들에게 지식뿐 아니라 시민 의식(citizenship)을 길러주고자 했으며, 최선의 학교란 선량한 시민을 기르는 집이어야 한다고 생각했다. 교육의 목적이 그러하다면 교육의 내용과 방법도 기존과는 확연히 달라야 했다. 그러한 교육의 자리란 바로 부모와 교사가 자발적 의사에 따라 설립한(국가가 강제하지 않는) 자유학교나 집에서 부모가 자유롭게 시행하는 교육을 뜻하는데, 그룬트비는 학교보다는 집에서 하는 교육을 좀 더 이상적이라고 보았다. 부모는 이런 교육에서 책임을 져야 하고, 국가는 이를 함부로 가로막아서는 안 된다고 했다. 하지만 실제로 홈스쿨링은 소수만이 선택했고 대부분은 자유학교를 이용했다. 이후에 세워진 자유학교들은 그룬트비와 콜, 그리고 그룬트비 노선에 서 있던 이들이 깔아놓은 기초 위에서 운영되었다.

교육의 내용과 방법에서 그룬트비는 '생동성'과 '자유', 그리고 '자연스러움'을 중시했다. 당시 서양에 보편화되어 있던 기계적 암기 학습을 폐기하도록 했고, 대신 이야기와 노래, 놀이를 추천했다. 학생들은 학교에 즐거움과 기대를 가질 수 있어야 한다고 했다. 아울러 쌍방 의사소통 (two-way communication) 및 상호적 인간관계를 중시했다. 즉 학교에서는 교사와 학생, 교사와 부모 등 다양한 주체들 사이에서 살아 있는 상호작용(a living interplay)이 일어나야 하고, 강의와 시험이 능사가 아니라 자유로운 담화가 있어야 한다는 것이었다. 교육과정의 기본 축은 읽기, 쓰기, 셈하기 외에도 동물과 식물에 몰두하기, 삶의 실제적인 기술 익히기 같은 데에 두었다. 조국의 역사와 종교를 중시했으며 이들 과목은 교사의 '이야기하기'와 '노래하기'를 통해 가르쳐야 한다고 했다.

특히 종교교육의 경우 그룬트비는 학교에서 의무로 가르치는 종교 수업이 종종 아이들을 메마르고 경직되게 만든다는 점에 주목했다. 그는 그 원인을 교리주의적 종교 수업에서 찾으면서 다른 해법을 모색했다. 근본적으로 성경과 기독교 신앙은 학교에서 강제할 문제가 아니라, 가정에서 부모들이 책임을 지고, 교회에서 가르쳐야 할 문제라는 입장이었다. 방법에서도 역시 일방적 주입이 아니라, 역사 과목처럼 이야기하기와 노래하기를 권장했다. 그룬트비 스스로 학교에서 생생하게 쓰일 수 있는 많은 노래를 작곡했는데, 그 주제는 성경과 세계사와 덴마크 역사에서 취했다. 이 노래들 중 상당수는 아직까지도 프리스콜레에서 불린다.

아동교육에 대한 그룬트비의 관점은 교사교육기관을 통해 덴마크

교사 양성 과정에 커다란 영향을 끼쳤으며 대부분의 덴마크 학교들에 폭넓게 스며들어 갔다. 이러한 흐름을 타면서 또 다른 독자적 관점에서 자유학교를 현실적으로 구현했던 인물이 바로 크리스튼 콜이다. 이 점에서 그룬트비와 콜은 늘 한데 엮어서 일컬어진다.

2) 크리스튼 콜(Christen Mikkelsen Kold)

가) 크리스튼 콜의 역사적 위치

크리스튼 콜(1816~1870)은 자유학교 영역에서 그룬트비와 비슷한 비중으로 거론되어 왔다. 콜은 그룬트비의 사상적 영향권 안에 있기는 했지만 독자적 사상을 발전시켜 현실에 구현한 실천적 사상가였다.

콜은 구두업자의 아들로, 교사가 되기를 바라는 어머니의 품에서 자라났다. 그는 청년 시기부터 이미 공립학교 보조교사로서, 또 대농장의 가정교사로 일하기 시작하면서 본격적으로 교사가 되기 위한 정규교육을 받았다. 콜의 사상 형성에는 다음 세 가지가 결정적 영향을 주었다. 첫째는 30세 중반쯤 경건주의 평신도 설교가 피더 스크래펜보어(Peder L. Skraeppenborg)의 설교에서 깊은 종교적 각성을 체험한 것이고, 둘째는 베에스 잉에만(B.S. Ingemann)의 역사소설에서 민족적 각성을 체험한 것이다. 이 두 가지 계기로 그는 30세 후반에 교사로서 어린이와 어른을 위한 교육활동에 몸 바칠 것을 각오한다. 마지막 세 번째는 그룬트비의 정신세계와의 관련성이다. 콜은 비록 정규 교사교육을 받기는 했지만, 아주 짧게 공립학교에 근무했고 대부분의 시간을 여러 곳에서 가정교사로 또 야간학교 교사로 보냈다. 터키의 스미르나(Smyrna, 현재의 이즈미르 Izmir)에 가서 선교사 일을 한 적이 있는데, 5년간의 체류 기간 끝에 1847년 트리스트(Triest)로 항해한 후, 손수레를 하나 사서 짐을 싣

고는 1,200킬로미터를 걸어서 귀향했다. 두 달간에 걸친 이 믿기지 않는 여정에서 그는 풍부한 삶의 체험을 쌓는다. 이 여정에서 귀향한 후 콜은 링코빙에 사는 해센펠트 목사(C.F.Hassenfeldt)의 가정교사 일을 맡았는데 그때 처음으로 그룬트비의 저서를 접하게 되었다.

초기의 여러 영향 속에서 콜은 농촌을 자기 이상을 구현하기 위한 터전으로 삼았다. 그가 1849년 처음으로 농촌 청소년을 위한 농민고등학교를 설립한 이래 일군 성과는, 오늘날 덴마크 자유교육이라는 세계 교육사에서 아주 독특하고 다채로운 양상인 시민대학과 자유학교, 자유중등학교, 자유교원대학의 원형을 처음 현실화시킨 인물로 평가하는데 일조한다.

나) 콜의 시민대학과 프리스콜레

시민대학은 19세기 중엽 이후 덴마크 사회에서 진행되었던 정치적, 교육적, 종교적, 법적 체제의 변화와 어깨를 나란히 하며, 현대적 덴마크 사회의 건설과 민주주의 정치체제로 이행하는 과정에서 매우 중요한 역할을 담당했다. 그룬트비는 성인을 위한 시민대학을 구상하면서 형식교육이나 직업훈련보다는 '삶의 계몽'을 추구했다. 하지만 그는 앞서 언급한 것처럼 이를 실제로 구현하지는 못했다.

좀 더 정확히 말해 오늘날 시민대학의 실제 형태는 콜에게서 유래했다고 할 수 있다. 콜은 그룬트비의 사상에 깊은 영향을 받았으나 이를 자신의 관점에서 창조적으로 재구조화해냈다. 그룬트비가 성인 이상의 청년들을 위한 교육을 생각했다면, 콜은 청소년 연령층까지를 포함한 학교를 생각했다. 이런 뜻에서 1849년 처음 농민고등학교의 형태로 학교를 시작했다. 이 경험을 바탕으로 콜은 시민대학을 구상하게 되었고 뤼스링에(Ryslinge)에 첫 학교를 세워 1851년 11월 1일 문을 열었다. 학생은 단 10명이었고, 3개월 후 4명이 더 입학했다. 학생들의 나이는 14~15세였다. 그의 옛 친구 풀슨 댈(Anders Christian Poulsen Dal)이 콜의 학교 사업을 도왔다. 학교는 교실 하나와 거실, 주방으로 이루어진 건물이었다. 콜과 댈은 다락방에서 학생들과 함께 잤다. 이런 스파르타식 생활에 대한 불평은 한마디도 없었다. 매일같이 풍성한 이야기 잔치가 벌어졌고 지적인 토론이 이어졌다.

학교의 일상은 농가의 일상과 비슷했다. 교사와 학생들은 한 가족처럼 어울려 지냈다. 학기는 11월 1일부터 다음 해 4월 1일까지 계속되었다. 교과는 다음과 같았다. 세계사, 성서, 교회사, 북유럽 신화, 덴마크 역사, 지리, 덴마크 문학, 노래와 읽기, 쓰기와 계산. 육체노동도 역시 도입되었다. 청년들은 소를 먹이고 주방에 물을 길어왔다. 책을 만들고, 목수일과 밭일을 했는데, 그런 작업들에 필요한 도구와 규정도 있었다. 학생들에게 일정한 휴식 시간도 주었다. 수업은 아침부터 저녁까지, 한 주에 6일 동안 이루어졌다. 콜은 저녁 시간을 이용해 한 주에 세 번 강의를 했다. 북유럽 신화와 덴마크 소설에 관한 것으로 외부 방문자들도 강의를 들었다고 한다. 콜의 힘과 매력은 학생들이 사용하는 '일상어'로 이야기할 줄 안다는 것이었다. 강연과 이야기를 할 때 일상생활에서 취한 설명 자료를 사용했다.

1852년 여름 콜은 댈뷔(Dalby)에 어린이를 위한 최초의 자유학교인 프리스콜레를 열었다. 콜은 시민대학 일로 아이들의 기초 수업을 포기하지 않았고, 그러한 과제를 위한 교사 양성에도 관심을 소홀히 하지 않았다. 1853년 콜은 뤼스링에 있는 자기 재산을 팔고 시민대학을 댈뷔로 옮겨 1862년까지 그곳에 머물렀다. 재정적 어려움이 있던 시기였으나 간신히 파산의 위기를 넘겼다. 댈뷔의 자유학교 재정이 여유가 있었기 때문이다. 좀 더 중요한 것은 자유학교와 시민대학 간의 상보 관계다.

즉 청소년들은 시민대학 강의를 청강했고, 교사 지망생들은 자유학교 아이들을 보면서 무얼 어떻게 해야 할지 생각했다. 콜은 지역 교육청과의 투쟁에서 성공을 거두었고 그 결과 학교는 비약적으로 발전했다. 1859년에는 학생 수가 24명으로 불어났다.

시간이 지남에 따라 콜은 그가 처음 사용했던 그룬트비 식의 교육과정으로부터 자기 생각에 따른 교육과정으로 옮겨갔다. 역사적 시적인 문제 대신 예수의 단순함과 형제 사랑이 핵심 사안이 되었다. 그가 가장 강조한 것은 절제, 자기희생, 고강도의 노동이었다. 이를 언어적으로 또한 일상생활의 도덕적 모범을 통해서 가르쳤는데 기독교에 대한 그룬트비의 해석과는 다른 것이었다.

콜의 교육과정에서 또 하나의 변화는 학생들에게 시험을 부과하려는 교육청과의 투쟁 결과에서 나타났다. 콜이 국가 재정지원을 요청하고자 교회 당국과 공립학교를 관장하는 관청에 매년 제출한 보고에 의하면, 당시 시민대학에 물리, 화학 및 측량 과목이 설치되어 있었던 것 같다. 그러나 이 과목들을 콜은 그리 중시하지 않았다. 그는 자연과학보다는 농업을 중시했다.

콜이 댈뷔로 옮겨갔을 때, 부농이었던 크리스튼 라슨(Christen Larsen)이 설립한 덴마크 협회를 통해 농민을 위한 성인교육의 기회를 주변 지역민들에게 제공했다. 협회 회원은 대략 80여 명 정도로 일요일 저녁마다 모임을 가졌다. 댈뷔에서 몇 년을 지낸 후 콜은 시민대학이 확장되기를 바랐다. 3년여 계획을 세운 후 망설이던 끝에 그는 댈뷔에 있던 시민대학을 오덴세(Odense) 곁의 댈룸(Dalum)으로 옮겼다. 프리스 콜레는 댈뷔에 남아 있었다. 첫 번째 겨울 이 시민대학에 58명의 입학생이 들어왔다. 콜은 교육과정을 스스로 만들어 내고자 했다. 당시 주무관청은 콜의 학교를 그룬트비의 종교적 선전장으로 파악했다. 따라서 지역 관청은 이 학교로부터 국가 지원금을 환수하도록 중앙정부에 요청했다. 사립대학이라는 이유 때문이었다. 그러나 정부는 계속해서 지원했다. 콜이 이 싸움에서 성공을 거두었던 것이다.

1863년 4월 1일 콜은 여성을 위한 시민대학을 열었다. 최초의 시민대학 프로그램으로 30여 명의 소녀와 성인 여성이 지원했다. 이 여러 종류의 학교들은 여러 변천과정을 거치며 지속적으로 성장했다.

콜에게 한 가지 중대한 한계가 있었다면 강한 카리스마와 압도적 리더십 때문에 동료 교사들이 종종 부차적인 존재로 전락하고, 아울러 후계자를 길러내지 못했다는 점을 들 수 있다. 때문에 사후 일정 정도 공백기가 있을 수밖에 없었다. 그러나 얼마 가지 않아 사람들은 그의 정신과 활동이 뜻했던 중대한 의미를 다시금 붙들면서 시민대학을 위한 새로운 불꽃이 타오르기 시작했다. 이러한 콜의 사상과 실천은 오늘날 덴마크의 '자유교육'이라는 독특한 현상에서 원형으로 작용하고 있다.[8]

콜은 자유학교 교육이념에서 자유·평등·사랑이라는 세 가지 기본축을 설정했다. 그 내용을 이해하기 위해서는 콜의 기독교 경건주의적 신앙 체험의 요체가 무엇인지 알아야 한다. 앞서 경건주의 설교자와의 만남을 거론했는데, 요컨대 스크래펜보어가 "우리 주님이 인간을 사랑한다"는 말씀을 전했을 때, 그는 기독교 복음의 핵심에 도달했던 것이다. 하나님이 인간을 사랑한다는 사실, 그리고 내가 나 스스로를 사랑할 수 있게 되었다는 인식은 콜에게 자유를 체험하도록 했던 것이다. 이 개인적인 체험은 추후 그의 생애 전체의 방향을 결정했을 뿐 아니라, 나아가서 자유학교의 성격을 규정하게 되었다. 이는 콜이 기독교를 어떤 이데

---

8 콜의 자유학교와 시민대학에 관한 좀 더 상세한 연구로 다음 문헌 참조. Birte F. Lund & Vester Skerninge (ed.)(2003), Freedom in Thought and Action. Kold's Ideas on Teaching Children, Copenhagen.

올로기가 아니라 평등과 자유를 포괄하는 살아있는 전제로 받아들였음을 뜻한다. 세계관이나 교육 프로그램보다 중요한 것은 바로 이 살아있는 전제에 따라 교육을 추구하고, 아이들을 그 자체로 받아들이는 것이다. 다시 말해 아이들이 먼저고 방법은 나중에 온다는 뜻이다. 기독교란 삶의 입장이지 의견의 집합체가 아니기 때문이다. 그래서 교사와 학부모는 이런 입장을 충분히 이해하지 않으면 안 된다고 했다. 그렇다고 아이들에게 신앙을 강요하지는 않았다. 이 문제는 삶의 진지한 교류와 대화로 풀어야 한다고 생각했다. 자유가 자유학교의 '전제'라면, 그 '방법'도 자유롭지 않으면 안 된다는 뜻이다. 오늘날 덴마크 자유학교 전반에서 종교 수업은 기독교 신앙을 주입하는 것이 아니라, 대화 구조로 기독교뿐 아니라 세계의 다양한 종교를 배우게끔 하는 구조를 지향하고 있다. 이는 콜의 사상을 따른 결과로 판단된다.

3. 자유교육의 발단과 전개 양상 및 유형과 특징

1) 초창기 자유교육의 발단과 직후의 전개 양상

두 개척적인 인물을 중심으로 살핀 자유교육운동의 사상적 배경에 이어서 자유교육의 발단과 그 이후의 역사적 전개와 특징을 살펴보기로 하자. 앞서 소개했듯이 그 첫 형태는 '농민학교'(Peasant School) 혹은 '청년을 위한 농민대학'(Peasant High School)이었다. 프리스콜레(Friskole), 즉 공립기초학교에 대응하기 위한 '자유학교'는 그 이후에 세워졌다. 그 중에서 최초의 시도이자 가장 성공적인 것이 콜의 자유학교다. 1860년 말에 이르러 콜의 모형을 따라 자유학교운동은 대대적으로 확산되기 시작했다. 학부모들은 지역의 공립학교가 마음에 들지 않으면 자신들의 손으로 학교를 세웠다. 학부모가 아이를 학교에 보내는 대신 집에서 가르쳤으며, 만일 스스로 할 수 없으면 다른 부모들과 힘을 합쳐서 가르쳤다. 이러한 노력이 바탕이 되어 다양한 자유학교들이 탄생하기 시작했다. 학부모들은 후견인이나 교육 전문가를 필요로 하지 않았고, 다만 필요할 경우 교사들에게 도움을 요청했다. 이런 시도를 한 학부모들은 대개 시민대학의 졸업생이었다는 점을 지적해 둘 필요가 있다. 따라서 이런 형태의 자유학교에서 학부모가 차지하는 위치와 역할은 결정적인 것이라고 할 수 있다.

20세기 들어, 특히 1950년대에 확정된 상황에 따르면 덴마크의 학령기 아동은 교육의 다양한 권리를 향유할 수 있게 되었다. 1953년 7월 5일 제정된 학교법 제76조에 따르면, "학령기의 모든 아동은 공립학교(folkeskole)에서 무상으로 수업을 받을 권리를 가진다. 학부모와 교육에 대한 권리를 가진 사람들은 공립학교 교육 내용에 상응하는 수업을 스스로 시킬 수 있는 한, 학교에 보내야 할 의무가 없다." 이는 덴마크가 수업에 대한 의무만을 규정하고 있음을 뜻하며, 세계의 거의 모든 나라들이 학교교육을 의무로 규정하는 것과는 근본적으로 차이가 있다. 어떤 아이나 학부모든 만일 공립학교 수업을 받지 않는다면 다음 두 가지 중 어느 한 편을 택하는 셈이 된다. 자유학교를 포함한 사립학교 또는 홈스쿨링이 그것이다.

홈스쿨링의 경우 지역 교육청은 가정에서 이루어지는 수업에 일일이 간섭하지 않고, 다만 학년말 핵심 교과인 덴마크어와 수학, 영어 교과 능력에 대해서만 학업 성취도가 어떠한지 감독한다. 학업성취도는 공립학교 성적 평균 수준 정도면 인정된다. 2008년 현재 덴마크 전역에서 홈스쿨링을 하는 가정은 250여 명 정도 된다. 이 경우는 "학교로부터의 자유(skolerfrihed)"에 의한 교육이라 지칭한다.

자유학교의 경우, 본질적으로 학부모들이 운영하는 사립학교 형태에 해당한다. 세계관과 교육학적 식견에서 공통 기반을 갖고 있는 학부모들이 운영하며, 이들은 학교운영위원회나 총회를 통해서 교사와 교장의 채용 및 해임에 대한 권한을 행사한다. 공교육제도에서 벗어나 있다는 점에서 학생들에게 일정한 조건 아래 학비를 청구할 수 있는데, 이중 일부는 학부모가, 일부는 국가가 부담한다. 국가는 학생 개개인에게 학비의 75% 정도를 지원하며 학교에 시설 운영과 방과 후 교육에 드는 경비를 지원한다.[9] 사립학교법은 경제적 형편이 어려운 집 아이들도 배려한다. 이런 학교에 관심 있는 아이가 학교를 선택하는 데 어려움을 겪지 않도록 하려는 배려라 할 수 있다. 이렇게 국가는 학부모들이 누려야 할 공교육제도부터의 자유를 공적으로 보장하고 있다.[10]

2) 초창기 자유학교의 특징: 역사적, 교육학적 견지에서

초창기 자유학교의 성격을 역사적 견지에서 조명하자면 다음 네 가지를 들 수 있다. 첫째, 종교적 차원에서 자유학교는 덴마크 국교의 신앙 양태를 개혁하고 갱신하려는 관점을 바탕으로 삼았다. 둘째, 국민적 차원에서는 독일 문화권과 구별된 북유럽 민족이라는 연대 구조 속에서 덴마크의 정체성을 강화하기 위한 의도가 강력하게 반영되었다. 셋째, 사회적 차원에서는 당시 국민 대다수를 차지하고 있던 농민의 자유로운 삶을 고양시키고 지원하려 했다. 넷째, 정치적 차원에서는 절대왕정의 잔재를 청산하고 옛 정치 구조적 패러다임을 넘어서기 위한 의도가

---

9 https://www.google.co.kr/#newwindow=1&q=.+http:%2F%2Fwww.friskoler.dk+

10 Eckhard Bodenstein, "Länderstudie Dänemark", 438-440. 아울러 Karl K. Ægidius(2003), "덴마크의 학교 풍속도", 송순재 역, 『처음처럼』 35: 85-87 참조.

있었다. 여기서 농민 스스로 능동적으로 정치에 참여하면서 동시에 정치적 반대자에 대해 관용적 태도를 가지는 것을 원칙으로 삼는 '정당'이 설립되었다.

교육학적 견지에서는 내용상 다음 다섯 가지 특징을 들 수 있다. 첫째, 모국어를 강조했다. 둘째, 실생활에서 쓰이지 않는 죽은 언어와 죽은 책의 지식에 대항했다. 그런 뜻에서 반(反)주지주의적 성격을 표방했다. 셋째, 종교를 집에서 가르쳐야 할 과제로 이해하고 학교 교과로 하는 것을 반대했다. 넷째, 종교를 지식의 문제로서가 아니라 삶에 관철시켜야 할 문제로 이해했으며 따라서 학교의 내면적 성격 역시 종교적으로 관철시키고자 했다. 다섯째, 학교 수업의 기조를 덴마크 역사를 바탕으로 민족적 성격을 강조하는 형태로 만들고자 했다.

교육 방법으로는 다음 여섯 가지 특징이 눈에 띈다. 첫째, 암기와 벼락공부에 대한 비판. 둘째, 체벌 반대. 셋째, 어린이에게 적합한 상상력을 불러일으키는 수업 모색. 넷째, 문자보다는 구술, 즉 말해진 언어(이야기, 강의, 동화, 대화, 노래) 중시. 다섯째, 읽기 수업에 동기 부여가 가지는 의미. 여섯째, 학생의 자기 주도성과 능동적 역할 촉진이다.

이상의 특징을 살펴볼 때 초기의 자유학교는 교육 내용상으로는 부분적으로 보수적 성격도 함축하고 동시에 민족주의적이었지만, 방법적으로는 놀라우리만치 현대적이며 시대를 앞서간 것이었다. 초창기 자유학교의 역사에서 이러한 그룬트비와 콜 식의 접근 방식은 결정적이었다. 자유학교는 시간이 지남에 따라 특히 20세기에 접어들면서 부분적으로 외부 영향 속에서 새로운 전개 양상을 보이기 시작했다. 지면상 20세기 초엽의 상황은 생략하고 최근 상황과 특징에 대해 간략히 살핀다.

3) 자유학교의 최근 상황과 특징

자유학교는 2차 대전 이후 현재까지 발전을 거듭했다. 최근의 상황과 특징을 간추려 보면 다음과 같다.[11]

가) 자유학교의 설립과 운영

- 학부모들은 자체로 모임을 구성하여 자유학교를 설립할 수 있으며 국가로부터 재정지원을 받을 수 있다. 단, 재단은 학교의 설립에 관한 계획과 규약을 만들어 제시해야 한다. 이 경우 재단은 학교를 설립하기 위한 경비로 4,000유로(원화로 600만 원 정도)를 국가에 납입해야 한다.
- 자유학교는 국가가 규정한 교육의 틀로부터 벗어나 학교의 일상과 문화를 자체적으로 조직할 자율성과 자유를 보장받는다.
- 학부모회가 있으며 위원회가 대표한다. 위원회는 재정에 책임을 지며 교장, 교사와 함께 학교 문화와 미래를 구상한다.

나) 교육이념의 주요 특징

- 국가가 규정한 교육의 틀로부터 자유로운 교육. 자유학교는 교육학적, 철학적, 종교적 믿음에 따라 자체 목표와 교육과정을 운영할 수 있는 법적 권한을 가진다. 평가 방법과 내용의 경우도 마찬가지다. 교육법은 자유학교에 대해 광범위한 유연성을 부여하고 있다.

---

11 이하 내용은 다음 네 가지 자료를 간추린 것임: Birte F. Lund, "Denmarkreport" (http://www.effe-eu.org); "Independent (free) schools on Denmark"(http://www.friskoler.dk); Ole Pedersen(2010), "Education in Denmark". 대안교육연대, 「국제심포지엄 자료집. 공교육 안팎을 아우르는 배움의 권리. 덴마크 자유교육의 역사를 통해 배운다」, 11-23.

- 민주적 학교, 즉 '민주적 사회 안에서 살기', '기본적 자유의 권리와 인간의 권리', '양성 평등적 가치를 존중하기' 등의 목표를 구현한다. 교육학적, 사회적 계획과 도전들은 토의에 붙여지고 여기에 교사와 직원, 학부모, 학생들이 참여한다.
- 기독교적 전통. 그룬트비-콜식의 자유학교는 그룬트비와 콜의 특정한 기독교 정신에 입각해 있다. 종교수업에서 이야기 방식의 전승은 계속 이어지고 있으며, 이 방법은 매일 아침을 여는 마당에서 활용된다. 종교축제는 학교일상에서 중요한 몫을 차지한다.
- 학교를 일종의 '확장된 가정'으로 보기.
- 아동의 욕구와 능력에 초점을 맞춘 교육.
- 사회적 관계와 교류 능력의 촉진.
- 공립학교의 경우 공통적 목표를 기본 원칙이라는 형식으로 제시하고 이에 따라 개개 교과에서 다루어야 할 요체를 제시한다. 목표에 도달하기 위한 학교의 자유는 국립이나 사립이나 동일하다. 이 목표에 도달하기 위해 주제, 내용, 교육적 재료를 선택하는 것은 학교와 교사의 몫이다.
- 자유학교 교사들(공립학교 교사 역시)은 교육학적 신념을 구사하기 위한 자유(방법을 포함한 확장된 형태로)를 보장받고 있다. 참여, 창조성, 사회적 인식은 좋은 교사를 위한 중요한 가치다. 팀워크 역시 중시된다.
- 초창기 자유학교의 초미의 관심사가 자유와 민주시민사회 형성이었다면 현재와 미래라는 맥락에서는, 지식기반사회에서 강조되는 '경쟁' 관계를 어떻게 비판적으로 소화해 낼 수 있는가, 현 문명이 직면한 '생태학적 위기'에 어떻게 대처할 것인가, 세계화된 삶의 방식에서 어떻게 '세계 시민'으로 성장할 것인가 하는 등

의 물음들을 아울러 중시한다.

다) 학제와 교육과정 및 교수-학습의 특징

- 학령 전 유치원 교육을 받는다.
- 입학 연령은 만 7세(6세의 경우도 있으나 보통은 그렇게 하지 않음)이다.
- 1~9학년은 통합교육을 하되 성취도에 따라 수준별 분류는 하지 않는다.
- 교육과정은 모든 학생들에게 '추천'하는 형식이다
- 국정교과서는 없다.
- 낙제가 없다.
- 노작활동, 즉 손과 두뇌간의 협응 작용을 중시한다.
- '지식을 발전시키고 강화하기', 단 지식을 위한 지식이 아니라, '배우는 법을 배우기'가 중시된다.
- 살아있는 말, 즉 '구술언어(the spoken word)'의 중시. 이것은 주로 '이야기하기(storytelling)'를 통한 수업방식이나 '아침모임'의 형태로 구현한다.
- 9학년 이후에는 3년간의 김나지움 과정이 이어진다.
- 경우에 따라(자유의사에 따라) 10학년까지 다닐 수도 있다. 10학년은 성숙을 위한 기회이기도 하고 또 앞으로 받을 교육 기회를 적절하게 선택할 수 있도록 잘 준비시키기 위한 기간이기도 하다.
- 공립학교의 경우 7학년부터 성적을 매기지만, 자유학교는 자체 평가 방식에 따른다.
- 9학년 말(경우에 따라서는 10학년 말에) 교육부가 시행하는 졸업 시험을 치른다. 이 경우 핵심 교과인 덴마크어, 수학, 영어, 과학

시험이 부과된다. 하지만 교육법에 따르면 9학년 말 국가시험을 보지 않을 수도 있다. 2008년 당시 30여 개 정도의 자유학교가 시험제도를 도입하지 않기로 했다. 그뿐 아니라 역사와 종교과목도 학교 자체의 기준에 따라 면제 신청을 할 수 있다.

이상 언급한 것처럼 자유학교는 상당한 폭의 자유를 누리지만 일정한 체제에 따라 감독을 받기도 한다. 학부모의 감독, 학부모가 선출한 사람에 의한 감독, 교수 과정에 대한 검토, 이 세 단계에 따른 감독 체제가 작동하고 있다. 감독 과정에서 만일 학교가 법적 요건을 충족시키지 않고 있음을 발견할 경우 교육부는 법에 따라 재정지원을 중단할 수 있다.

4. 자유중등학교(Efterskole)

1) 자유중등학교의 역사적 전개 과정

자유중등학교는 1851년 크리스튼 콜이 뤼스링에 최초의 자유중등학교를 설립한 이후 다양한 변천과정을 거쳐 오늘에 이르렀다. 1994년 학교법은 평가와 결정, 책임을 중앙정부(교육부)로부터 지방정부에 이양하도록 규정했다. 이에 의거 지방정부는 학비 지원 조치를 취했으며 그 결과 더 많은 학생들이 자유중등학교를 지원할 수 있게 되었다. 1996년 국회가 국가 재정지원 조건에 관한 법을 개정하여 모든 학교가 진정으로 자유롭고 독립적이어야 하며, 각 가정이 모든 것을 결정하도록 하는 문제를 중점적으로 다루었다. 이는 학교운영위원회가 학교와 학생들의 이익을 위해 더 많은 짐을 져야 함을 뜻한다. 2000년 모든 자유중등학교는 교육 목적상 각각 고유한 기본적 가치를 설정하고, 이에 따라 비

판적 견지에서 매년 말 자체 평가를 하도록 했다.[12]

2) 현대적 자유중등학교의 현황, 유형, 특징

오늘날 자유중등학교는 고전적 모형을 바탕으로, 좀 더 다양하고 복잡하게 진화하여 운영되고 있다. 이를 개관하면 다음과 같다.[13] 2010년도를 기준으로 260개교가 있으며, 매년 28,500명 정도가 재학하고 있다. 학생 수는 매년 증가해 왔으며 최근에는 더욱 증가하는 추세이다. 1980년대와 1990년대에는 영재 아동이나 학습 부진아를 위한 특별한 목적 아래 학교들이 설립되었다. 1980년대와 2000년대에는 체육, 음악, 연극, 자연 및 생태에 초점을 맞춘 학교들이 증가했다.

자유중등학교의 특징을 소개하면 다음과 같다.[14]

- 14~18세의 청소년들이 다닐 수 있고 학년으로는 8~10학년에 해당한다.
- 공립학교를 다니는 대신 1~2년간의 재학 기간을 선택하여 다닐 수 있다. 졸업 시험을 통과하면 공립학교와 동일한 자격을 부여받는다.
- 모두 기숙학교 형태로 운영된다.
- 학생 수는 적게는 30명, 많게는 500명 정도이며 평균 105명이다.
- 대부분의 자유중등학교는 전원이나 마을 가까이에 있다

---

12 http://en.wikipedia.org/wiki/Efterskole; Efterskolernes Sekretariat (ed.)(2000), Meet the Danish Efterskole, 11-13.

13 Efterskolernes Sekretariat (ed.)(2000), Meet the Danish Efterskole, 22-25.

14 Efterskolernes Sekretariat (ed.)(2000), Meet the Danish Efterskole, 14-16.

- 일반 교육(general education)을 제공한다. 기초적 과제를 다루며 개인의 전체적 발달을 목적으로 한다.
- 자유중등학교는 사회(교육)적 기능을 수행하는 것을 목적으로 한다. 그렇지만 이를 사회기관으로 볼 수는 없다. 자유중등학교는 엄연히 하나의 학교다.
- 자유중등학교는 자기결정 구조를 갖춘 사립교육기관이다. 사립학교운영위원회가 커다란 책임과 권위를 가지고 운영한다. 한편 학교는 덴마크 교육부의 감독을 받는다.
- 학비와 생활비를 납부한다. 학비의 일부는 부모가, 일부는 국가와 지방 정부가 책임진다.
- 공립학교 교육과정과 아주 다른 교육과정을 자유롭게 운영한다. 모든 학교들이 같은 교육과정을 갖고 있지 않으며, 과목 선택과 교수법을 학교 스스로 정한다. 그 내용과 방식은 학교가 어떤 노선을 취하고 있느냐에 따라 다르다.

5. 정리

자유교육 영역에서 이루어진 성과라면 하나는 민주주의 발전과 국민 계몽이며, 다른 하나는 세계 교육사에서 특히 개혁교육운동에서 가지는 의미라 할 것이다. 이 시도들은 1890년 이래 전개되기 시작한 서구의 개혁교육운동(신교육 운동 혹은 진보주의 운동)보다 40년 정도 앞서 이루어진 것으로, 비슷한 시기에 견줄 수 있는 사례는 러시아에서 세계적 문호 톨스토이(L. Tolstoj)가 시도한 자유교육 사상과 실천 사례 정도이다. 20세기 초엽에 들어서 이 시도와 아주 흡사한 사례 하나가 독일에서 나타났는데 그것은 바로 '예나플랜슐레'(Jena-Plan-Schule)[15]이다. 인위성이 아니라 자연스러움을 경험할 수 있는 학교, 생활공동체, 삶의 즐거움과 행복, 줄기 모둠(연령별 혼합 학습 모둠), 월요 아침대화 모임, 상호 대화, 자기활동, 노작, 놀이, 축제 등 이 학교에서 발전시킨 다양한 방법들은 덴마크 자유학교가 선구적으로 시도한 혁신적 방법들의 역사적 의미를 새겨준다.

교육학적 자유라는 점에서 덴마크 자유학교들은 풍부한 자유를 누려 왔다. 이는 공립학교의 경우에도 일정 부분 해당된다. 하지만 최근 덴마크에서도 경쟁력을 높여야 한다는 강력한 목소리에 부딪혀 적지 않은 어려움을 겪고 있다. 공립학교 경우도 마찬가지다. 이를테면 지난 몇 년간 현 단계에서 의무교육제를 10학년으로 늘릴지에 대한 문제가 교육 전문가와 정치가들 사이에서 꾸준히 논의되었으며, 몇 년 전 교육부는 10학년 의무제 법안을 상정했다. 하지만 자유학교에 가거나 홈스쿨링이 불가능한 청소년들만이 10년 동안 학교를 다녀야 한다는 의견이 이에 팽팽히 맞서서, 결국 모든 청소년들이 10학년을 다니도록 한 법안은 부결되었다. 이처럼 최근 덴마크에서는 학교 공부를 이전보다 일찍 마치도록 하는 경향이 두드러지게 나타나고 있음을 볼 수 있다. 또 최근까지 평가 방식은 공사립을 막론하고 학생의 사회적, 학문적, 창조적 능력에 대해 학부모와 교사와 학생이 함께 이야기를 나눈 결과를 토대로 했으며, 서로에 대한 신뢰가 핵심적 가치를 지니고 있었다. 이렇게 다양한

---

15 예나플랜슐레(JenaPlan-Schule)는 1920년대 독일의 고도 예나에서 페터 페터젠(Peter Petersen, 1884-1952)이 시도한 대표적인 혁신학교로, 페터젠은 이 학교의 핵심을 '노작과 생활공동체학교'(Arbeits- und Lebens-Gemeinschafts-Schule)로 표현했다. 학교의 혁신을 위한 철학적 논거가 명백하고, 방법론이 화려하다는 점에서 많은 학교들에게 영감을 주었다. 1989년을 기점으로 옛 모형을 따라 새로운 예나플랜슐레들이 설립되어 독일 전역에서 의미심장한 사례들로 성장하고 있다.

경로를 통해 이루어지는 대화식 평가에서 좀 더 표준화된 방식의 기술식 평가로 바뀌고 있다. 이리하여 지금까지 존속되어 오던 참여와 신뢰성 및 유용성은 점점 흔들리고 있다.[16] (하지만 이런 어려움에도 불구하고 덴마크 자유학교가 덴마크 사회와 교육 전반의 기본 축에서 차지하는 의미는 여전히 크다 할 것이다.)

중요한 것은 그간 비교적 많은 자유를 구가하던 서구의 학교들이 세계화 과정에서 학력의 중요성과 학습의 긴장도를 강조하는 추세를 보인다고 해서 우리 역시 그럴 수는 없다는 것이다. 왜냐하면 우리는 이미 오랫동안 강도 높은 학습에 주력해 왔기 때문이다. 따라서 앞으로 우리 교육을 위해서는 학습자의 자유문제가 본격적으로 다루어져야 할 것이다. 덴마크에서는 자유교육과 자유학교를 위해 학교, 시험, 감독, 국가보조금, 회계 및 감사, 지방정부분담금, 홈스쿨링, 유치원 및 취학 전 교육활동 등에 관한 법적 보장과 지원체제를 발전시켰는데, 이것이 한국의 대안교육 지형에 말해주는 바는 크다. 간략히 말하자면, 덴마크 사례에 비추어 볼 때, 우리나라의 아동과 청소년들도 다양한 교육 현장에서 배움의 권리를 향유할 수 있도록 법적 권리를 보장받는 것이 마땅하다는 것이다. 여기에는 홈스쿨링 같은 학교 밖 교육도 포함된다.[17]

---

16 Birte F. Lund, "Denmark report" (http://www.effe-eu.org).

17 Ole Pedersen(2010), "Education in Denmark", 대안교육연대, 「국제심포지엄 자료집. 공교육 안팎을 아우르는 배움의 권리 - 덴마크 자유교육의 역사를 통해서 배운다」, 11-23 참조.

V. 덴마크의 종교적 상황과 학교 기독교교육의 특징

덴마크 공교육에서 기독교는 교육 전반에 걸쳐 핵심적 위치를 차지하고 있었음은 물론이려니와, 자유교육에서 기독교는 좀 더 명백하고 철저하게 교육구조 전체를 관통하고 있음을 확인할 수 있다. 이 글의 성격에 따라 이 마지막 부분에서는 덴마크의 종교적 상황과 기독교교육의 특징에 대해 살피기로 한다.

덴마크 공립학교는 1814년 최초로 도입된 '일반학교법'(General School Law)에서 확인할 수 있듯이 초창기부터 루터국교회적 입장에서 '기독교적 인격 양성'을 교육의 중추적 목적 중 하나로 설정했으며, 이러한 종교적 기조는 시대적 변천과정을 겪으며 오늘날까지 이어져 오고 있다. 이는 독일 등 유럽 여러 나라의 경우에서와 같이 덴마크 사회가 가지는 종교적 배경 때문이다.

1. 종교적 상황

덴마크에 로마 가톨릭교가 전래된 것은 10세기경이다. 로마 가톨릭 교회와 밀접한 관계를 가지다가 12세기 초 독자적인 국교회를 설립했다. 그러던 중 16세기경 독일에서 일어난 종교개혁의 영향을 받아 1536년 로마가톨릭으로부터 결별하고 루터적 노선에서 국교회를 설립하여 성장해 왔다. 루터 국교회는 종교개혁 시대부터 근대기에 이르기까지 덴마크의 종교적 상황을 주도했다. 하지만 현대에 들어 그 양태는 일정한 변화를 보이고 있는 바, 2014년 통계에 의하면 덴마크 인구 중 78.4%가

국교회 신자로 되어 있지만, 이는 2013년에 비해 0.7%, 2011년에 비해 2.0% 감소한 수치를 나타내는 것이다. 일요일에 교회에 가는 수는 극소수로 5% 미만이다. 다른 개신교 그룹으로는 침례교, 독일개혁교회, 한국개혁교회 등이 있으며, 아울러 로마 가톨릭교, 몰몬교, 유대교, 이슬람교, 바하이교, 불교 등이 있다.[18]

2. 공립학교 종교교육의 특징

1) 교육 단계 전체에서

덴마크에서 종교는 교육의 모든 단계에서 배워야 할 필수교과이다. 단 중등교육 1단계에서 한 학년 동안 만큼은 학교에서 가르치지 않고 지역의 덴마크 루터국교회 목사에게 배우도록 하는데, 이는 교회에서 받을 견신례의 준비 과정 때문이다. 1975년 이래 초등단계와 중등교육 1단계에서 종교교육은 종파적-신앙고백적 조건을 달지 않고 행해진다. 하지만 교과 내용은 여전히 덴마크 국교회의 성서 이야기(모세가 홍해를 가른 이야기, 다윗이 골리앗을 돌팔매질로 이긴 이야기, 예수가 혼인 잔치자리에서 물을 포도주로 바꾼 이야기 등)로 구성되어 있으며, 이것은 이야기법과 연극 예술 활동 등으로 구현된다. 학생들은 이를 통해 배양된 소양을 바탕으로 종교적 이슈나 사회적 윤리 도덕 문제를 가지고 토의에 참여할 수 있도록 한다. 초등과 중등교육 1단계에서 교과명은 기독교이해(Knowledge of Christianity)로, 종파적-신앙고백적 접근이 아니

---

18 http://en.wikipedia.org/wiki/Religion_in_Denmark(1 May 2014). 덴마크 교회에 대해서는 다음 홈페이지 참조. http://en.wikipedia.org/wiki/Church_of_Denmark(1 July 2014).

라 기독교에 '대한' 지식의 습득을 목표로 한다. 그럼에도 수업에서 주를 이루는 것은 기독교로 이끄는 분위기이다.

공인된 '다른' 종교공동체 신자(예컨대 이슬람교 신자)는 자기 아이가 학교에서 실시하는 이러한 기독교 종교수업에 참여하지 않도록 할 수 있는 권리가 있다. 이 시간을 어떻게 보낼지는 학부모와 학생 재량에 맡긴다. 9학년을 마칠 때 학생들은 종교교과에 대한 구술시험을 치른다. 하지만 이 수업에 참여하지 않더라도 손해를 보는 일은 없다. 이 경우 해당 시험을 산정하지 않기 때문이기도 하지만, 중등교육 1 단계 시험은 상급학년 진학의 형식적 조건을 구성하지 않기 때문이다.

중등교육 II 단계에서 종교교육의 목적과 내용은 저학년의 경우와 다르다. 1999년 종교교육은 상급학년 진학을 위한 필수 조건이었다. 가이드라인에 따르면 종교교육은 중립적 언어를 가지고 정보를 제공하며 소통하는 방식으로 이루어지며 이 때 교과는 여러 종교에 대해 가르친다. 하지만 초점은 덴마크라는 특정한 국가상황에 의거 하나의 공통적인 종교, 즉 루터 개신교에 맞추어져 있으며, 종교와 삶의 문제를 포괄적으로 다루는 유럽의 철학적 전통 안에서 철학적, 윤리적 물음에 연관되어 있다.

이렇게 하는 이유는 거부감이나 부담감 없이 기독교 신앙고백이라는 문제에 자연스레 접근할 수 있도록 하기 위함이라 한다. 이는 종교에 '대한' 학습으로 지칭할 수 있는데, 그 성격은 종교'로부터 배우는' 학습, 즉 종교를 학생들이 속해 있는 사회에 적합한 방식으로 제시하는 방법을 뜻한다. 이는 '종교로부터 배우는 학습'과 '종교에 대한 학습' 사이에서 일어날 수 있는 상호작용을 기대한다. 다른 종교에 대한 중립적이며 역사적으로 정확한 정보는 다른 종교공동체를 배경으로 하는 학생들로 하여금 그들이 특정한 신앙적 이유를 받아들이거나 거부할 필요를 느끼

지 않으면서 다른 종교와 관계를 맺도록 해 준다는 관점이다.[19]

2) 중등교육 제 II 단계(3년)에서의 종교수업의 구조(김나지움)

최근 중등교육 II 단계에서 종교교육은 개혁과정을 거쳐서 몇몇 중요한 변화를 보이고 있다. 주요한 양상은 다음과 같다.

- 중등교육 제 II 단계에서 종교는 필수교과로 모든 학생들은 종교를 2년 차나 3년 차에 1년 동안 배울 수 있도록 되어 있다.
- 종교는 교과수업 구조를 통해서 뿐 아니라 특정한 주제, 예컨대 통합교과 구조로 간학문적 프로젝트법으로 학습할 수 있으며 '르네상스'나 '신앙과 지식의 차이' 등을 그 사례로 들 수 있다.
- 종교 교과에서 다루는 주제는 다음과 같다: 기독교, 이슬람, 그 외의 세계의 주요 종교(힌두교, 불교, 유대교), 아울러 종교의 중심현상, 용어, 방법 등. 단 기독교 부분은 교육과정 중 최소 1/3을 차지해야 한다. 이슬람교는 필수적으로 다룬다. 추가적인 보충교과와 연구영역들이 있다. 교사와 학생이 선택해야 할 주제들은 다음과 같다: 윤리학, 종교철학, 종교연구에서 하나의 주제(예전, 종교사회학, 종교심리학, 새로운 종교운동 등), 혹은 추가적으로 하나 이상의 다른 종교(앞서 언급한 종교가 아니더라도 좋다).
- 종교 교수 과정은 규범적 본문과 그에 대한 현대적 해석을 결합하는 방식으로 한다. 여기서 중요한 과제는 학문적 도구와 종교연

---

19 Peter B. Andersen & Carin Laudrup(2010), "Religious Education as a Tool for Enhancing Diversity", in Karin sporre & Gudrun Svedberg(eds.), Changing Societies - Values, Religions, and Education: A Selection of Papers From a Conference at Umea University, June 2009 (Working Papers in Teacher Education No.7/2010), 9.

구방법을 익히는 것이다. 이를 통해 학생들은 종교적 본문을 한편으로는 '안쪽에서'(규범적 본문 읽기), 다른 한편으로는 '바깥에서'(현대적 해석) 이해하고 해석할 수 있게 된다.

- 종교교육의 접근 방식은 종파적-신앙고백적 형태를 띠지 않되 구술시험을 본다. 구술시험은 특정한 종교에 대한 학생의 지식과 이해도(본문을 해석하고 삶에 적용하기 위한 출발점)를 평가한다.[20]

3) 2년간의 대학준비과정(HF, Higher Preparatory Exam)에서의 수업사례

2년 정도 지속되는 대학준비과정(HF)에서 지난 3년간 시도된 방법은 다음과 같다: 종교는 역사, 종교, 사회과학 교과들로 구성된 '문화와 사회과학 그룹' 안에서 함께 배운다. 3개의 교과는 2년간 밀접하게 연관지어 가르치도록 되어 있는데, 학생들은 이 교과들을 따로 배우지만 4-5개의 프로젝트에서 함께 엮어 다루기도 한다. 프로젝트 이름은 다음과 같다: 오늘날의 인도, 북유럽 종교로부터 덴마크 기독교로의 이행, 미국 대통령 선거에서 종교의 역할, 현대 덴마크 사회 분석, 시민 종교. 2년이 종료되는 시점에서 학생들은 이 셋을 '하나로 묶어' 평가하는 시험을 치게 되어 있다. 교과에서 필수적으로 다루는 영역은 다음과 같다: 기독교, 이슬람, 그 외 추가적으로 하나의 종교, 종교의 중심현상과 용어 및 방법, 윤리학과 철학, 과거와 현재 시점에서 문화, 사회, 정치에 대한 종교의 영향.[21]

---

20 Elisabeth Faber(2011), "Religious Education in Denmark", The Association of Danish Teachers of RE - Annual Report 2011
(http://www.mmiweb.org.uk/eftre/reeurope/denmark_2011.html - April 10th, 2011).

21 Elisabeth Faber(2011), "Religious Eduaction in Denmark".

3. 자유교육 영역에서의 기독교교육

자유교육 영역에서 기독교가 학교에 대해 가지는 의미에 대해서는 앞에서(4장 2절) 살핀 바와 같다. 이 점에서 덴마크 자유교육 기관들은 오늘날 한국의 종립학교나 기독교 대안학교들의 교육적 방향 정립에 시사하는 바가 있다. 미션스쿨의 경우, 상당 부분 목표 설정에서 교리주의적-일방적 성격을 가지고 있고, 방법에서도 예배 출석과 종교수업을 의무화하며, 전통적-교사중심주의적-언어주의적 교수법에 의거한, 한마디로 고답적 틀에 고착되어 있다. 기독교 대안학교의 경우도 상당 부분 옛 경건주의적 내지 근본주의적 목표설정과 교수법에 의거하고 있어, 이들을 과연 아동의 자유에 초점을 맞춘 대안학교라 할 수 있는가에 대한 물음을 던지게 한다. 그룬트비의 경우, 성서뿐 아니라 민족의 역사와 세계사를 종교수업의 또 다른 중심축으로 보았다든지, 생동성과 아동의 자유, 자연스러움, 상호대화, 이야기와 노래, 놀이 등을 중시했다. 콜의 경우 경건주의적 교육학의 전통에 서 있으면서도 아동이라는 존재와 그 자유를 기반으로 교육을 수행하려 했다. 바로 이 점에서 전통적 경건주의 교육학의 구조 내지 특징과는 확연히 구분되는 실천을 했다.

이 대목에서 우리나라에서 언급할 만한 사례는 '온양한올고등학교' (천안, http://www.hanol.hs.kr)로, 이 학교는 지난 수년간(2003년 이래) 수행해 온 개혁프로그램을 통해서 종래의 기독교 종립학교의 틀을 과감히 벗어버리고 청소년의 삶과 자유에 기초한 교육과 종교교육의 틀을 새롭게 발전시켰기 때문이다. 이 주제는 그룬트비와 콜에 관한 별도의 연구를 통해서 보다 심도 있게 다루어질 수 있을 것이다.

* 일러두기

이 글은 필자의 편저(2011)인 『위대한 평민을 기르는 덴마크 자유』 중 필자의 글 "덴마크 자유교육의 역사와 현황"(17-93)과 공동저자인 카를 크리스티안 에기디우스(덴마크 자유교원대학 교수)의 두 편의 글, "덴마크 공교육과 자유교육의 법제화 과정과 쟁점"(94-109), "덴마크의 공식교육과 비공식교육"(110-156)을 본서의 취지에 맞게 재구성하면서 종교교육 주제에 관해 가필한 것임을 밝혀둔다.

참고문헌

고병헌(2003). 그룬트비와 풀무학교. 처음처럼 36호 84-93.

김명신(2002). 대안교육. 문음사.

김성오(2003). 그룬트비 읽기. 처음처럼 36호 66-83.

김영희(2010). 대한민국 엄마들이 꿈꾸는 덴마크식 교육법. 명진출판.

송순재 편저(2007). 대학입시와 교육제도의 스펙트럼. 학지사.

송순재(2000). 유럽의 아름다운 학교와 교육개혁운동. 내일을 여는 책.

양금희(2001). 근대기독교교육사상. 한국장로교출판사.

오인탁 외(2008). 기독교교육사. 기독한교.

Andersen, Peter B. & Laudrup, Carin(2010). Religious Education as a
    Tool for Enhancing Diversity, in Karin sporre & Gudrun Svedberg(eds.):
    Changing Societies – Values, Religions, and Education: A Selection
    of Papers From a Conference at Umea University, June 2009(Working
    Papers in Teacher Education No.7/2010), 7-18.

Aegidius, Karl K.(2001). 덴마크 사회와 그룬트비의 사상. 김자경 역. 처음처럼 23호
    72-75.

Aegidius, Karl K.(2001). 그룬트비와 콜의 교육사상과 덴마크의 프리스콜레. 처음처럼

23호 78-110.

Aegidius, Karl K.(2003). 덴마크의 학교풍속도. 처음처럼 35호 82-103.

Aegidius, Karl K.(2003). 교육에서의 자유. 처음처럼 35호 104-163.

Allchin, Arthur M.(1998). *N.F.S. Grundtvig. An Introdution to his Life and Work.*

Aarhus Uni.Press.

Berker, Peter(1984). *Christen Kolds Volkshochschule. Eine Studie zur*

Erwachsenenbildung im Dänemark des 19 Jahrhunderts. Münster.

Böhm, Winfried(1988). *Wörterbuch der Pädagogik,* Kröner.

Bodenstein, Eckhard(1996). Länderstudie Dänemark. In: *Reformpädagogik und*

Schulreform in Europa. Bd. II. Hrsg.v. M.Seyfarth-Stubenrauch. Hohengehren,

437-442.

Dam, Poul(1983). *Nikolaj F. S. Grundtvig*(1783-1872). 김장생 역(2009).

덴마크의 아버지 그룬트비. 누멘.

Dansk Friskoleforening (Hrsg.)(1995). *Die dänische friskole - ein Teil der*

Grundtvig koldschen Schultradition. Faaborg. Efterskolernes Sekretariat (ed.)

(2000). Meet the Danish Efterskole. Copenhagen.

Efterskolernes Sekretariat (ed.)(2000). *Meet the Danish Efterskole.*

Faber, Elisabeth(2011). "Religious Education in Denmark". *The Association of*

Danish Teachers of RE - Annual Report 2011.

Jensen, Niels Lyhne(ed.)(1987), *A Grundtvig Anthology.* Selections from the

Writings of N.F.S. Grundtvig, Cambridge: James & Co.

Kulich, Jindra(1997). "Christen Kold: Gründer der Dänischen Volkshochschule.

Mythen und Realität". In: *Die Österreichische Volkshochschule* 186/

Dezember 1997: 7-15.

Pedersen, Ole(2010). Education in Denmark, 대안교육연대, 국제심포지엄 자료집.

공교육 안팎을 아우르는 배움의 권리 - 덴마크 자유교육의 역사를 통해서 배운다, 11-23.

Royal Danish Embassy. *N.F.S.Grundtvig*(www.denmark.org/grundt.html).

Grundtvig, Nikolaj F.S.(1838). 삶을 배우는 학교. 김성오 역(2003). 처음처럼
36호. 94-116.

Birte F. Lund. *Denmark report*(www.effe-eu.org).

Birte F. Lund. *Independent (free) schools on Denmark*(www.friskoler.dk).

Lund, Birte F. & Skerninge, Vester(ed.)(2003). *Freedom in Thought and Action.*
Kold's Ideas on Teaching Children, Copenhagen.

홈페이지

덴마크 종교와 종교교육

http://en.wikipedia.org/wiki/Religion_in_Denmark (1 May 2014).

http://en.wikipedia.org/wiki/Danish_Folkeskole_Education (17 February 2014).

http://en.wikipedia.org/wiki/Church_of_Denmark (1 July 2014).

http://www.mmiweb.org.uk/eftre/reeurope/denmark_2011.html (10 April, 2011).

덴마크 학교 Folkeskole, Friskole, Efterskole

http://en.wikipedia.org/wiki/Danish_Folkeskole_Education

http://en.wikipedia.org/w/index.php?search=friskole&title=Special%3ASearch&go=Go

https://www.google.co.kr/#newwindow=1&q=.+http:%2F%2Fwww.friskoler.dk+

http://en.wikipedia.org/wiki/Efterskole

http://www.dfl-ollerup.dk

http://www.effe-eu.org

http://www.friskoler./dk

PUBLIC EDUCATION
AND CHRISTIANITY

미국 공교육의 전개와 기독교

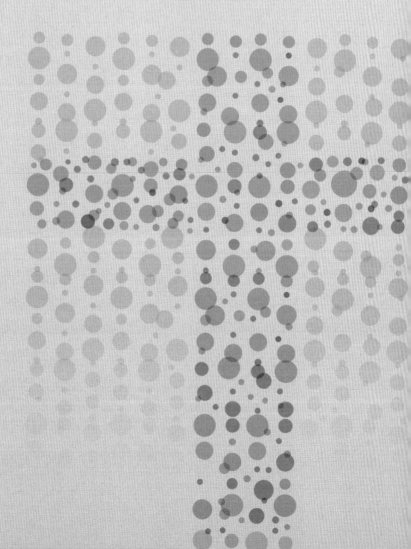

미국 공교육의 전개와 기독교

강영택

Ⅰ. 들어가는 말

기독교전통에는 교육을 중시하는 경향이 있다. 새로운 지역에 기독교가 전파되면 대개 학교가 설립되고 교육이 활발하게 이루어진다. 한말 우리나라에 기독교가 소개되었을 때도 마찬가지였다. 근대적 형태의 학교가 한국 땅에 정착하게 되는 과정에서 기독교의 공헌은 절대적으로 중요했다. 그러므로 한국의 초기 근대교육사는 기독교의 역사와 분리하여 생각할 수 없다. 그런데 언제부터인지 기독교가 우리나라에서 학교교육의 발전에 기여하기보다는 장애가 되는 것이 아닌지 하는 우려의 목소리가 들린다. 사학법 개정 반대운동을 계기로 형성된 보수적 교계 지도자들의 정치세력화, 기독교계 사립학교에서 비신자 학생들에게 실시되는 강제적 신앙교육, 일부 기독교대안학교의 지나치게 높은 등록금으로 인한 귀족학교 논란 등이 이러한 우려를 낳는 요인들이다. 이러한 일들은 대개 기독교계에 불리하게 작용하고 있는 현 교육

정책과 제도 때문에 발생하는 측면이 많은 것이 사실이다. 하지만 위의 사례들은 일반 시민들에게 기독교와 학교교육의 관계에 대해 부정적 이미지를 심어주는 역할을 할 수 있다.

이와 유사한 상황이 우리와 처지가 매우 다른 미국에서도 발생하고 있다. 미국은 기독교인들에 의해 설립된 나라이고, 학교교육의 초기 역사부터 기독교신앙은 학교교육의 토대가 되었다. 그러다가 20세기 이후 미국의 공교육에서 기독교적 성격이 배제되면서 일부의 기독교인들은 기독교의 영향력을 학교교육에서 재건하려는 노력을 기울였다. 이러한 시도들로 인해 미국의 여러 교육현장에서 종교적인 문제로 인한 갈등이 노출되었다. 마이클 애플을 비롯한 비판적 교육학자들은 현재 미국의 학교교육이 보수화되어 학교가 사회적 불평등을 재생산하고 있다고 비판하는데 교육을 그렇게 끌고 가는 주요세력으로 신자유주의자, 신보수주의자와 함께 기독교인들이라고 지목하고 있다(Apple, 2001). 미국 학교역사의 기본 토대가 되었고 과거 수많은 학교들의 설립배경이 되었던 기독교가 오늘날 학교교육에서는 배제되어야 할 위험한 요인으로 취급받고 있는 셈이다.

기독교는 우리나라와 미국을 비롯한 많은 나라에서 학교교육의 역사에 큰 영향을 끼쳐왔다. 그러나 기독교와 학교의 관계는 나라와 시대에 따라 다르게 변천되어 왔다. 본 논문의 목적은 미국 교육의 전개과정에서 기독교가 어떤 영향을 끼쳤는지를 밝히는데 있다. 연구의 대상을 미국의 학교교육으로 삼은 것은 미국의 학교교육이 우리나라의 학교에 큰 영향을 주었을 뿐 아니라 미국에서는 건국초기부터 오늘날까지 오랫동안 학교교육과 기독교가 다양한 형태로 긴밀한 관계를 맺어왔기 때문에 교육과 기독교의 관계에 대해 연구하기에 좋은 대상이 되기 때문이다. 미국에서 학교교육과 기독교의 관계를 탐구하면서 중요하게 고려해야 할 요인은 학교를 구성하는 학생들의 문화적 특징과 학교를 둘러싼 사회적 상황의 변화이다. 학생들이 지닌 문화적, 인종적, 종교적 특징의 변화에 따라 학교교육에서 기독교의 역할이 어떻게 변화되어 왔는지는 본고에서 탐구할 중요한 질문이다. 즉, 17,18세기 미국처럼 다수의 학생들이 기독교적 배경을 갖고 유사한 문화를 소유하고 있던 학교에서 20세기 미국처럼 다양한 인종, 종교, 문화적 배경을 지닌 학생들이 공존하는 다문화적 상황의 학교로 바뀜에 따라 기독교와 학교의 관계가 어떻게 달라지는지를 고찰하고자 한다.

본 논문에서는 미국의 교육사를 네 시기로 나누어 살펴보고자 한다. 먼저 미국 학교역사의 시작이 되는 17세기에서 18세기까지를 첫 번째 시기로 묶고, 보통학교운동이 활발하게 이루어진 19세기를 또 다른 시기로 하고, 본격적인 근대 다문화사회가 된 20세기를 한 시기로 묶었다. 그리고 현재의 교육을 20세기에서 21세기로의 전환으로 보고 마지막 시기로 나누었다. 각 시기마다 미국 교육의 역사가 어떻게 전개되었는지, 기독교는 학교교육에 어떤 영향을 주었는지를 살펴볼 것이다. 기독교학교는 미국의 교육사에서 중요한 한 흐름이지만 여기서는 논의의 편의를 위해 별도의 장으로 분류하여 기독교학교의 전개과정에서 교회들이 수행한 역할에 대해 살펴보았다. 이러한 논의들을 통해 본 논문은 기독교가 공교육의 발전에 지대한 공헌을 끼쳤음을 밝히는 동시에 교육에 대한 기독교의 영향이 갖는 한계에 대해서도 살펴보고자 한다. 그래서 본 논문이 궁극적으로 의도하는 바는 앞으로 교육의 전개과정에서 기독교가 감당해야 할 바람직한 역할이 무엇인지를 모색하는 것이다.

Ⅱ. 미국 공교육의 전개와 기독교

1. 17,18세기 미국의 학교와 기독교

1630년대 미국의 메사추세츠에 정착한 청교도들은 매우 분명한 목표를 가지고 있었다. 그것은 다른 사회에 모범이 될 만한, 잘 조직된 기독교적 공동체를 만드는 일이었다. 그러므로 교육은 그들에게 종교적 경건과 사회적 안정성을 유지하는데 필수적인 일로 이해되었다. 학교에서의 읽기와 쓰기 교육은 모든 아동들로 하여금 성경과 종교적 규례를 이해하게 하고, 나아가 사회의 제반 법규들을 잘 지킬 수 있게 한다고 믿었다. 그래서 1647년에 제정된 메사추세츠 학교법률에는 학교교육의 중요성을 강조하여 지역사회가 학교를 설립하고 지원해야 함을 명시하였다.[1] 구체적으로 최소한 50가구 이상이 있는 마을에서는 읽기와 쓰기를 가르칠 교사를 한 명 지명해야 하고, 100가구 이상이 있는 마을은 한 개의 문법학교를 설립하도록 규정해 놓았다. 그러나 당시 학교교육에서 정부의 역할은 매우 제한적이었다. 대개 마을, 교회, 특정교단과 같은 단체나 목회자, 자선가, 주부와 같은 개인들이 학교를 설립하여 운영하였다. 정부는 학교의 인가, 위원회 구성, 교사 인증 등의 문제에 일부 관여하는 정도였다(Randall, 1994).

이 당시 미국의 학교에는 읽기와 쓰기를 중요한 교육내용으로 삼

---

2 이 법령은 "The Older Deluder Satan Act"라고 알려져 있다. 사탄이 사람들로 하여금 성경에 대해 무지하게 만들려고 노력하기 때문에 이에 대응하여 학교를 세워 성경을 가르쳐야 한다는 의미에서 이런 이름이 붙여졌다고 본다.

은 다양한 형태의 초등교육 수준의 학교들과 고전어를 주요 교육과정으로 하는 중등교육 수준의 '문법학교'가 존재했다. 초등 수준의 학교에는 공립학교에 가까운 '마을학교(town school)'와 사립학교에 속하는 '쓰기 학교(Writing School)²,' '부인학교(Dame school),' '사소한 학교(Petty School)' 등이 있었다(Kienel, 2005). 후에 보통학교(Common School)로 불리어지는 마을학교는 마을 주민들의 세금이 학교운영에 사용된다는 면에서 공립학교의 모습을 띠고 있다고 할 수 있다. 쓰기를 중요한 교육내용으로 한다는 점에서 '쓰기 학교', 주로 부인에 의해 부인의 집에서 교육이 이루어져서 '부인학교', 격식을 갖춘 학교라기보다 조그맣고 사소하게 교육이 이루어져서 '사소한 학교' 등의 명칭이 붙여졌다. 이들 학교들은 설립주체나 운영방식에서는 조금씩 달랐지만 학교의 설립목적이나 교육내용에서는 공통점이 많았다. 즉, 읽기와 쓰기를 중요하게 가르쳤고, 성경을 중심으로 한 신앙교육과 도덕교육을 강조했다는 점이다. 이들 학교에서 사용했던 가장 유명한 교재 중 하나인 '뉴잉글랜드 입문서(The New England Primer)'에는 하나님에 대한 신앙과 부모와 어른의 권위에 대한 순종을 강조한 내용이 다수 포함되어 있다. 그 책에는 주기도문, 사도신경, 십계명이 있고, 교리문답이 실려 있다.³ 이러한 교육의 내용은 권위에 대한 순종을 강조할 뿐 아니라 교재 내용의 암송이라는 교수방법에도 큰 영향을 주었다.

---

3 Kienel(2005)은 '쓰기학교'로, Spring(2005)은 '읽기와 쓰기학교'로 호칭함. 여기서는 혼용해서 사용할 것임.

4 이 책의 내용을 분석하면 종교적인 것 75%, 도덕적인 것 13%, 세속적인 것 12%로 종교적인 내용이 다수를 차지하고 있다(Kienel, 2005: 179). 19세기 미국의 가장 중요한 학교교재 가운데 하나인 '노아 웹스터 단어책(Noah Wester's spelling book)' 역시 '뉴잉글랜드 입문서'의 특징을 다수 가지고 있을 만큼 이 책이 미국교육에 미친 영향력은 크다 (Spring, 2005: 15-16).

당시 사회의 엘리트 집안의 자녀들이 다녔던 문법학교는 쓰기 학교와는 다른 교육목적과 교육내용을 가지고 있었다. 문법학교는 사회의 지도자들을 양성하는 것이 목적이었다. 예를 들어, 1635년 설립된, 미국에서 현존하는 가장 오래된 학교인 '보스톤(Boston) 라틴 문법학교'는 청교도 목회자 또는 청교도학교의 지도자들을 양성하는 것을 목적으로 하였다(Kienel, 2005). 1684년 New Haven에서 세워진 '홉킨스(Hopkins) 문법학교'는 "교회와 국가의 공적 봉사를 위해서 그리고 대학준비를 위해 라틴어와 다른 언어를 유망한 젊은이들에게 교육시키는 것"을 목적으로 한다고 진술하고 있다(Spring, 2005: 16). 전형적인 문법학교에서는 라틴어, 그리스어, 히브리어와 문학 작품 등의 고전교육을 중시했는데 그런 교육이 시민적, 종교적 리더십과 책임감을 준비시킨다고 믿었기 때문이다. 당시 문법학교는 중류계층의 사회적 지위를 향상시키는 중요한 기능을 수행하였다. 1700년까지 뉴잉글랜드 지역에 39개의 문법학교가 설립 운영되었다(Spring, 2005: 14-17).

1636년 설립된 하바드대학을 비롯한 대학들도 교육받은 목회자를 사회에 배출하는 것을 주요 교육목적으로 삼았다. 교육받은 종교지도자를 공급함으로 영국과 신대륙 식민지의 사회조직의 연속성을 유지하기 원했고, 식민지의 리더십을 갖추는 것을 목표로 하였다. 17세기 동안 하바드에서 공부한 졸업생들 가운데 절반이 목회자가 되었고, 나머지는 공직자- 도지사, 법관, 공무원- 의사, 대학교수, 학교장 등으로 진출했다는 통계를 보면 학교의 설립목적을 분명하게 알 수 있다.

Spring(2005)은 당시 뉴잉글랜드 지역의 이와 같은 교육시스템은 교육의 계층적 체제를 제공함으로써 기존의 권위와 질서를 보호하고자 하는 의도를 내포하고 있었다고 한다. 대부분 아동들이 다녔던 읽기와 쓰기 학교는 권위주의적 교육을 제공했고, 종교적 규범과 시민적 법규를 읽고 이해할 수 있는 기술만을 가르쳤다. 반면 문법학교나 대학들은 고전교육을 제공함으로써 사회의 미래 리더십을 훈련시켰다. 고전교육은 사회적 지위를 규명하고 부여하는 수단이 되었다. 이런 면에서 학교는 이데올로기적 관리를 하는 기관으로 기능했다고 볼 수 있다. 예를 들어, 펜실베니아의 경우 독일인의 이민이 늘어나자 영국 이민자들은 영어사용 학교를 설립하여 '문화적 영국화(cultural Anglicization)'를 시도하기도 하였다. 이처럼 학교교육을 특정 문화를 전파하는 수단으로 이해하고 사용한 것은 학교시스템이 이민자 그룹이나 소수인종들과 갈등을 유발하게 하는 요인이 되었다.

이 시기 미국 원주민들에 대한 교육은 주로 선교사들에 의해 이루어졌다. 이들의 주된 관심은 '미개한 이교도'인 원주민에 대한 개종과 문명화였다. 이들은 정부의 지원을 받아 미국 원주민 지역에 교회와 학교를 세우고 원주민들을 개종시키는 동시에 청결, 노동 윤리, 부의 축적의 즐거움, 쾌락의 억제, 아버지 중심의 핵가족 형성, 권위적 자녀 양육 등 전통적인 기독교 백인들의 문화적 가치를 교육하고자 노력하였다(김재웅, 2009). 대부분의 선교사들이 원주민들의 문화적 전통과 가치를 이교적이고 열등한 것으로 무시한 반면, 일부의 선교사들은 원주민들의 문화와 언어의 가치를 인정하고 그것을 보존하려고 노력을 기울이기도 하였다. 17세기 Thomas Mayhew, Jr.는 기독교와 서구문명화를 동일시하지 않고, 원주민들에게 하나님에 대한 믿음만을 전하려 노력하였다. 그는 원주민들과 함께 살면서 교육에 힘을 써 Wampanoag 부족의 문해률을 높이고 다음세대의 지도자를 양성하는 등 성공적인 교육을 수행하였다.

18세기에서 19세기에는 이후에 고등학교의 모델이 된 아카데미(Academy)가 활발하게 생겨난 시기였다. 1855년에 미 전국에 6,185개의 아카데미가 운영되었는데 이들 중 많은 학교가 기독교적 성격을 갖고 있었다. 그런데 미국에서의 아카데미는 먼저 발달했던 영국의 아카데미와는 성격이 달랐다. 영국에서는 사상의 자유의 중요성을 강조하는 지적혁명의 결과로 아카데미가 탄생하였다. 지적혁명은 교육의 일차적 목적이 개인들을 교회 또는 국가에 복종하게 만드는 것임을 비판하면서 교육이 보다 나은 사회를 만드는데 필요한 지적 도구와 과학적 지식을 제공해야 한다고 주장했다. 그러나 미국에서의 아카데미는 지적자유에 대한 강조보다는 사람들이 중류계층으로 진입하는데 필요한 문화와 유용한 지식을 가르치는데 중점을 두었다. 아카데미는 대개 공적(public) 통제와 재원, 사적(private) 통제와 재원의 결합으로 운영되었다. 아카데미는 문법학교와는 달리 실제적인 교육을 제공하는 기관으로 인식되었다. 1778년 설립된 Phillips Academy가 대표적인 예로 영어, 라틴어, 산수, 과학뿐 아니라 삶의 목적과 생활의 실제적인 면들을 가르쳤다. 그러다가 19세기 말에는 아카데미가 사회의 엘리트를 교육하는 기관으로의 정체성을 갖게 되었다(Spring, 2005: 35-36).

미국역사의 초창기인 17,18세기의 학교는 기독교 신앙과 분리해서 생각할 수 없다. 미국의 초기 이민자들의 주류를 차지했던 청교도들은 학교를 설립하고 운영하는 일을 철저히 신앙적 토대 위에서 하였다. 쓰기학교, 문법학교, 대학, 아카데미에서의 교육은 예외 없이 성경과 기독교적 교과내용을 가르쳤고, 교육목적도 교회와 사회의 기독교적 지도자를 양성하는 것이었다. 이미 이 당시 공립학교의 형태를 띤 학교들이 등장했지만 기독교교육의 정신은 공사립에 관계없이 학교의 중요한 토대를 이루었다(Kienel, 2005: 60). 그러나 당시 학교들이 사회의 특정 문화를 전파하는 수단으로 이용되어 기존의 사회적 계층을 고착화하는 기능을 수행하였는데 기독교가 이에 일정 부분 기여한 것도 사실이다.

2. 19세기 공립학교의 형성과 정착

1) 보통학교(Common school)운동의 배경과 의의

미국에서 공립학교는 17세기 초부터 존재했지만 오늘날과 같은 의미의 본격적인 공립학교제도는 1830년대에 시작된 보통학교로부터 시작된다. 이민 초기 식민지 시절부터 사람들은 학교교육에 관심을 갖고 교육적 활동을 수행해왔다. 앞서 설명한 것처럼 1640년대 메사추세츠주 법령은 일정규모의 마을에서 학교를 설립하도록 규정하여 학교교육을 강조하였다. 미국 정부는 공적 토지를 학교에 제공하고, 주민들의 세금으로 학교를 설립 운영하는 규정을 통해 학교교육에 대한 정부의 공적 지원과 통제를 하기 시작했다. 그러다가 1852년 메사추세츠주에서 미국 최초로 의무취학법이 제정되어 아동의 학교교육을 의무화하기에 이르렀다. 1830년대 이후 시작된 보통학교운동은 미국에 표준적인 공립학교 제도를 정착시키는 계기가 되었다.

1830년대와 1840년대 미국의 상황은 남북의 지역적 갈등, 동서의 정치적 갈등, 이민자의 급격한 증가, 산업혁명, 도시화 등으로 문화적 갈등과 사회적 불안이 야기된 시기였다. 이러한 상황을 해결할 새로운 방안을 찾던 일부 사회개혁가들은 정부지원의 학교제도가 사회개혁의 확실한 기초를 마련할 수 있을 것이라 믿었다. 그들은 공립학교가 문화적 조화, 경제적 번영, 사회적 정의를 미국사회에 가져올 수 있을 것이라 생각했다(Randell, 1994). 그리고 당시 이민자의 급격한 증가는 보통학교의 빠른 성장의 배경이 되었다. 1800년대 초기 여러 나라에서 온 이민자들이 급격하게 증가하자 미국사회에서는 공통의 가치를 교육함으로 나라의 통합을 이루게 할 필요성이 제기되었다. 1830년부터 1860년까지 독일과 스칸디나비안 나라들을 비롯한 유럽의 여러 나라에서

온 이민자들이 무려 450만 명이나 되었다(Kniker, 1984). 그러므로 다양한 배경의 아동들을 한 곳에서 같은 교육을 하는 보통(common)학교는 통합된 한 나라를 건설하는데 매우 좋은 방법으로 생각되었다.

보통(common)학교는 다양한 가정배경의 아동들에게 공통의 (common) 교육적 기회를 제공하여 공통의 시민의식과 가치체계를 가르치고 공통의 경험을 하게함으로써 사회적 통합을 추구하는, 정부 지원의 교육기관으로 정의될 수 있다(Kniker, 1984: 169-170). 보통학교에서 하는 공통의 시민의식(citizenship) 교육에는 애국심, 미국역사에 대한 지식, 정치적 과정에 대한 이해와 유권자의 책임의식, 의사소통의 능력과 비판적 사고능력 등이 포함된다. 이중에서 특히 애국심을 보통학교의 일차적 교육목표로 삼는 경향이 강했다. 19세기 학교에서 사용했던 교재들의 저자들이 지닌 가장 중요한 의무가 아동들을 국가에 충성하도록 하는 것이었다고 한다(Nord, 2010). 공통의 가치 교육과 관련하여 보통학교에서 어떤 공통의 가치를 가르쳐야하는지, 가치교육과 종교의 관계는 어떠한지 등이 중요한 이슈였다. 초기 보통학교에서는 도덕교육을 매우 중시하였고 성경이 도덕성의 기초를 제공한다고 믿어 학교에서 성경읽기가 허용되었다. 그러다가 점차 도덕교육이 종교와 분리되어 마침내 학교에서 성경읽기가 금지되는 상황에 이르렀다.

Spring(2005)은 보통학교 운동의 세 가지 주요 특징들을 다음과 같이 요약하였다. 첫째, 공통의 학교건물에서 모든 아동들을 교육시킨다는 점이다. 다양한 종류의 종교적, 사회계층적, 인종적 배경을 지닌 아동들이 한 학교에서 공통의 정치적, 사회적 이념을 교육받음으로 사회집단 사이의 적의와 분열을 해소시키고 통합을 이룰 수 있다고 생각했다. 둘째, 학교를 정부 정책의 수단으로 사용했다는 점이다. 보통학교 개혁가들은 국가의 사회적, 정치적, 경제적 문제해결과 정부의 교육정책과의 직접적 연결을 강조하였다. 셋째, 지역학교들을 통제하는 주정부의 행정기관들을 만들었다는 점이다. 1812년에 뉴욕에서 처음으로 학교의 교육감 지위[4]가 만들어졌고, 1837년에는 메사추세츠주에 교육감 지위가 생기게 되어 초대 교육감으로 Horace Mann이 추대되었고, 그에 의해 보통학교운동이 강력하게 추진되었다.

　Horace Mann은 오랜 세월 동안 미국사회의 문제점들을 해결하는 방안을 찾던 중 마침내 학교교육이 그 해결책이 될 수 있다는 믿음에 이르게 되었다. 그래서 그는 메사추세츠주의 초대 교육감이 되어 학교교육을 통한 미국사회의 개혁을 추구하였다. Mann은 학교교육 가운데 도덕/가치교육을 가장 중시하였고, 도덕교육은 종교교육이 기초가 되어야 한다고 믿었다. 그래서 그는 학교에서 성경의 사용을 지지하였고 성경으로부터 기독교의 보편적인 도덕을 찾아서 가르쳐야 한다고 주장하였다. 그러나 성경을 가르칠 때는 기독교의 다양한 종파적 특성이 나타나지 않도록 성경을 해석하지 말고 본문을 있는 그대로 읽도록 하였다. Mann은 당시 사회적 관심사였던 가난과 계급 갈등 문제도 보통학교교육으로 해결할 수 있다고 믿었다. 보통학교에서 함께 공부하는 다양한 계층의 아동들은 계급의식에서 야기되는 대립을 완화시킬 수 있고, 보통학교는 사회의 전체적 부를 증대시킴으로 자본가와 노동자 간의 갈등을 제거시킬 수 있다고 보았다. Mann을 비롯한 보통학교 개혁가들은 학교교육이 다른 어떤 수단보다 사람들의 조건을 평등하게 만드는 훌륭한 기제라고 믿었다.

　보통학교운동의 의의에 대한 해석은 다양하다. 가난한 사회적 계층의 아동에게 공통의 교육적 기회를 제공함으로써 사회의 평등화를 이

5　혹 교육위원회 의장으로 불릴 수 있다. 영어로 'secretary of state board of education'이다.

루고자 한 민주적 운동으로 보기도 하고, 보통학교교육을 통해 경제적, 정치적, 사회적 문제를 해결함으로 다수의 사람들에게 혜택을 주는 교육적 시스템의 발전에 기여한 교육운동으로 보기도 한다. 반면 보통학교운동이 기존의 사회질서를 유지함으로써 당시 정치엘리트들의 사회적 지위를 보호하고 새로운 산업사회에 필요한 훈련된 인력을 공급하는 것을 목적으로 했다고 보기도 한다(Katz, 2001). 보통학교에서 비판적 사고력을 기르는 지식교육보다는 순종을 중시하는 도덕교육을 강조하고, 전문가(professional)로서의 교사보다는 기술자(technician)로서의 교사 양성에 치중하고, 주입식 교육방법을 주된 교수방법으로 사용한 것은 기존 질서에 대한 순응적 태도를 강조한 의도를 반영한 것이라 보기도 한다(김재웅, 2001).

Kaestle(1983)은 보통학교운동이 미국에서 WASP(백인 앵글로색슨 개신교)문화의 지배를 강화하는데 중요한 역할을 했다고 주장한다. 그에 따르면 보통학교운동이 강조한 미국의 기독교 앵글로 문화의 특징들은 다음 네 가지이다. 첫째, 좋은 도덕교육은 좋은 사회를 만들 것이라는 믿음이다. 그래서 가난한 집의 아동들이 개인적 노력을 통해 그들도 사회적 향상을 할 수 있다는 사실을 배운다면 사회에서 가난의 문제가 해결될 수 있으리라 본다. 둘째, 여성의 역할 가운데 자녀양육의 중요성을 강조하고, 아동의 성격 형성에서 가정과 사회적 환경의 중요성을 강조한다. 셋째, 재산의 가치에 대한 존중과 경제적 성공의 기회에 대한 믿음이다. 누구나 재산을 소유하고 교육을 받을 기회를 가져서 경제적 성공을 성취할 수 있다는 것을 강조한다. 넷째, 미국의 개신교 문화의 우월성에 대한 믿음이다. 개신교의 가치를 미국의 가치와 동일시한다. 그래서 모든 사람들이 개신교의 문화 안에서 교육을 받아 사회적 통합을 이룰 필요가 있다고 본다(김재웅, 2001; Spring, 2005: 92-97).

보통학교의 저변에 깔려있는 이러한 이데올로기는 사회의 경제적, 정치적 구조를 변화시키는데 관심을 두기보다 개인의 교육에 기초한 사회적 개선을 추구한다는 면에서 보수적이란 평을 받는다. 또한 개인들을 기존의 정치적, 사회적, 경제적 조직의 요구에 부응하도록 교육함으로써 이상적 사회를 만들 수 있다는 낙관론적 세계관에 기반하고 있다.

보통학교운동이 가난한 가정의 아동에게도 계층에 관계없이 평등한 교육적 기회를 제공하는 정의적(正義的) 관점을 가졌을 뿐 아니라 성경을 기반으로 한 도덕교육을 강조했다는 점에서 기독교적 가치를 반영했다고 할 수 있다. 물론 그 이전 학교에서 전통적인 기독교 신앙교육을 실시해왔던 기독교인들에게 보통학교교육은 자신들의 신앙적 색채를 제거하도록 요구하는 세속적 교육으로 비춰지기도 했다. 그러나 미국의 주류 기독교인들 다수는 공립학교에서 종파주의적 교육을 원하지 않았고 대신 종교에 기초한 도덕교육이나 종교에 관한 교육을 선호했기에 보통학교운동의 지지자가 되었다(Kniker, 1986).

2) 보통학교운동과 소수자/다문화

보통학교운동은 미국의 모든 아동들에게 공통의 정치적 신념, 종교적 가치, 도덕적 가치를 가르치고자 했다. 이는 필연적으로 다양한 배경을 지닌 가정으로부터 반발을 불러일으킬 수밖에 없었다. 보통학교운동의 토대가 된 미국의 주류문화인 백인 앵글로 개신교 문화를 수용하기 어려운 다양한 집단들, 대표적으로 가톨릭교인, 흑인, 미국 원주민 등은 보통학교정책과 갈등을 겪게 되었다. 이러한 갈등을 거치면서 미국의 공립학교제도는 정착되어갔다.

19세기 상반기까지 아일랜드로부터 종교적 핍박과 굶주림을 피하여 백만 명 이상의 많은 아일랜드인들이 미국으로 이민을 왔다. 이들의 종교는 대개 가톨릭이었다. 이들은 보통학교에서 사용되고 있는 개신교 성경인 King James Version과 반가톨릭적인 설명이 있는 수업교재에 대해 문제를 제기하였다. 이에 대해 뉴욕 주지사 William Seward는 1840년 가톨릭에서 가톨릭학교를 세워서 운영할 때 주정부가 재정지원을 할 수 있도록 하자는 안을 제출하였다. 그리고 필라델피아 공립학교 교육위원회에서는 1843년 가톨릭 아동들이 공립학교에서 개신교 성경이 아닌 그들의 가톨릭 성경을 이용할 수 있게 하고 다른 종교적 가르침에 대하여는 회피할 수 있도록 하자는 안을 결정하였다. 이러한 제안들이 다수의 미국인들에게 미국의 개신교적 문화와 가치에 위협을 줄 것이라는 우려를 갖게 하였다. 이러한 우려는 뉴욕시와 필라델피아에서 개신교도와 아일랜드 가톨릭교도 사이에 갈등을 유발하여 마침내 폭동이 일어나서 사람들이 죽고 가톨릭교회가 불타는 일이 발생했다. 이러한 상황에서 19세기 중엽 미국 가톨릭교회의 공회의에서 모든 가톨릭교회는 교구학교를 세우고 부모들은 자녀를 가톨릭학교에 보내도록 하는 결정을 내렸다. 이후 가톨릭학교는 미국의 교육시스템에서 대표적인 사립학교로 자리를 잡아갔다(Randall, 2005; Spring, 2005).

보스톤은 공립학교 시스템이 제일 먼저 갖추어진 대표적인 도시 가운데 하나이다. 보스톤에서는 19세기 초기에 흑인들도 공립학교에 다닐 수 있는 기회가 주어졌다, 그러나 실제 공립학교에 다니는 흑인 아동들은 거의 없었다. 이유는 경제적인 면도 있었지만 인종적 편견이 크게 작용했기 때문이다. 그래서 흑인공동체는 보스톤 교육위원회에 흑인 학생들을 위한 별도의 학교를 허용해 줄 것을 요청하였다. 1806년 보스톤시의 공적 자금과 일부 시민들의 기부금으로 흑인을 위한 분리학교가 설립되었다. 그러나 이후 흑인 공동체에서는 이 학교의 교육적 수준이 다른 학교들에 비해 떨어진다는 사실을 발견하고 다시 일반 공립학교에 흑인 아동들을 보낼 수 있도록 요청하였고, 이에 1855년에 보스톤 공립학교는 인종구분을 하지 않는 통합교육을 하기로 결정하게 된다. 그러나 미국전역에서 인종 통합학교가 실질적으로 운영된 것은 오랜 시간이 지나 1950년대와 1960년대 민권운동의 결과로 이루어지게 되었다.

18,9세기 미국의 워싱턴과 제퍼슨 대통령은 미국 원주민의 땅을 획득하기 위하여 먼저 전쟁보다는 협상을 통한 매입이라는 방식을 취하기로 하였다. 이를 위해서는 원주민들의 가치관과 문화를 변화시킬 필요가 있었고, 교육이 이러한 역할을 수행하였다. 그래서 원주민 지역에서 활동하는 선교사들을 지원하여 원주민들의 소유에 대한 인식과 사냥을 위주로 삼는 생활방식이나 공동체 생활방식 등을 변화시키기 위해 노력하였다. 그러나 땅 획득을 위한 협상이 실패로 돌아간 후 강제 이주가 일어났고 원주민들은 '인디언 보호구역'에 갇혀 살게 되었다. 이때의 원주민 교육은 동화(assimilation)를 목표로 하는 전형적인 식민지 교육의 모습을 갖게 되었다. 이 당시 미국 전역으로 확산되던 보통학교 정책을 미국 원주민교육에도 적용하였다. 즉, 과거 원주민들의 삶의 방식을 거부하고 기독교적 가치를 기반으로 하는 '문명화된 삶의 방식'을 수용하도록 했다. 영어 읽기, 쓰기, 말하기 등 기초능력의 함양, 개인주의 가치 주입, 문명화의 원천으로서 기독교화, 서구적 의미에서의 시민정신 함양 등이 이루어졌다(김재웅, 2009).

이 때 미국 원주민들을 위한 학교로는 '보호구역 안 주간학교,' '보호구역 안 기숙학교 '보호구역 밖 기숙학교' 등이 있었다. 미국정부는 학생들을 미국의 주류문화에 동화시키는 데는 보호구역 밖 기숙학교가 가장 효과적이라 판단하여 이 학교유형을 장려하였다. 아동을 일찍부터 가족과 지역공동체의 영향으로부터 멀어지게 하는 것이 좋다고 생각한 것이다. 그러나 많은 원주민 부모나 학생들은 자신들이 사는 지역을 떠나 기숙학교에 가는 것을 반대하였다. 그리고 기숙학교에서 이루어지는 원주민의 긴 머리 깎기, 교복입기, 영어이름 갖기 등의 서구적 교육에 대해 반발하는 학생들이 많았다. 원주민 학생들 가운데는 기숙사에서 학교의 의도와는 달리 인디언으로서의 정체성을 갖게 되는 일도 빈번하게 일어났다. 동화와 문명화를 목표로 한 원주민 기숙학교의 문제점에 대해 계속 비판이 있자 1900년대 초에 보호구역 밖 기숙학교는 폐지하게 되었다.

그러나 Choctaw와 Cherokee와 같은 일부 원주민부족들에서는 보호구역 안에서 학교가 안정적으로 정착하기도 했다. 일부 원주민공동체들은 선교사들의 협조를 받아 자신들의 학교를 설립하여 운영하였다. 대개 자기 부족 출신의 교사들이 주류를 이루었고, 영어와 부족언어의 이중언어로 교육을 하였다. 학교에서 가르친 교과과목은 주위 지역에 있는 보통학교의 과목과 유사하였다. 거주지역에 세우진 아카데미에서는 다른 아카데미와 마찬가지로 그리스어, 라틴어, 프랑스어, 독일어 등의 외국어를 가르치기도 하였다.

3) 미국 공립학교제도의 정착과 변화

보통학교운동 개혁가들은 모든 학교가 공통의 도덕과 정치철학을 가르칠 뿐 아니라 학교조직이 표준화되어야 한다고 믿었다. 그래서 표준화된 교육과정과 교수법의 개발, 수업에 대한 장학활동, 학년별 학교운영과 학년에 따른 교재 사용 등을 중요시하였다. 이를 효과적으로 하기 위해 학교체제는 장학과 행정을 담당하는 통제그룹인 행정가들과 학생 교육을 담당하는 종속그룹인 교사들로 구성되는 계층적 조직으로 발전하였다. 남성들이 행정가 그룹을 맡았고 여성들이 교사그룹의 주류를 차지하게 되었다. 당시 보통학교에서 여교사들이 주가 된 것은 상대적으로 적은 임금수준 때문이기도 했지만 당시 학교에서 요구한 도덕교육과 사회적 관습에 대한 순응적 태도를 가르치기에는 여성이 더욱 적절하다고 믿었기 때문이었다.[5] 더구나 남성교사는 교직의 낮은 처우로 인해 이직률이 높아 교직의 안정성을 해쳐서 기피되곤 하였다. 주에 따라 차이가 있지만 대개 보통학교 교직의 50~70%의 교사들이 여성이었고, 교사들의 연령이 아주 낮아 대개가 이십대 중반 이전인 것은 교사들의 낮은 처우와 관련이 있었다.

19세기에 미국의 학교들은 점차 관료조직의 형태를 갖게 되었다. 관료적 조직은 당시 사회의 산업화 현상과 일치하는 조직형태였다. 규칙적인 출석과 정확한 시간 지키기는 산업사회에서 매우 중요한 규범으로서 이러한 것들은 학교에서 중요하게 교육되었다. 그리고 학교에는 교육감, 교장, 교감, 교사와 같이 각각 다른 역할을 수행하는 조직의 계층화가 이루어졌다. 1848년에 처음으로 나이에 따라 학년이 구분되고 학년별로 교육이 이루어지는 Quincy School이 개교를 하였다. 학년별로 구분되어 교육이 이루어지는 이런 학교는 곧 미국 전역에서 학교의 표준이 되었다.

19세기 후반 미국의 학교에서 가장 보편적으로 많이 사용했던 책이 William McGuffey의 독본이었다. 이 책은 1학년부터 6학년까지 학년별 교재로 1870년에서 1890년까지 6천만 부나 팔린 베스트셀러였다. 75년 동안 미국 어린이들의 80%가 이 책을 갖고 공부를 했다고 한다

---

6 당시 Massachusetts 주의 여교사 봉급은 남교사의 약 40%에 불과하였다고 한다. 그 결과 Massachusetts 주의 경우 1834년에 56%였던 여교사 비율은 1860년에 78%로 늘어났다 (김재웅, 2001).

(Kienel, 2005: 178). McGuffey의 독본은 보통학교의 교육목표와 일치하여 점차 발전하는 산업사회에서 바람직한 행동규범을 가르치는 도덕적 교훈이 중심이 되어있다. 주기도문과 성경 이야기와 같은 종교적 내용, 역사와 자연에 대한 글, 시와 이야기, 경제문제에 대한 글 등 다양한 내용과 형식을 갖추고 있다.[6] 그 책에서는 부를 하나님이 주신 축복으로 인식하고 있고, 부의 집중으로 인해 가난한 자와 부유한 자의 사회적 격차가 증대되는 산업사회에 대하여 수용적 태도를 지니고 있다. 부자들에게는 가난한 자에게 자선을 베풀 것을 요구하고 가난한 자들에게는 부자들에 대해 적대감을 갖기보다는 절약하고 근면한 도덕적 생활을 하도록 가르치고 있다.

학교를 가난과 범죄와 같은 사회적 문제를 해결하는 수단으로 본 것은 19세기 초 보통학교의 시작부터 지속적으로 가져온 관점이었다. 19세기 전반기에는 교실에서의 수업을 통해 이러한 목적을 성취할 수 있다고 믿고 도덕교육을 중시하였다. 그러다가 19세기 후반기에는 미국사회가 산업화, 도시화되면서 도시 범죄와 소외 등 더 많은 사회적 문제가 발생하자 학교는 사회적 서비스를 제공하는 중요한 사회적 기관으로서의 역할을 수행하였다. 지역주민을 위한 방과후 레크레이션 활동을 실시한다거나, 학교건물에서 마을 오케스트라와 합창단을 조직하여 운영하고, 여성클럽의 저녁 모임을 학교건물에서 하기도 했다. 학교 로비에 마을의 아트 갤러리를 설치하기도 하고, 학교건물을 마을 주민들의 정치적 토론의 장으로 삼기도 하였다. 이처럼 많은 학교들이 사회적 센터의 역할을 수행하자 학교건물을 건축할 때 지역주민들의 편

---

7   McGuffey 독본의 내용은 도덕적인 내용 56%, 종교적인 내용 22%, 세속적인 내용 22%로 도덕적인 측면을 강조하고 있다.

리한 사용을 고려한 구조를 만들기도 하였다. 미국에서 유치원 역시 사회적 기관의 역할을 수행한 예가 된다. 미국에서 공립유치원이 1873년 처음 개원하였는데 이는 도시의 가난 문제를 해결하기 위한 방안이었다. 어린 아동을 도시의 나쁜 영향으로부터 보호하고, 공동체 생활에 필요한 덕성과 태도, 즉 공손함, 순종, 청결, 자기통제 등을 가르치고, 초등학교에 들어갈 준비를 시키는 것이 유치원의 주요 교육내용이었다. 이에 따라 원래 유치원교육에서 중시하였던 창의적 놀이와 자기표현 등은 점차 약화되어갔다(Spring, 2005).

20세기 들어 도시에서 이민자들의 수가 급격하게 늘어나 뉴욕, 시카고, 보스톤 등의 대도시에서는 외국에서 태어난 부모를 가진 학생 비율이 60%를 넘었다. 이러자 학교에서는 성인들을 위한 야간 학교를 열어서 영어, 미국정부, 귀화제도에 대한 교육을 실시하여 그들을 '미국화(Americanization)'시키고자 하는 노력을 기울였다. 학교를 수업하는 기관뿐 아니라 사회적 기관의 역할을 하게 하여 기존의 가정과 마을공동체가 담당하던 기능을 학교가 대신하게 한 것도 이민자들을 빨리 미국화 시킬 필요성이 있었기 때문이었다.

19세기는 미국의 공립학교가 형성되고 정착한 시기였다. 모든 아동들에게 주정부의 지원으로 평등한 교육기회를 제공하고 공통의 가치규범을 가르치고자 한 보통학교운동에 다수의 기독교회는 지지의 입장을 보였다. 물론 자신들의 고유한 신앙전통과 가치를 전수하기 원했던 독일과 화란의 이민자들이 중심이 된 루터교도나 칼빈주의자들은 자신들의 전통을 가르치는 기독교학교를 설립, 운영하기도 하였다. 보통학교에서의 교육이 성경에 기반한 기독교의 공통교리를 가르치고 학교에서 사용된 교재들이 기독교적 내용을 다수 포함하고 있어 다수의 기독교인들은 보통학교교육에 거부감이 없었다. 그러나 일부의 기독교인들은 보통학교운동을 주도한 Mann의 신앙이 복음적이 아닌 유니테리언 (Unitarianism)적 성향으로 그가 갖는 휴머니즘적 교육철학이 보통학교 정책에 강하게 나타난다고 비판하기도 했다. 또한 이민자들의 증가, 특히 가톨릭이민자들의 증가는 보통학교에서 자연스럽게 수용되던 개신교적 성향의 교육에 대한 문제제기와 개신교 외의 종교계학교들에 대한 공적지원이 가능한지에 대한 논쟁을 일으켰다. 17,18세기처럼 대체로 공통의 기독교적 신앙전통과 문화를 지니고 있던 시대의 학교에서와 다양한 배경의 이민자들이 들어와 살고 있는 사회의 공립학교에서는 교육이 어떻게 달라야하며 어떤 공통의 유산을 전승해야하는지에 대해 심각한 질문을 제기한 셈이다.

3. 20세기 공립학교의 변화: 인적자본론과 시민권운동

20세기 들어 미국은 대공황과 세계전쟁들을 겪으면서 교육을 정부, 특히 연방 정부의 정치적 목적이나 사회화와 긴밀한 관계를 갖는 것으로 보게 되었다. 학교가 1950년대는 공산국가와 냉전에서의 승리를 위해, 1960년대는 가난을 종식시키기 위해, 1970년대는 실업의 문제를 해결하기 위해, 1980년대는 미국을 세계의 경제, 기술의 지도국가로 재정립하기 위해 역할을 수행하도록 요구받았다(Randall, 1994). 그 중에서 특별히 20세기 동안 지속적으로 학교의 중요한 목적으로 요구받은 것은 국가의 경제적 발전을 위한 인적자본을 개발하는 것이었다. 고등학교(senior and junior high school)와 직업교육의 발달이 이러한 교육에 대한 이해와 관련되어 나타났다. 학교가 특정 직업에 알맞은 개인을 선발하는 역할을 하기도 하고, 학생들이 직업을 얻는데 필요한 교육을 제공하기도 했다.

당시 고등학교 교육의 표준이 된 것은 사회적 효율성(social efficiency)이었다. 사회적 효율성은 학교가 학생들을 잘 훈련시켜 사회에서 특정 역할을 잘 수행하게 하고, 일을 수행함에 있어 협력적인 사람이 되도록 교육하는 것을 중시하였다. 클럽활동, 체육활동, 학생회 등 고등학교에서 이루어지는 다양한 활동들도 이러한 목적을 위해 활성화되었다. 19세기에 처음 도입된 고등학교는 당시에는 소수의 학생들만 교육받는 엘리트학교로 간주되었지만 20세기 들어와서는 고등학생의 수가 급격히 늘게 되었다. 1890년에는 불과 이십만명 정도였는데 1920년에는 이백이십만명으로 증가했고 1940년에는 학령기 청소년의 2/3인 육백오십만명으로 늘어서 고등학교가 보편적 교육기관으로 자리 잡았다. 19세기 말까지 고등학교는 대학진학을 희망하는 학생들을 위한 교육과정과 고등학교를 마치고 직업을 얻기를 희망하는 학생들을 위한 교육과정을 별도로 운영하였다. 그러다가 교육내용이 학생의 가정 계층에 따라 달라지는 것에 대한 문제제기가 있어 학생 개인의 관심과 필요를 고려하면서도 계층에 따라 차별되지 않는 교육을 추구하게 되었다(Spring, 2005).

교육적 기회의 평등성이 이 시기 중요한 교육 정책의 목표 중 하나였다. 19세기에는 모든 아동에게 동일한 보통교육을 제공함으로써 교육적 기회의 평등이 이루어진다고 믿었다. 그러나 20세기에는 교육적 기회의 평등이 직업에 대한 가이드와 차별화된 교육과정 등을 통해 교육제도의 한 부분으로 자리 잡았다. 학생들은 하나의 공통된 교육을 받는 것이 아니라 개인적 차이에 기초하여 다른 교육을 받게 되었다. 사회적 지위를 향한 경주가 점차 시장이 아닌 학교에서 먼저 이루어지게 되었고, 이는 학교에서의 선발이 '객관적'으로 이루어진다고 하여 정당화되었다. 교육적 기회의 평등성에 대한 이러한 이해는 전문가와 학교에게 개인의 사회적 지위를 결정하는 중요한 역할을 부과한 셈이다.

전통적으로 학교의 정책 수립에서 중요한 역할을 수행한 기관은 교육위원회(school board)였다. 교육위원회는 지역의 엘리트들이 주로 그 역할을 맡았는데 기업가들이 위원회의 다수를 차지하였다. 그래서 학교의 운영에 기업가적 사고와 태도가 중요하게 반영되곤 했다. 그러다가 20세기 들어서 교육위원회의 권한이 학교의 전문행정가들에게 서서히 이양되었다. 하지만 교육 행정가들이 교육정책을 집행할 때 이들 역시 과학적 관리론의 영향으로 기업가적 사고방식으로 접근하는 경향을 보였다.

교육을 인적자본 개발을 위한 수단으로 보는 관점이 20세기 들어 정착한 학교교육에 대한 중요한 관점이라면 시민권운동은 20세기 공립학교의 변화에 큰 영향을 끼친 중요한 사건이었다. 1940년대부터 시작되어 1960년대 절정에 달한 시민권 운동은 흑인을 비롯한 미국원주민, 히스패닉 등 소수인종들에게 백인들과 동등한 시민으로서의 법적, 실질적 권리를 향유할 수 있는 길을 열어주었다. 시민권운동을 영국 이민자들이 북미 대륙에 정착하여 기독교 앵글로 미국문화가 미국의 주류문화라고 주장한 이래 시작된 문화전쟁의 계속되는 한 형태라고 보기도 한다(Spring, 2005). 기독교 앵글로 문화가 미국의 주류문화가 되어야 한다고 주장하는 이들은 미국원주민, 흑인, 히스패닉, 가톨릭이민자들을 '문명화'하고 그들의 원래 문화로부터 벗어나게 해야 한다고 주장했다. 시민권운동은 이러한 개신교 앵글로 미국문화의 지배를 반대하는 소수인종 미국인들에 의해 주도되었다는 것이다. 이들은 그들의 문화에 대한 인정과 회복을 강조하면서 공립학교에서의 문화적 다원주의를 요구하였다. 그리고 학교분리(school segregation)와 인종차별적 교육활동을 금지하도록 요청하였다. 미국에서 학교의 분리금지는 미 정부에 의해 시작된 것이 아니고 흑인과 히스패닉 공동체의 오랜 세월 노력의 결과로 얻어진 것이다.

미국의 대법원은 1954년 Brown v. Board of Education of Topeka 의 판결로 학교분리 금지 결정을 내렸다. 그러나 실제 학교에서의 분리 금지 정책은 1950, 60년대 시민권 운동의 결과로 서서히 시행될 수 있었다. 이 운동의 영향으로 1964,5년에 경제적기회법(EOA)과 초중등 교육법(ESEA)이 제정되었고, 이러한 법령 하에서 Head Start 프로그램 이나 Title I이 시행되어 가난한 아동들에게 향상된 교육프로그램을 제 공하게 되었다. 시민권리의 법제화는 연방정부로 하여금 학교가 소수 자 그룹에 대한 차별적 조치를 취하지 못하도록 하는 책임을 부과하였 다. 몇 개의 지역에서 시작된 시민권운동이 전국적인 운동으로 발전한 데는 비폭력저항이라는 운동방식이 중요하게 작용했다. 이러한 비폭 력 저항방식은 1930년대 크리스찬 학생운동으로부터 시작되었고, 마 틴 루터 킹 목사의 리더십 하에 확고한 방법으로 정착되었다(Spring, 2005: 409-411).

시민권운동은 미국원주민, 멕시칸, 푸에르토리칸 등 자신의 언어와 문화를 유지하고 싶어하는 소수인종 미국인들에게 이중언어 교육과 다 문화교육을 공립학교에서 실시해주도록 요구하게 만들었다. 1968년 이중언어교육법이 통과되어 지역에 따라 공립학교에서 영어와 다른 하 나의 언어를 동시에 사용할 수 있게 되었다. 1960년대 이후 오늘날까 지 이어져오고 있는 다문화교육에 대한 논쟁은 복잡한 양상을 띤다. 다 문화교육을 주장하는 이들은 공립학교에서 다양한 소수자들의 문화를 존중하고 가르칠 때 인종적, 성별에 따른 편견을 제거하고 평등한 교육 적 기회를 제공할 뿐 아니라 소수아동들에게 자아존중감을 형성할 수 있다고 주장한다. 이들은 다문화교육이 단지 다문화적 요소를 교육과정에 포함시킬 뿐 아니라 학교의 모든 교사와 교과목이 다문화적 관점을 지녀야 한다고 주장한다. 반면 다문화교육에 반대하는 이들은 미국사회의 통합을 위해서는 미국인들이 공유해야 하는 핵심가치가 필요하고, 그 핵심가치는 초기 미국의 전통인 개신교 앵글로 문화로부터 도출되어야 한다고 주장한다. 이들은 영어와 앵글로 문화를 토대로 미국사회가 통합되는 것을 이상적으로 본다.

20세기 들어 확고하게 자리잡은 인적자본론 관점의 학교교육에 대해서 기독교인들은 비교적 적극적인 지지의 입장을 취했다. 시민권운동으로 인종차별의 벽을 넘어 소수인종의 교육적 권리가 확산된 것에 대해서는 성경적 정의의 관점에서 긍정적으로 볼 수 있다. 그러나 다수의 보수적 기독교인들은 시민권운동이 미국의 전통적인 기독교 가치와 문화에 위협을 가하지 않을까 우려를 나타내었다. 그래서 시민권운동으로 나타난 다문화교육이나 이중언어 교육에 대해 반대하는 기독교인이 많이 있었다. 그럼에도 불구하고 기독교신앙은 시민권운동을 주도하는데 중요한 영향을 끼쳤다. 마틴 루터 킹 목사와 흑인 교회들은 시민권운동의 중심에 있었고, 비폭력적 저항방식이 시민권운동의 중요방식으로 자리 잡게 된 데도 기독교단체의 영향이 컸다. 미국에서 인종차별 철폐와 소수자에 대한 평등한 교육을 위한 노력에는 기독교적 가치가 중요하게 자리 잡고 있다.[7]

---

8 미국에서 흑인노예를 해방시킨 최초의 사람들은 기독교의 한 종파인 퀘이커교도였다. 남북전쟁이 일어나기 100년 전인 1770년 이미 부유했던 퀘이커교도들은 노예들을 모두 해방시켰다(Geenleaf, 2002). 1832년 한 퀘이커 교사는 코네티컷 사립여학교에서 흑인소녀들을 교육시켰다는 이유로 감옥에 가기도 했고, 켄터키의 한 기독교대학은 백인과 흑인 학생들에게 동일한 교육을 시켰다는 이유로 기소당하기도 했다(Randell, 2005).

4. 20세기 학교에서 21세기 학교로: 신자유주의
   교육의 강화

20세기 말에서 21세기에 들어오면서 표준화, 시험, 도덕교육, 기업이 요구하는 교육 등 보수적인 교육정책들이 주를 이루게 되었다. 그런데 미국에서 보수적 교육정책을 지지하는 대표적인 세력이 보수적 기독교인들이다. 이들은 1962년과 1963년 미 대법원이 그때까지 허용되던 공립학교에서의 기도와 성경읽기 금지 판결을 내린 후 이에 강력 반발하여 학교기도를 허용하는 헌법 수정 조항을 요구하거나 별도의 종교계학교 설립을 추진하였다. 이들을 포함한 미국의 보수주의자들은 시민권운동의 영향으로 확대되던 이중언어 교육과 다문화 교육을 폐지할 것을 요구하며 대신 기독교 앵글로 미국문화의 회복을 강하게 주장하였다(Apple, 2001).

보수주의자들이 추진한 '책무성(accountability)' 중심의 교육정책은 교육전문가들의 권력을 강화시킨 결과를 낳았다. 20세기 중엽 차별과 인종주의 문제를 극복하기 위한 지역주민 참여의 학교운영은 점차 전문적 교육가들에 의한 운영으로 변화되었다. 이들은 학교가 학생들의 시험성적을 정기적으로 공개하고 이에 근거하여 학교를 평가해야 한다고 주장하였다. 학교평가에는 전문적 지식이 요구되기 때문에 자신들의 전문성은 학교운영에서 매우 중요하다고 말했다.

1980년대 보수적 기독교인과 보수층의 지지를 업고 대통령에 당선된 레이건 행정부는 학교기도, 학교 선택, 도덕교육의 회복, 연방정부의 교육에 대한 개입의 최소화 등을 지지하고 추진하였다. 1983년 발표된 '위기에 처한 민족(Nation at Risk)'이라는 보고서는 세계시장에서 미국의 경쟁력이 일본이나 서독에 위협당하고 있는 현실을 지적하고 그 원인을 공립학교의 질적 저하라고 꼽았다. 이에 레이건 행정부는 학교의 학업적 기준을 높이고 교사의 수준을 향상시키고 교육과정을 개혁하는 교육개혁을 추진하면서 공립학교가 기업들과 보다 밀접한 관계를 갖도록 촉구하였다. 미국의 경제적, 사회적 문제를 해결하는데 필수적인 교육개혁은 미국의 지도자들과 기업가들이 연합할 때 성공할 수 있다는 믿음이 퍼져있었다. 1980년대 후반과 90년대 초의 부시 행정부도 기업이 미국의 노동력과 경제를 개선할 수 있는 교육시스템을 설계하는데 도움을 줄 수 있으리라고 생각하였다. 그래서 나비스코, 보잉, AT&T 같은 대기업의 대표들이 중심이 된 New American School Development Corporation(NASDC)에 의해 주도된 모델학교들이 500개 이상 설립 운영되기도 했다(Spring, 2005). 클린턴 행정부 역시 학교교육을 기업의 필요와 밀접하게 연결시켜 국제적 무역에서 경쟁력 있는 노동력을 생산하는 교육을 중시하였다.

학교 선택, 사사화(privatization), 협약학교, 다문화교육 등은 Mann의 보통학교의 이상과 배치되는 교육적 개념들이었다. 학교에 따라 추구하는 가치와 교육내용이 달라지는 학교선택이나 협약학교 등의 정책은 모든 학생들에게 공통의 문화, 도덕, 가치를 가르치는 보통교육을 실시하고자 한 보통학교의 이상과 정면 대립한다. 협약학교 정책은 사기업이 공립학교 운영에 참여하는 길을 열어주어 공립학교의 사사화에 박차를 가하게 되었다. 이러한 정책들은 다수의 보수주의자들과 일부의 자유주의자들에 의해 지지되었다. 보수적 기독교인을 포함한 보수주의자들은 학교기도를 금한 대법원의 판결과 다문화교육의 보편화 등으로 공립학교에서 미국의 전통적 기독교 주류문화가 약화되는 것에 대해 우려를 나타내었다. 그래서 학교선택과 협약학교 등의 교육정책으로 그들의 전통적 가치를 반영하는 학교를 설립할 수 있다고 보고 이들 정책을 지지하였다. 반면 일부의 자유주의자들도 이러한 정책들을 지지하였는데 이유는 이 정책들이 가난한 계층의 자녀들을 지원하는 방법으로 활용될 수 있다고 보았기 때문이다. 실제 학교선택이 시행된 주에서는 저소득층 아동들에게 거주지역에 관계없이 학교를 선택할 수 있도록 해주었다.

21세기 부시 행정부의 'No Child Left Behind(NCLB)' 법령은 20세기 후반부터 시행되어온 미국의 보수적 교육정책을 더욱 공고히 하였다. 학생들에게 의무적으로 표준화된 시험을 치게 하고 시험 결과를 공개함으로써 학교간, 그리고 교육구간 경쟁을 유도하여 교육의 질을 향상시키고자 한 것이다. 성적을 향상시키지 못한 학교의 학부모들에게는 자녀를 다른 학교에 보낼 수 있는 선택권을 부여하였다. 표준화시험의 실시는 전 학교에 단일한 문화를 심어주는 표준화 교육과정을 갖게 하였고, 이는 다문화교육이나 이중언어 교육을 억제하는 결과를 초래할 수밖에 없다. 다문화주의에 입각하여 자신들의 고유한 언어와 문화를 배운 소수인종 학생들이 백인 문화를 표준으로 하는 평가에서 좋은 결과를 내지 못하는 것은 당연하다고 할 수 있다. 소수인종의 목소리가 반영되지 않은 채 만들어진 NCLB에 대하여 이 법이 소수인종 교육에 대한 주권과 공동체의 선택권을 약화시키고, 소수인종의 필요를 채워주지 못하고 있다고 비판받는다.

미국의 교육사 초기부터 존재해 온 문화전쟁의 관점에서 본다면 NCLB는 단일문화의 교육을 강제하는 성격을 띤다고 볼 수 있다. 즉, 인성교육을 통한 도덕적 합의점 추구, 주 교육과정의 기준에 따른 교육과정의 표준화된 내용, 표준화된 시험, 영어능력 획득에 대한 강조 등이 합해져서 단일한 학교문화를 양산해 낸다고 할 수 있다. 그런데 Spring(2005)은 현재 미국의 대표적인 학교문화는 산업사회에서의 소비자문화의 성격을 갖는다고 말한다. 학교가 세계경제를 위해 필요한 근로자를 교육하기 위해 노력함에 따라 학교는 미래의 소비자를 훈련시키는 장소가 되고 있다는 것이다. 그래서 기회의 평등은 이제 소비할 기회의 평등을 의미하는 것으로 변했다고 한다. 미국의 25% 정도의 중고등학교에서 뉴스와 광고 방송인 Channel One을 시청하고 있고, 버거킹 회사는 Community in Schools (CIS)라는 회사와 함께 25개 이상의 학교를 설립하여 운영하고 있다는 사실이 기업이 학교에 깊이 침투해있는 예를 잘 보여주고 있는 셈이다.

1970년대 이후 기술개발과 경제성장을 위한 교육에 대한 반성과 생태적 관심의 발로로 환경교육 운동이 이루어졌다. 1990년대 공산주의의 쇠퇴 이후 소비주의의 일차적인 적은 환경주의(environmentalism)가 되고 있다. 현대문명의 확대와 대량소비, 환경오염에 대해 경고하는 환경주의자들에 대해 소비주의의 지지자들은 미국의 전통적 생활방식에 대한 위협으로 보기도 한다. 그래서 소비주의 지지자들은 현대문명의 결과로 지구온난화 현상이 발생하고 이로 인해 지구의 기후가 변하고 있다는 과학교과서의 진술을 비판하기도 한다(Spring, 2005).

Ⅲ. 미국의 기독교학교와 공교육

사실상 초창기 미국 학교의 역사는 기독교학교의 역사와 함께 한다. 학교의 공ㆍ사립 구분이 분명하지 않던 미국역사의 초기에는 대부분 학교들의 교육목적과 내용이 기독교 신앙과 밀접한 관계가 있었다. 미국 최초의 공립학교인 '보스톤 라틴문법학교'는 청교도들이 설립한 기독교학교로서 학교의 설립목적은 청교도 목회자 또는 청교도 학교의 지도자들을 양성하는데 있었다. 당시 초등교육 수준의 마을학교, 쓰기학교, 부인학교, 사소한 학교 등 대부분의 학교에서 성경을 배우는 것이 중요한 교육목적이었고 성경을 토대로 한 도덕교육이 강조되었다. 이런 점들을 고려한다면 17,18세기 미국의 학교 다수는 기독교학교라 할 수 있다. 18세기에 시작하여 19세기 전반까지 발달했던 아카데미 역시 기독교학교의 성격을 띠고 있었다.

그러다가 미국의 학교에서 기독교적 특성이 크게 달라지게 된 것은 1830년대 시작된 보통학교운동이 활성화되면서부터이다. 보통학교운동으로 사립학교는 감소하고 공립학교는 급격하게 증가했다. 1850년에 약 6,000개 정도였던 아카데미는 1925년에는 1,000여개만 남게 되었고, 반면 공립학교는 1925년에 18,000개나 존재하게 되었다. 보통학교에서는 기독교적 성격이 완전히 배제되지는 않았지만 특정 교단의 신앙적 색채가 드러나지 못하도록 했기 때문에 보통학교운동을 대하는 교회들의 반응은 다양하게 나타났다.

감리교나 장로교와 같은 미국의 주류교회들은 보통학교에서 성경읽기와 기도 등 신앙교육이 공식적으로 시행되고 있었기에 공립학교를 지지하고 지원하는 편이었다. 교회들은 공립학교 제도를 지지하면서 학교와 교회가 '평행적 기관(parallel institutions)'으로 존립할 수 있을 것으로 보았다. 평행적 기관이란 미국사회에서 교회와 (공립)학교가 병존하면서 각자의 교육적 역할을 수행하여 조화로운 관계를 가질 수 있음을 나타낸 말이다. 즉, 학교에서는 성경읽기, 기도 등을 포함한 신앙교육을 기초로 개신교가 토대된 미국적 가치와 도덕을 가르치고 교파를 초월한 기독교의 보편적 가르침을 베푸는 역할을 하고, 교회에서는 주일학교를 통해 자기 교파의 전통과 특수한 가르침을 베푸는 기능을 함으로 조화를 이룰 수 있다는 것이다(Carper & Layman, 1995). 그래서 이들 주류 교회들은 사립학교로서의 기독교학교 운동에 큰 관심을 기울이지 않았다.

이러한 주류 교회들과는 달리 독일 이민자들이 중심이 된 루터교회나 화란 이민자들이 중심이 된 개혁주의 혹 칼빈주의 교회는 18,19세기부터 자신들의 신앙전통에 토대한 기독교학교를 설립 운영하는 경향이 강했다. 독일에서 미국으로 이민 온 루터교인들은 1752년 뉴욕에 첫 루터교학교인 St. Matthew Lutheran School을 세운 이래 꾸준히 교회와 함께 학교를 설립하여 운영하였다. 특히 1847년 기독교교육에 큰 관심과 열정을 가졌던 미주리 루터교단(Lutheran Church – Missouri Synod)이 창립되면서 미주리 루터교회는 각 교회마다 학교를 하나씩 운영하는 것을 목표로 삼고 이를 실천하였다. 그리하여 교단 창립 후 25년이 지난 1872년에는 교회가 12개에서 445개로, 학교는 14개에서 472개로 증가하였고, 학생수는 30,000명이 넘게 되었다. 1982년에는 미주리 루터교단의 2,800,000명의 교인들이 1,584개의 초등학교와 61개의 고등학교를 지원하고 있고, 그곳에 177,171명의 학생이 다니고 있다(Diefenthaler, 1984).

루터교회는 루터교학교를 통해 자기 교회의 자녀들을 교육시키고자 했다. 특히 루터교의 신념과 교리를 보존하고 가르치는 일은 초기 루터교학교의 가장 중요한 목적이었다. 또한 루터교학교는 하나님께서 아이들에게 주신 재능을 개발하여 학생들이 교회와 국가를 위해 봉사할 수 있도록 교육시키는 일을 주요 목표로 삼았다. 이를 위해 다양한 교과를 가르치되 종교적 진리와 부합하도록 가르치는 것을 중요하게 생각했다. 그래서 루터교 학교에서 사용할 교재를 발간할 출판사인 Concordia Publishing House를 1869년 설립하였다. 또한 기독교학교 교사의 중요성을 인식하고 교사양성을 위한 학교를 1855년 처음 설립하였고, 이 학교가 발전하여 Concordia 교사대학으로 되었다. 오늘날 미주리 루터교단이 운영하는 대학만 해도 10개에 이르고 있다 (Schmidt, 2001).

개혁주의 기독교학교는 칼빈주의 기독교학교라 불리기도 한다. 이 말은 개혁주의 기독교학교의 뿌리가 16세기 종교개혁가 칼빈(John Calvin)에 닿아있음을 나타낸다. 화란에서 미국으로 이민 온 개혁주의 기독교인들은 1856년 미시간에 최초의 작은 개혁주의 기독교학교를 설립하였다. 19세기 말부터 아브라함 카이퍼의 사상에 영향을 받은 새로운 이민자들이 화란에서 미국에 대거 들어오게 되고, 이들에 의해 기독교학교운동은 활력을 찾게 되었다. 새로운 기독교학교의 지도자들은 화란의 기독교학교에서 교육을 받은 자들로 기독교학교의 목표를 교리교육이라는 좁은 틀에서 벗어나서 미국사회의 유능한 기독교시민으로 살아가도록 교육하고자 했다. 또한 그들은 카이퍼의 영향으로 영역주권(sphere sovereignty)의 원리에 따라 기독교학교가 국가나 교회의 통제로부터 벗어나야 한다고 주장하였다. 이 시기 개혁주의 기독교학교의 성장이 급격이 일어나 1890년에 15개 학교에 1,482명의 학생이 등록했는데, 30년에 지난 1920년에는 80개의 학교에 10,980명의 학생이 다닌 것으로 나타났다. 이런 학생 수는 당시 개혁교회에 다니던 자녀들 가운데 52%에 해당할 만큼 많은 숫자였다 (Van Brummelen, 1986). 2009-2010년 기준으로 국제기독교학교(CSI)에 가입되어 있는 미국 개혁주의 기독교학교는 학교수 324개, 학생수 74,667명이 재학 중인 것으로 조사되었다(U.S. Department of Education, 2012). 개혁교회는 언약신앙에 따라 자녀교육의 책임을 일차적으로 가정에 두고 있고, 나아가 교회공동체가 책임을 공유한다고 가르친다. 그래서 가정과 교회공동체는 협력하여 자녀들을 세상에서 하나님나라의 시민으로 살아가도록 교육시킬 의무를 갖는다고 한다. 그 교육적 책무성을 효과적으로 수행하기 위하여 기독교학교가 필요하고, 기독교학교에서는 하나님나라 관점으로 모든 교과지식을 이해하고 탐구하여 이 세상에서 하나님나라의 증인으로 살아가도록 교육할 것을 목표로 하고 있다.

루터교인이나 개혁주의 기독교인들과는 또 다른 이유로 미국의 전통적인 기독교 가치와 문화를 유지하고자 한 침례교도 중심의 보수적 기독교인들은 19세기의 공립학교 운동을 학교의 세속화로 보고 공립학교를 위한 세금사용을 반대하기도 하였다. 공립학교운동에 대해 비판적이던 보수적 기독교인들에 의해 기독교학교들이 조금씩 설립되다가 1960년대 이후 하나의 운동이 되어 급격하게 활성화되었다. 1800년대까지 기독교적 가치와 도덕이 비교적 잘 전승되던 미국사회가 1900년대에 접어들어 계몽주의 이념의 발흥으로 세속주의, 자연주의, 실증주의의 영향력이 증대되면서 기독교가 미국사회의 문화를 형성하는 힘으로 작용하지 못하게 되었다고 보았다.(Randall, 1994).

그리고 19세기 중엽부터 급격하게 증가한 이민자들과 함께 유입된 다양한 종교와 문화의 영향과 20세기 중엽의 시민권운동의 영향으로 미국사회가 급격히 다종교사회 혹 탈종교사회로 변화하게 되었다는 것이다. 이러한 사회적 변화에 위기의식을 느끼고 있던 보수적인 교회와 기독교인들은 1962년과 1963년에 학교에서 성경읽기와 기도를 공식적으로 금지하는 대법원의 판결에 자극을 받아 독자적인 학교를 적극적으로 설립하였다는 것이다. 그러므로 이들에게 기독교학교운동은 '세속화된 휴머니즘'이 종교가 된 미국사회와 문화에 대한 거부이며, 기독교적 가치가 기반이 되었던 전통적인 사회와 문화로의 복귀를 위한 과정으로 이해되었다(Wagner, 1990).

이 기독교학교운동에 적극 참여했던 보수적인 기독교인 가운데 다수가 근본주의 기독교인이었다. 기독교 근본주의는 성경의 무오성을 기반으로 하여 성경에 대한 문자적 해석을 중시하고 이에 기초한 기독교교리를 매우 강조한다. 세속화된 사회로부터의 분리를 중시하면서도 사람들의 영적 구원을 위해 전도에 매진한다. 근본주의 기독교학교는 이러한 근본주의적 성격이 잘 담겨있다. 교육과정에는 예배와 성경시간 등과 같은 종교활동을 중시할 뿐 아니라 공립학교와 유사한 교과목을 가르치지만 교과목을 보수적인 "기독교적 관점"으로 가르치려고 노력한다. 교과목에 대한 기독교적 관점에서의 교육과 더불어 도덕교육을 매우 중시하는 것도 근본주의 기독교학교의 특징이다.(Carper, 1984; Peshkin, 1986). 도덕교육은 권위에 대한 순종, 단정한 용의복장, 금연, 금주 등 개인적인 윤리를 강조하는 경향이 강하다. 생활에 대한 엄격한 규율은 학교 안에서 뿐 아니라 학교 밖에서도 적용되어 총체적 기관(total institution)으로서의 모습을 보여준다(Peshkin, 1986). 학교 안팎에서 기독교적 관점과 엄격한 규율에 따른 생활이 이루어지도록 학교는 가정과 교회와 긴밀하게 협조하여 일관된 교육을 시도하려고 노력한다.

이늘 근본주의 기독교학교는 미국의 학교역사에서 유례를 찾기 어려울 만큼 빠른 성장을 이루었다. 1964-1965년에 10,300명에 불과하던 학생 수가 30년 후인 1993-1994년에는 957,469명으로 90배 이상의 학생수의 증가를 보여주었다(Cooper & Gargan, 1996). 참고로 기독교학교를 포함한 미국의 사립학교수의 변화추이를 나타내면 다음 〈표1〉과 같다.

<표 1> 미국 사립학교 학교와 학생 수

	1989-1990		2009-2010	
	학교수 (%)	학생수 (%)	학교수 (%)	학생수 (%)
사립학교	26,712 (100)	4,838,497 (100)	33,366 (100)	4,700,119 (100)
가톨릭학교	9,051 (33.9)	2,637,473 (54.5)	7,115 (21.3)	2.009,640 (42.8)
기독교학교	10,964 (41.0)	1,400,527 (28.9)	13,520 (40.5)	1,443,116 (30.7)
(루터교학교) (개혁주의학교)	(1,680) (401)	(211,158) (97,225)	(1,627) (324)	(171,395) (74,667)
기타종교계학교	1,906(7.1)	160,964((3.3)	2,096(6.3)	308,895(6.6)
비종교계 사립학교	4,791(17.9)	639,533(13.2)	10,635(31.9)	938,467(20.0)

* 출처 :미국 교육부의 교육통계센타자료 (National Center for Education Statistics, Private School Universe Survey)

　　미국의 역사 초기부터 1840년대까지 미국학교의 다수는 기독교학교였다. 많은 학교에서 성경을 비롯하여 기독교적 내용의 교과를 가르쳤고 기독교신앙을 가진 지도자 양성을 주요 교육목적으로 삼았다. 그러다가 19세기 중반 이후 보통학교운동의 영향으로 공통의 교육내용을 가르치는 보통학교가 미국 학교의 주류가 되고, 다양한 문화적, 종교적 배경의 이민자들이 증가하면서 미국의 학교들에서 기독교적 가르침은 점차 약화되어갔다. 기독교적 정신이 점차 배제되는 공립학교에 대응하여 19세기 이후 새롭게 설립되기 시작한 기독교학교는 때로는 기독교인들의 신앙교육에 대한 열망을 담았고, 때로는 과거 전통적 미국학교에 대한 향수를 반영하기도 했다. 오늘날 미국에서 기독교학교는 학생들을 사이에 두고 공립학교와 경쟁적 관계에 있기도 하고, 공립학교가 수행하지 못하는 신앙교육을 토대로 한 인성교육을 실시한다는 면에서 보완적 관계에 있기도 하다. 또한 근대 미국의 주류적 이념과 신념체계와는 다른 관점을 가진 이들이 기독교학교를 통해 자신의 교육적 관점을 실천할 수 있다는 점에서 기독교학교는 사회적 안전장치의 기능을 한다고 할 수 있다(Randell, 2005).

Ⅳ. 나가는 말

기독교는 미국이라는 국가의 생성과 발전에 자양분을 제공한 뿌리의 역할을 했을 뿐 아니라 미국학교의 형성과 성장을 위한 토대이기도 했다. 미국 역사의 초창기에 학교는 읽기와 쓰기 교육을 통해 아동들로 하여금 성경을 읽고 신앙을 배울 수 있게 하여 교회와 사회의 건강한 구성원과 지도자로 성장하는데 중요한 역할을 수행하였다. 당시 학교들은 공립으로 운영되든 사립으로 운영되든 관계없이 교육의 주요내용이 성경을 토대로 한 신앙과 도덕교육이었다. 기독교 신앙은 미국학교 교육의 목적과 내용에 기초를 제공하여 미국사회가 기독교적 가치를 기반으로 발전하는데 큰 기여를 하였다. 그런데 이처럼 기독교가 미국 사회와 학교의 발전에 끼친 긍정적 영향과는 별도로 부정적 측면도 간과할 수 없다. 당시 기독교적 영향을 강하게 받고 있던 학교들은 사람들로 하여금 계층화되어 있던 당시 사회체제에 대해 문제제기를 하기보다는 기존 질서에 순응하게 만드는데 기여하였다. 특히 미국 원주민과 흑인 노예에 대한 사회적 차별을 개선하려는 노력보다는 고착화하는데 기여한 측면이 있는 것이 사실이다. 이것은 당시 학교에서 강조했던 신앙과 도덕의 내용이 하나님과 부모 등 권위에 대한 순종이나 근면, 성실과 같은 기존 사회질서에 순응하는 가치들이 많았다는 사실과 관계가 있을 것으로 보인다.

전통적으로 기독교의 색채가 강했던 미국의 학교교육에서 서서히 종교성이 탈색되기 시작한 때는 19세기 무렵 보통학교가 보편화되면서부터였다. 보통학교에서는 기독교의 다양한 종파적 신앙 대신 기독교의 보편적 특성을 가르쳤고, 그러다가 서서히 기독교 신앙을 윤리적인 것으로 이해하게 되었다. 마침내 민주국가의 이상에 대한 믿음이 하나님에 대한 믿음을 대체하기에 이르렀다 (Nord, 2010: 64). 이러한 학교교육의 변천은 미국이 다문화사회로 전환되면서 겪는 어쩔 수 없는 측면이 있다고 할 수 있다. 이러한 변화에 대응하여 일부 기독교인들은 보통학교의 정책을 수용하고 학교에서 배제된 신앙교육을 교회에서 보완하는 방식으로 교육을 실시했다. 그러나 다른 일부 기독교인들은 아예 별도의 기독교학교를 설립하여 자신들의 종파적 신앙교육을 보다 철저히 하는 방식을 취했다. 이처럼 사회의 변화에 대한 기독교인들의 대응방식은 자신들의 신앙적 관점에 따라 다양하게 나타날 수 있었음을 보여준다.

20세기 이후 미국의 학교는 기업과 경제의 영향을 과도하게 받고 있다. 학교교육의 목적 역시 세계시장에서의 경쟁력을 키우는 것으로 이해되는 경향이 강하다. 이러한 경향에 대하여 다수의 기독교인들은 비판적 목소리보다는 지원적 시각을 갖고 있다. 미국역사의 초기부터 존재해온 사회에 대한 기독교의 보수적 시각이 여전히 영향을 끼치고 있음을 알 수 있다. 교육에서 인적자본론의 지나친 강화는 교육의 도덕적, 영적 측면을 약화시키고 인간 삶을 물질주의와 경제지상주의에 포획되게 할뿐 아니라 환경에 대한 파괴의 가능성까지 키우게 된다. 이러한 교육적 경향들은 분명 기독교적 가치와 대립됨을 직시할 필요가 있다. 그러나 오늘날 기독교의 경제와 경쟁 중심의 교육에 대한 적극적인 대응이 미진한 것이 사실이다. 미국원주민에 대한 동화교육이 주류일 때도 원주민들의 문화를 존중했던 소수 기독교인들의 정신과 인종차별이 보편화되었던 시절에도 이를 극복하고자 했던 기독교적 전통을 토대로 오늘날 신자유주의 학교교육의 경향에 대해 기독교적 대안을 찾기 위한 적극적인 노력이 필요하다.

미국 교육의 전개에서 기독교의 영향을 고찰한 이상의 논의로부터 우리나라의 학교교육과 기독교의 바람직한 관계에 대한 시사점을 얻을 수 있다. 첫째, 학교의 교직원과 학생 모두가 기독교인인 기독교대안학교의 경우는 학교교육의 내용으로 성경과 기독교적 세계관에 토대한 교과지식을 가르칠 수 있다. 그러나 이러한 기독교교육은 사회의 기존 질서를 비판적으로 이해할 수 있는 안목을 길러줘야 하고, 특히 사회적 불평등으로 차별을 받고 있는 이들에 대한 관심을 갖게 해야 한다. 둘째, 학교의 설립이념이 기독교적이고 교직원들이 기독교인이지만 학생들 중 상당수가 비기독교인인 미션스쿨의 경우는 학교의 이념에 따라 기독교적 가치를 교육할 수 있지만 일방적인 동화교육을 실시하기보다는 비기독교인 학생들의 목소리에 귀를 기울이는 수용적 태도가 필요하다. 셋째, 종교적 중립성을 요구하고 다문화적 상황에 있는 공립학교의 경우는 기독교신앙을 직접 가르치는 대신 학교교육이 토대로 하고 있는 가치와 이념을 분석하여 그것의 종교적 성격을 드러낼 필요가 있다. 특히 오늘날 학교교육의 중요한 이념이 되고 있는 신자유주의가 갖는 비기독교적 성격을 분석하여 그것을 극복할 수 있는 기독교적 대안을 제시하기 위한 노력이 요구된다.

참고문헌

강영택(2013). 기독교학교와 교회의 관계에 대한 고찰: 미국의 기독교학교를 중심으로.
　　기독교교육논총 33집, 31-65.

김재웅(2009). 미국 원주민 교육의 역사 재음미: 원조와 동화를 중심으로. 비교교육연구
　　19(2), 27-50.

김재웅(2001). 미국 공립학교 출현에 대한 교육정치학적 분석. 교육정치학연구 8(1),
　　90-108.

Apple, M. (2001). Educating *The "Right" Way: Markets, Standards, God, and
　　Inequity*. 성열관 역 (2003) 미국교육개혁, 옳은 길로 가고 있나. 우리교육.

Carper, J. (1984). The Christian Day School, Carper, J. & Hunt, T. (eds.) *Religious
　　Schooling in America*, Birmingham, Alabama: Religious Education Press.

Carper, J. & Layman, J. (1995). Independent Christian Day Schools: Past, Present,
　　and Prognosis, *Journal of Research on Christian Education*, 4(1), 7-19.

Cooper, B. & Gargan, A. (1996). Private, Religious Schooling in the United States:
　　Emerging Trends and Issues, *Journal of Research on Christian Education*, 5(2),
　　157-178.

Diefenthaler, (1984) Lutheran schools in America, Carper, J. & Hunt, T. (eds.)
　　Religious Schooling in America, Birmingham, Alabama: Religious Education
　　Press.

Greenleaf, R. (2002) *Servant Leadership*, 강주헌 역(2006) 서번트리더십 원전. 참솔.

Kaestle, C. F. (1983). *Pillars of the republic: Common schools and American society*,
　　1780-1860. New York: Hill and Wang.

Katz, M. B. (2001). *The irony of early school reform: Educational innovation in
　　mid-nineteenth century Massachusettes*. New York: Teachers College Press.

Kienel, P. (2005) *A History of Christian School Education*. Colorado: Purposeful Design.

Kniker, C. (1984) Reflections on the Continuing Crusade for Common Schools: Glorious Failures, Shameful Harvests, or...? Carper, J. & Hunt, T. (eds.) *Religious Schooling in America*, Birmingham, Alabama: Religious Education Press.

Nord, W. (2010) *Does God Make a Difference?* New York: Oxford University Press.

Peshkin, A. (1986) *God's Choice: The total world of a fundamentalist Christian school*, Chicago: The University of Chicago Press.

Randall, V. (1994) The State and Religious Schools in America: An Overview of Rocky Relationship, *Journal of Research on Christian Education*, 3(2), 175-198.

Schmidt, W. (2001) *The Lutheran Parochial School: Dates, Documents, Events, People*. St. Louis, MO: Concordia Seminary Publications. Spring, J. (2005) *The American School: 1642~2004*. New York: McGraw Hill. U.S. Department of Education (2012) Private School Universe Survey (PSS) 2009-2010.

Van Brummelen, H. (1986). *Telling the Next Generation: Educational Development in North American Calvinist Christian Schools*. Lanham, MD: UPA.

Wagner, M. (1990) *God's Schools: Choice and Compromise in American Society*, New Brunswick: Rutgers University Press.

PUBLIC EDUCATION
AND CHRISTIANITY

한국 공교육의 전개와 기독교

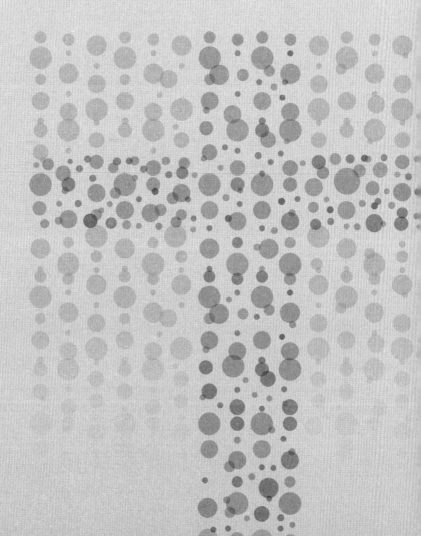

한국 공교육의 전개와 기독교

정병오

I. 들어가는 말

한국 근대 공교육의 역사를 다루려면 우선 근대 공교육의 개념부터
정립해야 할 것이다. 서구 사회에서 근대 공교육은 여러 가지 의미로
사용되지만, 대체로 아래 5가지 정도의 내용을 포함한다고 볼 수 있다.
첫째, 교육을 책임지는 주체가 개인에 제한되지 않고 국가, 지역사회,
종교기관 등 공적 기구로 확대된다.[1] 둘째, 교육 기회가 특정 계층이나
성별에 제한되지 않고 모든 계층과 성별에 개방되어 있다. 셋째, 교육

---

1 공교육의 개념을 교회가 주체가 되어 교육하는 것이 아니라 국가나 지방자치단체가 주체
   가 되어 교육하는 것이라고 보는 견해도 많이 있으나, 이는 19세기 이후 국가가 공교육을
   독점하여 의무교육을 실시하던 시점부터 해당되는 말이다. 실제로 서구의 많은 나라에서
   초기 공교육은 교회가 주체가 되어 실시하고 그 뿌리와 영향력이 지금까지 남아있는 것을
   볼 때 공교육을 국가 독점으로 이해하지 않고 교회를 포함한 공적 기구로 보는 것이 더 정
   확할 것으로 보인다.

의 목적이 성직자나 관료 혹은 특정 기능인 양성에 제한되지 않고 보편적인 교양인 혹은 민주시민 양성을 지향한다. 넷째, 교육의 내용이 특정 종교나 특정 학문 혹은 기능에 제한되지 않고 인문, 자연, 예체능을 포함한 전체 학문 영역에서의 기본 지식과 삶에 필요한 기본 교양을 폭넓게 다룬다. 다섯째, 교육이 가르치는 개인의 의사나 역량에 제한되지 않고, 일정한 형식과 위계를 갖추고 호환이 가능한 제도적 틀을 갖추게 된다.

다음으로 한국 근대 공교육의 시대 구분이 필요하다. 한국 근대 공교육의 시대 구분은 대체로 1880년대부터 1905년까지 '근대 공교육의 정초기', 1905년 을사늑약부터 1945년 해방까지 '식민지형 근대교육 수립기', 1945년 해방부터 1948년 정부수립까지의 미군정기 '민주적 교육제도 기반 구축기', 그리고 1948년 정부수립부터 현재까지 '한국형 교육발전 및 교육모순 심화기'로 나누는데 동의를 하고 있다. 다만 각 시대 교육의 성격을 어떻게 규정할 것인가 하는 것은 평가자에 따라 미세한 의견의 차이는 있다.

II. 근대 공교육의 정초기

1. 근대 교육 도입의 필요성에 대한 각성과 시도

19세기 후반 서구열강의 아시아 침략으로 인해 일본과 청이 개항을 했음에도 불구하고 조선은 한동안 쇄국정책을 유지했다. 그러다가 1876년 일본에 의해 반강제적인 강화도조약을 맺은 것을 계기로 조선은 준비 없이 외세에 노출되게 되었다. 조선 정부도 이러한 현실을 잘 알고 있었기 때문에 먼저 개항을 했던 청과 일본을 적극적으로 배우려고 했다. 그래서 1876년 김기수에 이어 1880년 김홍집을 대표로 한 수신사를, 1881년 박정양을 위시한 신사유람단을 잇달아 일본에 파견하였고, 같은 해 김윤식을 대표로 한 영선사를 청에 파견하였다. 이러한 청과 일본의 개화 상황에 대해 파악된 내용 가운데 일본에서 학교를 세워 각종 서양 문물을 흡수하고 있다는 내용에 자극을 받아 고종과 조선정부는 근대 학교 도입에 대한 관심을 적극적으로 갖게 된다. 그리고 1882년 미국과 통상조약을 맺는 것을 계기로 서구 열강들과의 조약을 확대하면서 영어를 포함한 외국어 교육의 필요성을 강하게 갖게 된다.

이러한 외국어 교육을 위해 1883년에 세워진 학교가 동문학이었다. 동문학은 외국인 교사를 초빙해 영어와 통상에 필요한 기본 지식을 가르쳐 이후 통상 관련 관리를 배출하는 역할을 했다. 이후 미국과의 수교 후 1886년 미국 정부의 협조를 얻어 정식으로 미국인 교사를 파송받아 영어를 포함해 서구의 학문을 가르치기 위해 육영공원이 세워지면서 동문학의 기능은 여기에 흡수된다. 육영공원은 역관이나 중인 출신의 자녀들이 주를 이루었던 동문학과는 달리 양반이나 고관 자제들이 주로 입학을 했으며, 고종의 개화정책을 수행할 인물을 기르기 위한 역할을 했다. 하지만 외국인 교사 수급이 원활하지 않아 이후 그 교육을 배재학당에 위탁하게 된다.

한편 동문학과 육영공원과 같은 근대교육의 흐름에 있으면서 관립학교가 아닌 사립 혹은 민관 협력 차원에서 근대교육을 시작하려는 흐름도 시작되었는데, 그 최초의 학교가 1883년 원산에 세워진 원산학사다. 원산학사는 온건개화관료들이 지역의 유생, 유지, 일반백성들의 힘을 합해 세운 학교로 기존의 유교교육에 더하여 외국 및 국제정세에 대한 지식과 농업·군사기술에 대한 지식을 가르쳤다. 원산학사는 과거 시험을 준비하는 기능과 지방의 관리를 양성하고자 하는 기존 조선의 교육 목적을 그대로 가지고 있었으나 외세의 침략과 서양 문물의 급격한 도입이라는 변화하는 상황에 대해 백성들이 자발적이고 능동적으로 대처했다는 의미를 가진다. 이후 원산학사는 기존의 서당교육의 틀에 근대 교육을 접목하는 사립학교의 모델 역할을 하였다.

2. 갑오개혁 이전의 기독교 교육 사업

17세기 초부터 청나라와 교류하던 유학자들에 의해 탐구되기 시작한 천주교는 18세기 들어서면서 자생적 천주교 신자들이 생겨나기 시작했다. 그리고 1784년 이승훈이 북경에서 프랑스 신부로부터 정식 세례를 받음으로 본격적인 천주교의 역사가 시작된다. 이후 100여 년 동안 엄청난 핍박을 받으면서도 천주교 신자는 계속 늘어났다. 이에 한국인 성직자 양성이 시급한 과제가 되어 1855년 '성요셉신학교'를 설립했으나 계속된 정부의 박해로 인해 한 사람의 성직자도 양성하지 못한 채 막을 내렸다. 그리고 개항 이후인 1885년 원주 부흥골에 '예수성심신학당'이 설립되고 2년 후에는 용산으로 이전하여 성직자 양성을 담당하기 시작했다.

이와 동시에 평신도 교리교육과 예비신학생을 위한 초등교육 기관인 인현학교가 1882년 설립되어 종교교육 외에도 한문과 한글을 포함한 근대교육을 시작했다. 이러한 천주교회 부설 초등학교는 외국 선교부의 지원을 받지 않고 조선 천주교회가 전액을 부담했으며 한문과 한글 교육은 조선인이 담당을 했다. 이 학교는 천주교인 자녀 뿐 아니라 비교인 자녀들도 일부 수용했으며, 처음에는 남학생만 수용했으나 1990년에 종현학당(지금의 계성초등학교)이 여학생부를 개설함으로 여학생에게까지 교육을 확대했다.

<표 1> 천주교회 부속 학교수 및 학생수

연도	1884-1885	1889-1890	1890-1891	1891-1892	1892-1893	1893-1894
학교수	1	17	30	28	36	40
학생수	21	176	177	188	246	293

출처 : 류방란(1995), 「한국근대교육의 등장과 발달」, p.39

개신교의 교육사업은 1886년 아펜젤러가 시작한 배재학당이 그 시초다. 아펜젤러는 사범대학 출신으로 한국 선교사로 오기 전 5년간 공립학교에 교사로 재직한 바 있다. 이러한 교직 경험을 바탕으로 아펜젤러는 한국에 들어올 때부터 교육을 선교의 중요한 수단으로 생각하고 있었다. 그래서 1885년 8월 두 명의 조선인에게 영어교습을 시작했다. 이러한 아펜젤러의 영어학교 설립에 대한 계획을 고종이 기쁘게 받아들여 1886년 9월 본격적으로 영어학교를 시작할 수 있었다. 때마침 정부에서 설립했던 영어학교인 동문학이 문을 닫게 되었는데, 그 후신인 육영공원은 고관대작의 자제들만 입학할 수 있었으므로 가난하지만 영어교육에 뜻을 가진 젊은이들이 이 학교로 몰려들기 시작했다. 그리고 정부에서도 1887년 '배재학당'이란 이름을 내리면서 정부의 통역관을 양성하는 기관으로 공적인 위임과 지원을 했다. 그래서 배재학당은 공립학교적인 기능을 수행하면서 안정적인 운영을 할 수 있었다.

<표 2> 배재학당 학생 수

연도	1886	1887	1888	1889	1890	1891	1892	1893	1894
학생수	6	38	62	81	60	52	53	49	84

출처 : 류방란(1995), 「한국근대교육의 등장과 발달」, p.47

한편 아펜젤러와 함께 1885년 서울에 도착한 스크랜튼 여사 역시 기숙 여학교를 구상하고 1886년 학교를 열었다. 처음에는 여자를 교육시키지 않는 사회적 분위기와 선교사에 대한 편견으로 인해 3명의 고아를 데리고 시작했다.[2] 이후 스크랜튼 여사가 정부와의 교섭을 통해 배재학당처럼 '이화학당'이라는 학교의 현판을 받은 후에야 학생들이 늘어나기 시작했다.[3] 그래서 1886년에는 3명이던 학생이 1888년에는 18명으로 증가했으며, 1893년에는 이 학교의 최대 수용인원인 35명에 이르게 되었다. 이로써 이화학당은 우리나라 최초의 근대 여학교로서 자리를 잡고 이후 근대 여성 교육의 모델이 되었다.

아펜젤러를 선두로 한 감리교회가 학교를 선교의 교두보로 생각했다면, 언더우드를 선두로 한 장로교회는 고아원을 선교의 교두보로 추진을 했다. 1885년 처음 입국해 알렌이 세운 제중원 부설 의학교에서 잠시 일을 했던 언더우드는 1886년 '혜빈원'이라는 고아원을 설립하고

---

2 당시 선교사들이 아이들을 미국에 종으로 데려갈 것이라는 악소문이 퍼져있었고, 실제로 1888년 선교사들이 유아를 납치해 외국에 팔거나 실험 대상으로 사용한다는 소문이 퍼져 민중들이 선교사들이 운영하는 교회와 학교, 고아원, 병원을 습격하고, 선교사와 그 관련자들이 살해 위협을 당하기도 했다. 한국기독교사연구회, 『한국기독교의 역사 I』(서울: 기독교문사, 1989) pp.247-248

3 스크랜튼 여사는 원래 '專信學堂'(Entire Trust School)이 자신이 하고자 하는 교육에 맞는 학교명이라고 생각하고 있었으나, 조선 정부에서 당시 여성들을 시적으로 일컫는 '배꽃'이라는 의미를 담은 이화학당이라는 이름을 준 것에 대해 아쉬움을 표현하기도 했다.

정부의 허가를 받았다. 언더우드의 고아원 운영 계획 속에는 이 아이들에 대한 성경교육과 근대교육이 포함되어 있었지만 고아원이라는 기본 성격의 한계로 인해 학교로 발전하기가 쉽지 않았다. 이에 1890년부터 혜빈원 운영 책임을 맡게 된 모펫은 고아원 성격을 탈피하고 남학교로 성격을 전환시키고, 이름도 예수교학당으로 바꾸어 본격적인 학교 교육을 실시한다. 이후 예수원학당은 선교부 내부 사정으로 인해 1897년 문을 닫았다가,[4] 1902년 다시 문을 열어 경신학교로 발전을 한다.

<표 3> 혜빈원(예수교학당) 학생수

연도	1886	1887	1888	1889	1890	1891	1892	1893	1894	1895
학생수	10	25	36	21	29	24	39	28	55	50

출처 : 류방란(1995), 「한국근대교육의 등장과 발달」, p.57

한편 언더우드는 처음 혜빈원을 시작할 때 여자 고아들도 수용하려고 했으나 조선의 풍습상 불가능하다는 것을 알고 1887년 벙커부인(Mrs. Bunker)에게 부탁해 여자 고아원을 설립하고 조선 정부의 허락을 받는다. 이후 이 여자 고아원은 1890년에 파견된 도티(Miss. S. Doty)의 지도하에 문자교육과 성경교육이 진행되었으며 안정적인 발전 과정을 거쳐 1909년부터는 정신여학교라는 이름으로 교육을 진행하게 되었다.

---

4 1897년 예수교학당이 문을 닫은 이유에 대해 숭실학교를 설립한 베어드 선교사는 선교사들이 다른 일로 너무 바빠 학교를 제대로 돌볼 여력이 없었고, 학생들을 가르칠 조선인 교사를 확보하지 못했기 때문이라고 설명한다. 그리고 그 때까지만 해도 기독교에 대한 거부감이 강했기 때문에 학교 이름부터 교육 내용에 이르기까지 기독교 교육을 전면에 내세움으로 인해 학생 모집에 어려움을 겪었을 것이라는 지적도 나오고 있다.

3. 갑오개혁과 근대교육제도의 도입

1894년 김홍집 내각의 등장과 함께 시작된 갑오개혁은 맨 먼저 과거제도를 폐지한다. 그리고 새로운 관리 채용 시험의 과목으로 국어, 한문, 사자(寫字), 산술, 내국정략, 외국사정으로 정하고 유학은 완전히 제외시켰다. 이러한 관리채용 시험 내용의 변화는 이러한 내용을 가르칠 근대 학교 교육의 도입을 전제로 한 것이었다. 이러한 조치로 인해 조선은 신지식을 적극 도입할 수 있게 되었고, 국문을 사용함으로 보다 많은 인민이 교육에 접근할 수 있게 되었다. 그리고 누구나 능력에 따라 새로운 지식을 습득하면 관직에 나갈 수 있는 가능성이 열리게 되었다.

과거제의 폐지에 이어 교육을 담당한 학무아문(이후 학부로 개칭)에서는 9월에 소학교와 사범학교 설립을 주요 내용으로 하는 신교육의 구상에 대한 고시를 발표한다.[5] 그리고 곧바로 9월에 사범학교와 부속 소학교(교동초등학교의 전신)를 개교한다. 그리고 그 다음 해인 1895년 4월에 사범학교관제를, 7월에 소학교령을 공포하여 소학교와 사범학교의 법적 근거를 마련했다. 소학교령에 따라 1895년 8월 한성 내에 4개의 관립소학교가 설립되었고, 이어 1898년까지 9개가 설립이 되었다. 이어 1896년에 학부령을 통해 전국 각 지방에 공립소학교 38개교를 개교하고 각 학교에 한성사범학교 출신의 교사를 배치하였다. 이후

---

5 갑오개혁기 조선 근대교육의 초점을 초등교육에 맞춘 것은 당시 정부 역량의 한계, 조선 근대화의 단계적 발전 전략, 유생들의 반발 무마 등 내부적 요인도 컸지만, 조선의 교육을 근대식으로 개편하되 저급한 수준에서 묶어 일본에 대한 의존도를 높이려고 한 일본의 전략과 압박도 큰 요인이었다. 당시 조선의 상황을 생각할 때 초등교육부터 근대화를 시작한 것은 현실적인 선택이었으나 중학교, 고등학교, 대학교로 이어지는 전체적인 교육 전략이 없는 가운데 도입된 초등교육 중심의 근대화는 이후 조선의 근대공교육 발전에 큰 걸림돌로 작용하게 되었다.

관공립학교들은 꾸준히 늘어나 123개교까지 확대된다.[6]

<표 4> 관공립학교 설립 수

1895년	1897년	1899년	1905년
한성 5개교 지방 37개교	한성 5개교 지방 37개교	한성 12개교 지방 61개교	한성 13개교 지방 110개교
총 42개교	총 49개교	총 73개교	총 123개교

출처 : 정희숙(2005), 「소학교 초등교육의 목적」, p.57

하지만 관공립학교 설립을 통한 근대교육의 도입은 숫적인 면에서나 질적인 면에서 정부의 의도만큼 충분히 내실화되거나 확장되지 않았다. 그것은 정부의 재정지원이 충분치 못했고,[7] 반서구 및 반일본 감정이 남아 있는 가운데 도입된 서구식 교육이 국민들에게 충분히 납득되지 못했기 때문인 것으로 보인다.

조선의 갑오개혁 자체가 청일전쟁에서 승리한 일본의 영향 하에서 일어난 것이기 때문에 소학교 확대를 기본으로 한 근대교육의 도입도 일본 식민지 교육의 침투라는 면이 혼재된 한계를 보이고 있다. 실제로 사범학교와 소학교의 법적 근거인 사범학교관제와 소학교령은 일본사범학교령과 일본소학교령을 몇 부분만 수정하고 거의 그대로 옮겨놓은

---

6 이러한 숫자는 실제보다 과장되었을 수도 있다. 당시 공립학교들은 세워진 지 얼마 되지 않아 폐교된 경우도 많았기 때문이다. 실제로 황성신문에는 1900년 초 공립소학교가 50개라는 기록이 남아있고, 통감부 설치 후 일제는 공립소학교를 57개로 파악하고 있다.

7 관공립소학교에 대한 정부의 재정지원이 부족했던 것은 기본적으로 당시 정부의 재정이 취약했기 때문이다. 1896년부터 1903년까지 학부 예산은 전체 예산의 2%에 불과했다. 거기다가 그나마 부족한 교육 재정이 소학교교육보다는 외국어교육에 우선적으로 투입되었다. 그리고 지방 공립소학교의 경우 지방의 향교나 서원에 소속된 토지 수익으로부터 지원을 받게 되어 있었으나 대한제국 이후 왕실의 경비를 충당하기 위해 향교나 서원 소속 토지 수익을 국고로 환수해갔기 때문이다.

것이다.

그리고 사범학교와 소학교용 교과서도 국어와 국사를 제외하고는 일본교과서를 그대로 번역한 것이었다. 또한 소학교 교과목에 수의과 목(선택과목)으로 외국어를 두었고 소학교령에는 외국어 교사를 채용할 수 있다는 규정을 두었는데, 이 외국어는 곧 일본어를 의미했고 외국인 교사는 일본인 교사를 의미했다. 실제로 1895년 최초로 설립된 4개 초등학교에는 조선인 교사 1명과 일본인 교사 1명을 각각 두었다. 이러한 것은 한국 근대교육의 내용에 있어서 일본의 영향이 매우 컸으며, 조선 근대 교육 자체가 자국에 대한 정체성을 갖게 하지 못하는 식민지 교육이 될 위험을 내포하고 있었음을 보여준다.

이렇게 조선정부에 의한 근대교육의 도입이 일본 식민지 교육의 강한 영향력 하에서 진행되었음에도 불구하고 의의가 없는 것은 아니다. 우선 소학교령에 학령을 8세부터 15세까지로만 규정하고 어떠한 신분조건의 제약을 두지 않음으로써 보편교육으로서의 공교육 정신을 처음으로 공포하고 시도를 한 것이다. 물론 그렇다고 해서 처음부터 누구나 학교에 다닐 수 있었던 것은 아니다. 비록 초기 관공립학교가 수업료를 받지 않았지만 현실적으로 평민의 자제들은 어려서부터 일을 해야 했다. 그리고 이후 관공립학교에 대한 지원이 줄어들면서 개인적인 경제 부담도 상당히 있었다. 실제로 초기 관공립학교에는 왕실이나 관리들의 자제들이 주요 구성원이었다. 하지만 점차 중인과 경제력을 갖춘 평민의 자제들로 확대되어 신분의 벽이 조금씩 무너지기 시작했다. 또 하나의 의의는 근대적 교과가 도입이 되었다는 것이다. 1895년에 공포된 소학교령은 소학교의 교과를 다음과 같이 규정하고 있다.

<표 5> 1895년 소학교령에 따른 교과목

학교 수준	학년	교과목	
		필수	시의에 따른 시행
심상과	3년제	수신, 독서, 작문, 습자. 산술, 체조	본국지리, 본국역사, 도화, 외국어1과 혹은 수과, 재봉(여아용)
고등과	2-3년제	수신, 독서, 작문, 습자, 산술, 본국지리, 본국역사, 이과, 도화, 체조	외국어1과, 외국지리, 외국역사, 도화1과 혹은 수과, 재봉(여아용)

출처 : 김정효, 이해지(2005), 「소학교의 교육내용」, p73

이러한 교육과정은 전통적인 유교적 덕목을 가르치면서 동시에 국민교육의 핵심이라고 할 수 있는 국어, 역사, 지리, 그리고 근대 과학 기술의 핵심인 수학과 과학, 그리고 예술과 체육 교과 등 근대적 교과들을 포함하고 있다. 이는 유교적 덕육과 문명개화를 위한 지육을 병행하고자 하는 시도라고 볼 수 있다.

앞에서 살펴본 바와 같이 갑오개혁 이후 근대교육의 도입은 초등교육에 초점이 맞추어져 있었기 때문에 중등교육은 매우 미진했다. 정부는 소학교의 졸업생이 배출될 즈음인 1899년 4월에 중학교관제를 공표했고, 1900년 9월에 교칙을 마련했다. 이 중학교관제에 따르면 중학교는 심상과 4년과 고등과 3년의 7년 과정이었는데 심상과는 일반 교과목을,[8] 고등과는 일반교과목 외에 법률, 정치, 공업, 농업, 상업, 의학, 측량 등 직업 전문교과들을 포함시켰다. 하지만 당시 이미 사범, 법률, 의학, 상공, 외국어 등 전문학교들이 별도로 있었기 때문에 고등과정과의 충돌이 나타나는 등 정부 차원의 충분한 준비나 의지가 부족했다. 그렇

---

8 중학교 심상과에서는 윤리, 독서, 작문, 역사, 산술, 경제, 박물, 물리, 화학, 도화, 외국어, 체조를 교육과정으로 개설했다.

게 해서 1899년 한성중학교가 설립이 되었으나 교사 채용의 어려움과 학교가 가진 매력 부족으로 인해 개교시 80명이던 학생이 1902년 초에 52명, 1902년 말에 20명으로 대폭 감소하는 등 유명무실하게 되었다. 그러다가 일본 통감부 설치 후 1906년 한성고등학교로 바뀌게 된다.

이러한 중학교와 별도로 전문학교들도 운영이 되었는데, 앞에서 살펴본 사범학교 외에도 영어학교[9], 일본어학교[10], 기타 외국어 학교, 법관양성소, 의학교, 상공학교, 군인학교, 통신원 교육을 위한 학교 등이 설치 운영이 되었다.

4. 민간 사립학교의 발달

1894년 갑오교육개혁을 단행하고 신교육을 도입하고자 할 때 정부에서는 관공립 소학교의 설립만으로는 국민교육을 다 감당할 수 없음을 잘 알고 있었다. 그래서 관공립 소학교를 확대하기보다는 당시 광범위하게 운영되던 서당을 활성화하여 신교육의 장으로 활용하려던 계획을 가지고 있었다. 이는 당시 학무아문 대신이었던 박정양이 1894년 10월에 발표한 고시에 잘 나타나 있다.

---

9 영어학교로는 동문학과 육영공원이 정부 차원에서 운영되었으나 제대로 운영되지 못했고, 배재학당이 정부의 위탁을 받아 지속적인 교육을 감당했다.

10 조선이 신교육의 필요성을 강하게 느끼고 있었고 또 일본과의 개항으로 일본어에 대한 수요가 늘어나고 있었다. 이에 일본은 소학교 교육과정에 일본어를 추가시키고 일본인 교사를 채용하도록 하는 압력에 더하여 직접 일본어학교를 세워 운영을 했다. 그래서 1896년 한성에 경성학당, 부산에 개성학교를 세우는 등 1900년까지 전국의 개항지를 중심으로 11개교의 일본어학교를 세웠다. 물론 이 학교는 단지 일본어만 가르치는 곳이 아니라 일본의 관점에서 근대교육 전반을 가르침으로 식민지교육의 발판을 마련하고 있었다.

한 나라의 많은 백성들을 실제로 한두 학교로 다 가르칠 수 없으므로 가숙이 나누어 맡아 가르침을 베푸는 것 만하지 못하다. 그러나 그들에게 강제로 하게 하려는 것은 아니고 다만 그 뜻이 있는 바를 볼 뿐이다. 모든 우리 뜻있는 사람들이 그 자제를 가르치려 하면 반드시 먼저 사숙을 설치하고 본 아문에 와서 고하면 장차 학업의 차례를 알려주려 하며 아울러 장차 규칙 책자를 일일이 나누어주려고 한다. 이는 이른바 사람의 본성에 따라서 밝게 이끌어 가는 것이다. 관립과 사립은 본래 다르고 같음이 없는데 앞으로 성취할 일을 어찌 헤아릴 수 있겠는가. 각각 깨닫고 권려하여 성세의 사람을 키우려는 가르침을 저버리지 말라. 이것이 바라는 바이다.

이러한 정부의 방침은 1895년 제정된 소학교령에도 잘 나타난다. 소학교령 4조에는 "사립소학교는 각 관찰사의 인가를 받아 설치하며, 사립소학교의 인가에 관한 규정은 학부대신이 정한다."라고 하여 사립소학교 인가 규정을 명시하고 있으며, 5조에는 "사립소학교의 경비는 지방이재 혹은 국고에서 보조받을 수 있다."라고 하여 사립소학교에 대한 재정 지원의 근거를 마련해놓고 있다. 그리고 18조에는 "각부 관찰사는 기 관내 공립소학교를 설치하기 전에 사립소학교로 대용함을 득함"이라고 하여 사립소학교를 공립소학교와 대등하게 취급할 수 있는 근거를 마련해놓고 있다.

민간 사립학교를 근대 공교육 확산의 중요한 방안으로 활용하고자 했던 정부의 의도에 가장 먼저 호응을 한 사람들은 전현직 고위 관리 출신의 개화파 인사들이었다. 이들은 주로 서울과 경기지역에 학교를 설립하고 일본이나 미국에서 유학을 한 사람들을 교사로 모셔 전문학교 수준의 교육을 실시했다. 이들은 전통적인 유교의 가치관에 입각하여 외래문화를 주체적으로 소화하여 부국강병에 앞장설 수 있는 인물을 기르고자 했다. 1895년 민영환이 러시아 황제 대관식에 참여하고 돌아오는 길에 외국어 교육의 필요를 느껴 세운 '흥화학교', 1896년 민영기가 특권계층 자녀들에게 어학을 가르치기 위해 설립한 '중교의숙', 1898년 박례병이 세운 '광흥학교', 1899년 외부대신 박제순이 세운 '우산학교', 1889년 박기양이 세운 '광성학교', 1901년 서광세 등이 세운 '낙연의숙' 등이 대표적인 한성의 명문 사립학교들이었다.

지방의 사립학교들은 주로 독립협회 등의 영향을 받은 개화된 지역 유생들과 지방관들의 협력 하에 세워진 경우가 대부분이었다. 앞에서 살펴본 대로 1883년 원산지역에 세워졌던 '원산학사'가 그 모델이라고 할 수 있다. 지방 사립학교들은 지방관, 전현직관리, 지방유지들로부터 기금을 모아 설립자금을 마련했고, 학교 건물은 지방의 제(薺)나 향교를 활용하는 경우가 많았다. 그리고 지역에 따라서는 양사답(養士沓) 등을 재정 기반으로 활용하기도 했다. 교원의 경우 유학적 소양을 가진 지역의 유생 중에서 추천을 받아 임명하는 경우가 대부분이었다. 하지만 지역의 사립학교들은 운영상의 어려움이 많아 가급적 공립학교로 전환하거나 학부의 인가를 받은 사립학교가 되고자 했다. 그래야 재정 지원과 아울러 공신력을 가질 수 있었기 때문이다. 이러한 사립학교들을 지원 혹은 통제하기 위해 정부에서는 보조공립소학교규제와 사립학교규칙 등을 만들어 사립학교의 교육과정을 공립학교에 준하여 운영하도록 하고, 사립학교의 교원을 시험하여 부교원의 지위를 부여하기도 했다.

이와 같이 개화기의 사립학교는 서당과 향교로 대표되는 전통교육과 서구 근대교육의 다리 역할을 했다. 그래서 전통교육이 가지고 있던 민간의 자발성을 죽이지 않고 이를 에너지로 삼아 근대교육을 확대하도록 이끌었다. 이렇게 이 시기 민간 사립학교들은 관공립학교와의 대립 없이 국가와 지방 관리들의 지원 하에 실질적인 공교육의 확산 역할을 해왔다. 이 때 설립된 학교의 수는 정확히 파악되어 있지 않으나, 지금까지 파악된 학교만도 을사늑약 이전까지 200여 개의 사립학교들이 있었다고 밝혀지고 있다.

이와 아울러 민간 사립학교가 했던 또 하나의 기여는 여성교육의 문을 확대했다는 것이다. 1903년 중구원 의장이었던 김가진이 중심이 되어 한글학교를 세웠는데, 당시 한글은 여자학교라는 인식이 강했고, 교사가 여성이라는 것을 볼 때 여성을 위한 학교였던 것으로 보인다. 그리고 독립신문에서 여성교육의 필요성을 강조하던 차에 1898년 몇몇 유지들이 여학교설립을 위한 후원조직으로 '찬양회'를 결성하고 정부에 관립여학교 설립 청원을 하여 허락까지 받았으나 재정부족으로 설립되지 못했다. 이에 찬양회는 1900년 순성여학교를 세워 여성교육의 확대에 앞장섰다.

5. 기독교계 학교의 발달

앞서 살펴본 바와 같이 초기 개신교 선교사들은 공식적인 기독교 선교가 허용되지 않은 상황에서 교육사업을 주요 선교의 수단으로 삼아 매우 조심스럽게 접근을 했다. 그런데 1894년 청일전쟁을 거치면서 개신교인의 숫자는 급격히 늘어나기 시작했다.[11] 이는 전쟁이란 극한 상

---

11 한국기독교사연구회(1989)가 펴낸 『한국기독교의 역사Ⅰ』(기독교문사) p.254에 의하면 장로교의 경우 1894년에 40명에 불과하던 세례교인이 1896년에 2,000명이 되고, 1906년

황에서 민중들이 종교의 힘을 의지하는 일반적 현상과 더불어, 청일전쟁과 러일전쟁 상황 속에서 교회와 부속건물들은 치외법권을 인정받아 교인들과 백성들을 안전하게 보호하는 피난민 수용소 역할을 했던 것이 중요한 이유가 되었다.

이렇게 기독교인의 수가 급증하면서 교인 자녀들의 교육 문제가 대두되기 시작했다. 즉, 당시 기독교를 배척하는 사회 분위기 속에서 기독교인의 자녀들은 서당에서 받아주지 않았기 때문에 자구책이 강구되어야 했다. 이런 상황은 개신교 최초의 교회부속 소학교로 1892년 혹은 1893년에 설립된 소래교회 부속 소학교 설립과 관련된 언더우드 선교사의 기록에 잘 나타나 있다.

> 지방에 교회가 세워지자 곧 기독교 신자들의 자제들을 어떻게 처리해야 될 것인지에 대한 문제가 일어났다. 이교도가 경영하는 학교에 보낸다는 것은 어린이들에게 정신적으로 도움을 줄 수 없는 것이었고, 또 어떤 학교에서는 기독교 신자의 자제라는 것으로 입학시켜주지 않았다. 따라서 선교개시 초기부터 기독교계 학교의 설립이 필요해졌다. 여기서 다시 '소래'에 세워진 작은 교회에 대해 이야기를 한다면 우리들의 선교사상 이 교회는 처음으로 그 필요를 통감하였을 뿐 아니라 그 실현을 위한 수단을 강구하였던 것이다. 즉, 이 교회에서 예배당을 건축하기 앞서 기독교 신자인 교사가 가르치는 부속 소학교를 세웠다.

이와 더불어 교회가 부속 초등학교를 설립하는 것은 그 시기 선교

에는 12,161명으로 증가한다. 이러한 추세는 감리교의 경우에도 비슷하다.

부가 결정한 주요 선교정책이기도 했다. 당시 선교사들은 한국에서 선교의 어려움을 극복하고 효과적인 선교의 방향을 정립하기 위해 중국에서 30년 이상 선교를 해온 네비어스 선교사를 모시고 1890년 선교정책 세미나를 가졌다. 네비어스는 토착교회의 자율과 자립을 기반으로 한 선교정책을 강조했다. 이 내용을 바탕으로 선교부는 1893년 10가지 구체적인 정책을 채택했는데 이 중 교육과 관련된 내용은 다음과 같다.

- 모성은 후대의 양육에 중요한 영향력을 주는 관계상 부녀자의 귀도와 청소년의 교육을 특수 목적으로 한다.
- 군소재지에 초등학교를 설치함으로써 기독교교육에 성과가 많을 터이니 선교부 소관학교에 재학한 남학생들을 교사로 양성하여 각 지방에 파송한다.

이어 1895년 8개조의 선교 정책 신조를 채택했는데, 이 가운데 교육과 관련된 부분은 다음과 같다.

- 선교회는 학교가 영어를 가르치기 위해 존재하거나 적어도 학교만을 위한 학교가 될 수 없음을 믿는다.
- 그러나 선교회는 초등학교의 설립은 믿는다. 그리고 학교의 발전 상태로 보아 인정될 때엔 보다 고등교육을 실시할 학부를 추가한다.

이러한 각 교회의 상황과 선교정책의 영향으로 교회 부속 소학교는 급속히 증가한다. 1905년 기준으로 볼 때 당시 장로교 교회 수가 417개, 목사 수는 46명이었음을 감안할 때 장로교회 부속 소학교 수가 115개라는 것은 3-4개 교회당 1개의 소학교를 운영했을 정도로 활성화되었음을 보여준다.

<표 6> 기독교계 초등학교의 학교수 및 학생수

연도	천주교		장로교		감리교	
	학교수 (여학교)	학생수 (여학생)	학교수	학생수 (여학생)	학교수	학생수
1893	40	293	2	15		
1894	21	205	5	60		
1895	21	204	5	60		
1896	31	333	7	167(26)	6	121
1897	35	329	14	332(80)		
1898	35	274	25	233(63)		
1899			19	212(72)		
1900	76(3)	717(60)	28	597(112)		
1901	53(3)	623(79)	48	635(109)		
1902	88(3)	777(82)	63	993(148)	26	약400
1903	75(2)	693(45)	75	1,333(300)	25	463
1904			84	1,271(240)	36	366

출처 : 류방란(1995), 「한국근대교육의 등장과 발달」, p.171

이와 같은 교회 부속 소학교의 운영은 중요한 선교정책의 일환이
긴 했지만 실제 학교 설립과 운영의 모든 과정에서 선교사가 아닌 조선
인 교인들에 의해 진행되었다. 선교사들의 경우 교육사업에 관심을 가
지지 않은 것은 아니었지만 당시 교인 수가 급증하면서 선교사들은 이
들에게 세례를 주고 양육하는 일로도 벅찼다. 그래서 선교사들은 복음
전도와 양육 외에 중등과정의 교육에 집중을 하고, 소학교 교육은 조선
인 교인들이 감당하는 것으로 자연스럽게 역할분담이 일어났다. 교회
부속 소학교에 대한 선교회의 지원이 전혀 없었던 것은 아니지만 가급

적 교회의 지원금과 학부모의 수업료에 의해 운영되는 자립적 학교로 운영하는 것이 선교회의 방침이었고, 실제로 대부분의 학교가 그렇게 운영이 되었다. 그리고 학교에 따라서는 기독교인이 아닌 일반 지역유지들의 후원 참여도 큰 비중을 차지하고 있었다. 이는 지역에 따라서는 교회 부설 소학교가 교인의 자제만이 아닌 그 지역의 모든 아이들을 위한 초등교육의 장으로서 역할을 했다는 것을 보여준다.

이러한 개신교의 교회 부속 소학교의 설립은 그만큼 교육기회의 확대를 의미하는 것이었다. 1905년 기준으로 볼 때 교회 부속 소학교는 200여 개로 이는 관공립 소학교 120개교, 민간 사립 소학교 200여 개에 비추어볼 때 상당한 정도의 비중을 차지하고 있음을 알 수 있다. 특히 교회 부속 소학교 재학생들의 가정 배경은 관공립 소학교나 민간 사립 소학교보다 더 낮은 계층에 있었다. 즉, 교회 부속 소학교는 관공립 소학교는 물론이고 민간 사립 소학교에도 다니기 어려운 하층민들에게 교육기회를 확대했다는 의의를 가지고 있다. 그리고 교회 부속 소학교는 학생의 1/4 내지 1/5 정도가 여학생이었을 정도로 여성에게 교육기회를 열어줌으로써 여성교육의 폭을 대폭 확대했다는 의의를 가지고 있다.

한편 이 시기 기독교계 중등학교의 경우 '기독교적 교양교육'이라는 교육 내적 정체성 확립에 힘씀으로써 근대 공교육이 나아가야 할 본질을 보여주고 지켜가는 역할을 했다. 앞서 살펴본 바와 같이 초기 선교사들이 세운 학교들에게 정부는 물론이고 학생들이 요구한 것은 영어교육이었다. 당시 학생들은 학교를 과거시험의 대용으로 여겨 벼슬길에 오르기 위한 목적으로 신교육을 찾았고, 외국세력이 강해지던 상황에서 외국어를 익히는 것은 출세의 지름길이라는 생각을 강하게 가지고 있었다. 실제로 배재학당의 경우 1895년부터 1901년까지 조선 정부로부터 영어 위탁교육기관으로 지정됨으로 재정지원과 함께 안정적인 학생 수급을 받아 발전을 할 수 있었다. 이런 의미에서 선교사들에게 영어교육은 양날의 칼이었다. 조선인의 요구에 맞추어 영어교육을 강화하면 학교는 발전할 수 있지만, 원래 하고자 했던 교육의 본질과 선교의 목적을 제대로 달성할 수 없었다. 반면 영어교육을 포기하면 학교의 존립이 위기에 처하게 되었다.[12]

아펜젤러는 정부와의 외국어 위탁 교육이 끝나자 학생 수는 반감했지만 그래도 어느 정도 안정된 학교의 위상을 갖게 되었다. 그래서 그것을 기반으로 배재학당을 그가 원래 하고 싶었던 기독교 교양교육을 하는 학교로 재편했다. 그래서 영어교육을 대폭 축소하고 일반 서구의 교양교육 과정을 도입하고 신앙교육을 강화했다. 그리고 서재필, 윤치호 등 서구 고등교육을 받은 조선인 강사를 초빙하였으며, 대학과정을 신설하려고 했다. 하지만 대학설립 계획은 동료 선교사들의 견제로 좌절이 되었고, 영어교육의 약화로 학생 수가 감소하자 1907년 다시 교수어를 영어로 복귀시키는 등 어려움을 겪었다.

'기독교적 교양교육'을 본격적으로 도입하고 꽃을 피운 사람은 장로교 선교사 베어드였다. 베어드는 대부분의 다른 선교사들과 마찬가지로 일본을 문명국으로 생각했고, 일본이 중국 대신 조선에 영향을 미치는 것을 환영했지만, 일본의 반기독교적이고 세속적인 영향력이 조선에 미칠 영향에 대해 우려했다. 그래서 한국의 기독교인들이 스스로를 지킬 수 있도록 기독교적인 교육제도를 만들어야 한다고 생각했다. 베어드는 1900년 평양에 중등과정인 숭실학당을 설립했는데, 기독

---

12 언더우드기 세웠던 고아원인 혜빈원의 후신인 '예수교학당'이 1897년 문을 닫게 된 것도 영어교육의 폐지와 연관이 크다.

교인을 대상으로 하고, 교수어도 영어가 아닌 조선어로, 그리고 철저한 기독교교육과 서구식 교양교육을 실시했다. 기독교적 교양교육을 통해 조선 교인들을 지도할 교회 지도자를 기르겠다는 베어드의 교육방침은 다행히 당시 기독교인의 75%를 차지하던 평안도의 지역적 배경 하에서 상당한 성과를 거두었다.

이러한 배재학당과 숭실학당의 '기독교적 교양교육' 실현을 위한 노력은 당시 대다수의 조선인들이 가지고 있던 출세지향적, 실용적 교육관을 넘어 인류가 쌓아온 지식을 폭넓게 가르침을 통해 자신과 세계를 알아가고 함께 더불어 살아갈 수 있는 참된 인간을 기르는 교양교육의 비전을 제시하고 실천했다는 면에서 의의를 갖는다고 할 수 있다. 특별히 이러한 근대 공교육의 중요한 본질 중의 하나인 교양교육을 기독교 교육의 바탕 위에서 제시함으로 기독교교육과 공교육의 접점을 보여주었다는 것도 또 하나의 의의가 될 것이다.

6. 소결 : 근대 공교육 정초기에 미친 기독교의 영향

개항기로부터 을사늑약에 이르기까지 조선의 근대 공교육 발전에 있어서 기독교의 역할은 매우 컸다. 물론 조선 정부도 근대 공교육 도입을 통한 국가발전에 대한 의지를 가지고 있었으나 이를 실제로 실행해 나가기에는 물적 조건이 미약했고 정치적인 상황전개가 긴박했다. 그리고 기독교가 아닌 일반 민간에서의 노력도 민족이 처한 위기 상황에 대한 대안을 제시하고 이를 현실에서 지속적으로 이끌어갈 수 있는 충분한 힘을 갖지 못했다. 이에 반해 기독교는 기독교의 기반인 서구 근대 공교육이 가진 정신과 경험을 바탕으로 한국 근대 공교육이 나아갈 방향과 모델을 제시하고 공교육의 정신을 실제 학교의 모습으로 확산시켜가는 역할을 했다.

우선 선교회와 교회는 국가나 지역사회보다 더 근대 공교육에 대한 비전을 제시하고 이끌어갈 수 있는 공적 기구로서 신뢰를 받았다. 공교육의 도입과 실현에 있어서 기독교는 국가나 지역사회와 대립하지 않았고 오히려 그들이 할 수 없는 부분을 채워주는 역할을 했다. 그리고 기독교는 가장 하층민까지 교육기회를 제공했으며 특히 여성 교육에 있어서 적극적인 기회를 제공했다. 교육의 목적과 내용과 관련해서도 관료가 되거나 직업을 갖기 위한 교육을 넘어 '교양교육'이라는 공교육의 본질을 보여주었다. 개화기 기독교계 학교가 한국 근대 공교육의 형성에 미친 영향에 대해 일제 강점기 교육사가였던 이만규는 이렇게 저술하고 있다.

> 관·사립학교의 시설을 통하여 당시의 교육사조를 미루어 보면 … 교육의 목적이 개인의 개성발전이나 세계문화 흡수를 추구한 것이 아니고 대부분 벼슬길로 속히 나가는데 있었기 때문에 일종의 기계적 교육이었다. 그리고 학교 자신도 영원한 국민교육이 목표가 아니었기 때문에 얼마 지나지 않아 다 쓰러지고 말았다. … 반면에 서양인이 설립한 학교는 그 수가 관립의 모든 학교 수와 대등하고 우리 민간 사립보다는 몇 배나 되었다. 오늘까지 혹은 몇 년 전까지 지속이 되면서 점점 발전하였는데 그들은 그 교육사조가 절대로 목전의 투기가 아니었다. … 그들은 저희 교회 경전에 쓰여 있는 교훈을 진리로 알고 그대로 될 것을 믿고 계획과 노력을 한 것이다. … 이 정신으로 교육을 하였기 때문에 벼슬꾼을 가르친 것은 아니며, 장사꾼을 가르친 것도 아니다. 눈앞의 작은 이익을 추구한 모리주의적 교육이

아니었고, 오직 보다 '인간다운 인간이 되라'는 교육이었다. 인간이 인간 수준에 이르지 못하고는 좋은 국민도, 좋은 교사도, 좋은 관리도 없다. 이러한 교육사상에서 학교를 세웠으니 사상 자체가 반석 같은 진리를 닦은 것이므로 사업 자체가 영원토록 쓰러지지 않을 힘을 내포하였던 것이다. 이 점에 있어서 그들의 교육사업은 개척자요, 선구자요, 지도자요, 공로자였다. 계몽기에 이 교회 계통의 학교가 없었던들 다만 그 썩은 옛 사상을 버리지 못한 관립이나, 교육이념이 빈곤한 몇 개 민간사립만으로는 계몽기의 계몽이 얼마나 더디었을 것인지 상상할 수 있다.

비서구권 사회에서 기독교가 근대 공교육의 형성에 이렇게 큰 영향을 미친 사례는 찾아보기 힘들다. 일본만 하더라도 정부에 의한 근대 공교육의 시작과 선교사에 의한 기독교학교 수립은 거의 같은 시기에 이루어졌고, 정부의 교육과 기독교 교육은 서로 대립하는 관계였다. 그 결과 초등교육은 처음부터 정부의 독점으로 이루어졌고, 기독교 교육은 정부 교육의 틀 가운데서 여성교육 등 일부분에서만 특색을 드러내고 기여를 할 뿐이었다. 이에 반해 조선은 정부와 지역사회의 힘이 미약한 상황에서 기독교 교육은 주인 없는 땅을 개척하는 것처럼 조선의 근대 공교육의 형성에 핵심적인 역할을 했다.

그러기에 조선이 일제강점기를 맞지 않고 자생적으로 근대화를 이룩하고 근대 공교육을 완성해갔다면 하는 아쉬움을 갖게 된다. 그렇다면 한국의 근대 공교육은 기독교가 가진 건강한 공교육의 정신을 핵심으로 지금과는 다른 건강한 공교육을 형성해갔을 것이다. 하지만 현실은 일본 제국주의의 통치를 받으면서 식민지형 근대교육으로 굴절하게 되고, 구한말 근대 한국 공교육에 미친 기독교적 영향력은 그 빛을 잃게 된다.

Ⅲ. 식민지형 근대교육으로의 굴절

1. 일본의 관공립학교 재편과 민간 사립학교의 급증

1905년 을사늑약을 통해 조선에 대한 실질적인 지배력을 확보한 일본은 본격적인 식민교육을 위한 정지작업을 시작한다. 이를 우선 1906년에 '보통학교령'과 '고등학교령'을 반포하여, 기존의 5-6년제의 소학교를 '보통학교'로 개칭하면서 수업연한을 4년으로 단축시킨다. 그리고 6-7년제의 중학교는 '고등학교'로 개칭하면서 수업연한을 4-5년제로 단축시킨다. 이렇게 더 높은 상급학교를 염두에 둔 소학교와 중학교를 폐지한 것은 대부분의 조선인 교육을 '보통학교'로 종결하며, 혹 상급 교육을 받더라도 고등학교 단계에서 종결하겠다는 의지를 나타낸 것이다. 이렇게 조선의 교육을 8-9년으로 단축함으로써, 본국 일본보다 한 단계 낮은 식민교육을 하고자 한 것이다. 이와 더불어 일본어를 중요 교과로 추가하였으며,[13] 모든 학교의 교감을 일본인으로 세워 학교를 관리하게 함으로 학교교육에 대한 장악력을 더해갔다. 그리고 참된 학교교육의 모범을 보여준다는 차원에서 일본인이 책임자로 있는 30여개의 보통학교를 설립했으며, 사립학교 가운데 일본인 교감과 일

---

13 일본어를 주당 6시간으로 편성하였는데, 이는 '국어 및 한문' 교과와 함께 제일 많은 수업 시수였다.

본인 교사 1인, 조선인 교사 1-2명을 파견해주고 공립보통학교와 같은 교육과정을 운영하는 '지정보조사립학교' 제도를 도입하기도 했다.

<표 7> 통감부 시기 보통학교 통계

연도	관립	공립	지정보조사립	계
1906년	9	15		22
1907년	9	41		50
1908년	9	50		59
1909년	9	51	31	91
1910년	1	59	41	101

출처 : 이만규(2010), 「조선교육사」, p.453

이렇게 일본이 공립학교를 근대적인 모범학교로 육성해 조선인들을 끌어들이려고 했지만 이에 대한 조선인들의 반응은 냉담했다. 을사늑약 이후 정부는 조선의 정부가 아니라 일본의 괴뢰 정부라는 인식이 널리 퍼져있었기 때문에 정부가 직할하고 교원이 관리로 된 관공립학교를 사람들이 싫어하는 분위기였다. 더군다나 개화기 교육을 받은 사람들의 상당수가 친일세력 혹은 부일세력으로 전락하면서 일반 민중들에게 있어서 관공립학교는 친일세력을 양성하는 학교로 취급이 되었다.

이에 반해 을사늑약에 대한 국민들의 분노는 사립학교 설립 붐으로 이어졌다. 애국지사들은 전국을 순회하며 구국을 위한 교육사업을 호소했고, 지식인들은 일제하에 벼슬을 하기보다는 지방에서 청년들을 가르치는 것을 의무로 생각하는 분위기가 팽배했다. 그리고 지방 유지들은 물론이고 열악한 상황에 있던 노동자들도 학교를 위한 재정 후원에 적극적으로 나서는 분위기였다. 여기에 더하여 개신교의 대부흥 운동이 일어나면서 교회 부속 소학교들도 급속히 늘어났다. 1909년에 발행된 미국 북장로교 선교회 보고서에 의하면 북장로회 소속 교회가 운영하는 학교가 1902년에 63개에 학생 수는 남학생 845명, 여학생 148명이었는데, 1909년에는 589개 학교에 남학생 10,916명, 여학생 2,511명이라고 보고하고 있다. 그리하여 일본이 이러한 사립학교의 붐을 억제하기 위해 1908년 사립학교령을 공포하며 사립학교 등록을 실시했을 때 1910년까지 등록하여 인가를 받은 학교만 2,250개에 달했다. 하지만 당시 통감부에 등록하지 않은 학교들도 많았기 때문에 실제로 1910년 한일합방 때까지 훨씬 더 많은 사립학교가 세워졌을 것이라고 본다.

<표 8> 1910년 5월 인가된 사립학교

보통학교	고등학교	실업학교	각종학교	종교학교	계
16	2	7	1,402	823	2.250

출처 : 이만규(2010), 『조선교육사』, p.484

2) 일제의 사립학교 탄압과 기독교계의 대응

이러한 사립학교의 급격한 증가를 탄압하기 위해 일본은 '사립학교령'(1908), '교과용도서검정규칙'(1908), '기부금품모집 취체규칙'(1909), '사립학교규칙'(1911), '개정사립학교규칙'(1915) 등 연쇄적인 규제를 가한다. 이 가운데 사립학교가 기부금을 모집할 경우 지방장관의 허가를 받아야 하는 '기부금품모집 취체규칙'은 그렇지 않아도 재정적으로 어려움을 겪던 사립학교에 치명적인 타격이 되었다. 그리고 일제는 사립학교들을 통폐합시키거나 공립으로 전환시키는 정책을 적극적으로 펴나간다. 그리하여 1910년을 기점으로 학교수와 학생수가 감소하게 된다. 이렇게 보통학교에 대한 일반 백성들의 거부감이 큰 가운데 사립학교가 탄압을 받게 되자 많은 수의 백성들이 전통 교육 기관을 서당을 찾게 됨으로 1910년대는 서당이 초등교육의 주를 담당하는 기현상을 보이게 된다.

\<표 9\> 1910년대 사립(각종)학교 현황

연도	일반 사립		종교 사립		계	
	학교수	학생수	학교수	학생수	학교수	학생수
1911	901	38,540	566	18,992	1,467	57,532
1912	823	35,977	494	19,336	1,317	55,313
1913	800	36,617	477	20,897	1,277	57,514
1914	745	32,750	462	21,125	1,207	53,875
1915	660	30,294	422	21,430	1,082	51,724
1916	583	27,821	386	20,822	969	48,643
1917	497	24,769	325	18,874	822	43,643
1918	463	18,210	312	16,987	775	35,197

출처 : 임후남(2011), 「1910년 전후 기독교 초등교육 연구」, P.56

이러한 일제의 사립학교 탄압에 대해 기독교계는 초기에는 이런 조치들을 수용하는 입장을 취했다. 특히 선교부는 당시 민간 사립학교는 물론이고 조선 기독교인들이 주도가 된 교회 부속 소학교들도 학교 시설이나 교사의 자질, 교육과정 면에서 정식 학교로서는 부족하기 때문에 일본 정부의 조치는 타당하다고 보았다. 실제로 선교부는 서울지역의 교회 부설 소학교들을 권역별로 4개의 학교로 통폐합하는 것을 포함해서 교회 부설 학교가 아닌 지역 연합 학교로의 통폐합을 통해 소수의 건실한 학교를 세워가는 전략을 추진했다. 선교사들의 주된 관심은 교회 부설의 소학교가 아닌 선교부가 직접 운영하던 중등학교에 있었기 때문에 교회 부설 소학교에 대한 관심이나 애착이 조선 기독교인들과는 온도차가 있었다. 그리고 일제도 미국과의 관계를 고려해서 기독교계 학교에 대한 직접적인 탄압과 간섭은 얼마간 유보했다.

하지만 개정사립학교규칙(1915)이 발표되면서 사립학교도 정부가 정한 교육과정을 따라야 하기 때문에 성경, 지리, 한국사 등의 과목을 가르쳐서는 안 되며, 천황에 대한 의례와 신도 사상을 가르칠 것을 요구하자 선교부 차원에서 반발하게 된다. 이러한 조치는 종교학교의 정체성을 포기할 것을 요구하는 것이라고 판단했기 때문이다. 이에 대해 선교부는 개별 선교부 차원에서는 물론이고 6개 선교부 연합 차원에서도 '종교계 학교에서 성경과 예배를 허락할 것' '조선어 제한을 철폐할 것' '학생의 양심의 자유를 존중해 천황숭배를 하지 않을 자유를 줄 것' '조선사와 세계사를 허락할 것' 등을 요구한다. 하지만 일본도 자신들의 교육목표가 국민의 지성과 도덕을 개발하는데 있을 뿐 아니라 그들의 마음 속에 제국의 존재와 번영에 기여할 수 있는 국가정신을 촉진하는데 있기 때문에 기독교계의 요구를 수용할 수 없음을 분명히 한다. 특별히 일본은 조선의 초등교육에 있어서 기독교학교가 독보적인 위치를 차지하고 있는 현실이 '황국신민'을 만들기 위한 일제의 동화교육에 큰 걸림돌이 되고 있다고 생각했기에 어찌하든지 교육에서 기독교를 배제해야 한다는 생각을 하고 있었다.

하지만 이러한 일본의 정책에 대해 감리교는 종교교육과 종교의식을 희망자에 한해서 과외 활동으로 해도 좋다는 총독부의 양해 아래 총독부 방침을 받아들이고 정부 인가 고등보통학교로 전환을 함으로 기독교계가 분열이 된다. 하지만 장로교의 경우 내부 논란은 있었으나 끝까지 저항을 한다.[14] 이러한 와중에 3.1독립운동이 일어나고, 이후 총독부가 문화정치로 전환을 하면서 1923년 종교교육과 학교활동의 일환으로서 종교의식을 인정하게 된다. 하지만 동시에 일제는 종교계 사립학교에게 상급학교 진학에 있어서도 총독부 산하 일반 고등학교와 동등한 자격을 주는 지정학교로 전환할 것을 요구한다. 지정학교가 되면 종교교육을 제외한 모든 교육은 일반 학교와 똑같은 교육과정을 운영해야 하고 일본인 혹은 일본어를 능통하게 사용하는 교사를 고용해야 하는 등의 제약을 받게되어 있었다. 기독교계 사립학교들은 그 동안 상급학교 진학에서의 차별로 인해 신입생 모집의 어려움을 겪고 있던 터라 대부분의 학교가 지정학교의 틀로 들어가게 된다.[15] 이는 기독교계 사립고등학교들이 일제의 탄압 가운데서도 종교교육과 종교의식을 할 수 있는 자유를 얻는 성과를 얻었지만 큰 틀에서는 일본의 식민지 교육 체제에 편입될 수밖에 없었음을 보여주고 있다.

하지만 그나마 선교부에서 재정 지원을 받은 고등학교들은 지정학교의 틀 내에서 유지될 수 있었으나 교회가 재정을 감당해야 하는 교회 부속 소학교들은 통폐합과 지역 사회의 도움을 요청하는 등 자구책을 강구했지만 점차 보통학교로 전환하거나 소멸할 수밖에 없었다.

---

14 경신학교로 대표되는 서울지역 학교들은 감리교와 같이 고등보통학교로 전환하는 것에 찬성을 했고, 숭실학교로 대표되는 서북지방은 폐교를 각오하면서 강경하게 반대를 했다.

15 실제로 숭실학교 등에서 재학생들이 자신들의 상급학교 진학에 어려움을 호소하면서 학교가 빨리 지정학교로 들어가는 것을 요구하며 동맹휴업을 하는 사례들도 많이 발생했다.

3. 식민지 교육체제의 확립과 확대

1905년 을사늑약과 함께 시작된 공립보통학교에 대한 백성들의 거부 현상은 1919년을 기점으로 급변하기 시작한다. 우선 일본은 3·1운동을 계기로 보통학교를 6년제로, 고등학교를 5년제로 전환해 일본 본토와 수학기간을 같게 하는 등 유화적인 정책을 취하기 시작했다. 그리고 사립학교가 총독부의 지속적인 견제와 탄압으로 경영난을 겪었고, 상급학교 진학이나 취업에 있어서 불리한 조건에 있었으며, 교육의 여건과 질적인 면에서 보통학교와 사립학교의 격차가 점점 커져가고 있었다. 일제의 통치가 장기화되면서 일제식민지화를 현실로 받아들이는 풍조가 늘어났고, 이러한 풍조 하에 실력양성론이 등장하기 시작했다. 이러한 상황 속에서 자녀를 사립 각종학교가 아닌 공립 보통학교에 취학시키려는 움직임이 급속도로 늘기 시작했다.

이러한 보통학교 취학열기와 경쟁이 심각해지자 일본은 조선의 취학열을 억누르는 정책을 시행한다. 그래서 보통학교 설립규정을 변경하여 보통학교를 설립하려면 학교설립에 필요한 경비를 주민들 스스로 충당한 후 학교 설립을 신청하면 도지방비나 총독부 국고로부터 보조금을 지원받아 학교를 설립할 수 있게 했다.[16] 이뿐 아니라 조선인들에게는 무거운 수업료(월사금)를 징수했다.[17] 하지만 이러한 조치는 당

---

16 학교 건물 신증개축 비용과 관련해 원래는 총독부가 2/3를 부담하는 원칙을 세웠으나 실제 건축비 증가 등으로 인해 대부분의 학교는 지역민의 기부금이 1/2 내지 2/3를 차지하는 경우가 많았다.

17 1921년의 경우 4년제 보통학교의 월사금은 40전이고 입학비용은 4원 30전이었다. 그리고 학교 경비에 보탤 부과금, 후원회비 등을 제외하고도 학생 1인당 1년간의 학비는 모두 20원 이상이었다. 당시 농부의 1년 평균 수입이 30원 정도였다는 것을 고려하면 농민들에게 과중한 돈이었다.

시 조선인들의 취학열을 막기보다는 보통학교 설립 열기를 더 부추겨 지역민들이 보통학교 설립에 필요한 경비를 모아 보통학교 설립 청원을 하거나 기존의 사립학교를 보통학교로 전환하는 움직임이 전국적으로 일어나기 시작했다.[18] 일본은 이러한 열기를 억누를 수만은 없어서 1929년부터 1면 1교정책을 추진하지만 내용적으로는 상급학교 진학 자격이 주어지는 6년제 보통학교가 아닌 종결교육의 의미를 지닌 4년제 보통학교로 유도를 했다. 그리고 6년제 학교는 4년제 학교에 비해 수업료를 두 배나 높게 책정을 했다. 그럼에도 불구하고 4년제 학교를 6년제로 전환하는 운동이 일어나 6년제 학교가 계속 늘어났다. 그리고 1면 1학교가 완성된 1936년이 되어서도 전체 취학연령의 25% 정도만 수용이 되고 보통학교 입학경쟁이 과열되자 결국 모든 학생들을 대상으로 한 의무교육에 대한 계획을 세우고 추진을 하면서 보통학교 취학생이 지속적으로 증가했다.

---

18 지역민들이 새롭게 공립 보통학교를 세운 경우와 이미 존재하던 사립학교를 공립 보통학교로 전환한 경우에 대한 정확한 통계는 나와 있지 않으나, 1920년대에 세워진 213개교의 공립 보통학교를 연구한 박진동(1997)의 「일제강점하(1920년대) 조선인의 보통교육 요구와 학교설립」에 따르면 사립학교 73개, 서당 11개, 강습소 11개교가 공립 보통학교로 전환한 것으로 밝힌 것으로 보아, 이 시기에 세워진 공립 보통학교의 1/3 내지 1/2 정도가 사립학교 혹은 서당이나 강습소가 공립 보통학교로 전환을 했고, 나머지 학교들은 완전히 새로 설립한 것이라고 볼 수 있다.

<표 10> 보통학교 취학률 : 1912-1942

연도	전체 학생 수	취학률(%)	남자 학생 수	취학률(%)	여자 학생 수	취학률(%)
1912	44,638	2.1	40,640	3.7	3,998	0.4
1917	84,283	3.5	74,726	6.1	9,557	0.8
1923	317,667	12.6	272,482	21.1	45,185	3.7
1929	471,400	17.4	391,085	28.4	80,315	6.1
1934	636,334	21.5	510,570	34.0	125,764	8.6
1939	1,214,479	38.2	908,828	56.5	305,651	19.4
1942	1,752,590	47.7	1,219,156	66.1	533,434	29.1

출처 : 오성철(2000), 『식민지 초등교육의 형성』, p.133

이렇게 보통학교의 취학률이 높아지면서 고등학교(중등교육)와 대학교(고등교육)에 진학하려는 사람들이 급속도로 늘어나게 된다. 하지만 일본은 조선인의 교육을 보통학교 수준에서 묶고 중등교육과 고등교육은 최대한 억제하는 정책을 지속한다. 그래서 해방 직전까지 중등교육은 초등교육에 비해 학교 수는 12.8%, 학생 수는 4.8%에 불과했고, 고등교육은 중등교육에 비해 학교 수는 5.5%, 학생 수는 5.2%에 불과한 기형적인 구조를 갖게 되었다. 그리고 이러한 불균형은 해방 후 한국 정부가 부담해야 할 몫이 되었다.

<표 11> 1942년 학교 현황

구분	초등교육	중등교육				고등교육
	보통학교	일반계	실업계		사범학교	경성제국 대학 및 전문학교
		고등보통학교	실업학교	실업보습학교		
학교 수	3,263	142	109	137	12	22
학생 수	1,779,661	40,309	29,832	9,936	6,033	4,505

출처 : 최광만(2010), 『근대 한국교육의 역사적 맥락』, p.32

4. 신사참배를 둘러싼 일제와 기독교계 사립학교의 갈등

앞에서 살펴본 바와 같이 일제는 조선인들의 교육열에 밀려 보통학교는 확대해가면서 그를 통해 황국신민을 기르는 교육을 했지만, 중등학교는 신설 자체를 억제해왔다. 그러다 보니 일반계 고등보통학교의 경우 해방 직전까지 140여 개에 불과할 정도로 많지 않았다. 그런데 이 가운데 40여 개가 기독교계 사립학교였기 때문에 그 비중이 결코 작지 않았다. 기독교계 사립학교들은 대부분 1910년 한일합방 이전에 설립이 되었기 때문에 처음부터 일제의 교육정책의 의도에서 벗어나 있었다. 비록 1915년 개정사립학교규칙 이후 감리교 계통의 학교들은 고등보통학교로 전환을 했고, 장로교 계통의 학교들도 지정학교로 전환을 해서 식민지교육의 큰 틀에 들어가 있긴 했지만, 그래도 공립 고등학교들과는 다른 교육적 정체성을 유지하고 있었다.

그런데 이러한 기독교계 사립학교들은 1930년대 들어서면서 신사참배 문제로 일제와 큰 갈등에 직면하게 된다. 일본에서 신사참배는 명치유신 때 국가적 통합을 위해 천황을 최고권위자로 한 일종의 국가종교로 모든 종교 위에 군림하는 초종교로서의 절대 권위를 갖는 의식이었다. 그래서 일제는 식민지 지배 초기부터 도입했고, 1920년대만 해도 기독교계 학교를 중심으로 한 반발이 있었다. 그래서 신사참배에 대한 강경책을 쓰지는 않았다. 하지만 1930년대 들어서 대륙침략을 시작하면서 모든 학교는 물론이고 교회까지 신사참배를 강요하기 시작했다.

1935년 평양 기독교계 사립학교장의 신사참배 거부 사건이 계기가 되어 숭실학교 교장 맥큔과 숭의여학교 교장 스누크 여사가 파면당하게 되었다. 이 사건을 계기로 기독교계 사립학교들은 신사참배를 할 것인지 학교를 폐쇄할 것인지 선택의 기로에 서게 되었다. 결국 미국 북장로회와 남장로회 소속 학교들은 1938년 폐쇄를 했고, 호주 장로교 선교부는 1939년 학교 폐쇄를 결정했다.[19] 반면 감리교와 캐나다 장로교 선교부는 신사참배를 국가의식으로 받아들이기로 해 학교를 유지했다.

이러한 일제의 신사참배 강요에 대한 기독교계 사립학교들의 저항은 조선 민중들에게 큰 희망을 주었다. 그래서 신사참배 문제를 둘러싸고 일제와 기독교계 사립학교들의 갈등이 시작된 1936년 이후부터 학교들이 폐쇄된 1938년까지 기독교계 사립학교에 지원한 학생 수가 급증하는 현상으로 나타나기도 했다. 하지만 정작 학교가 폐쇄할 상황이 되자 학생들은 갈 곳이 없어졌고, 그러지 않아도 조선인들이 진학할 수 있는 일반 고등학교가 많지 않은 상황에서 많은 수의 기독교계 사립학교의 폐쇄는 조선인들의 중등교육 상황을 더 위축시키는 결과를 가져왔다. 그래서 많은 조선인들이 선교사들에게 학교운영권을 양도할 것을 요구했고[20], 일부 학교들은 조선인 경영자들이 학교를 인수해 계속 경영하기도 했다.

일제 강점기가 시작되기 전 조선의 개화기에 세워진 사립학교들은 교육을 통해 조선 백성들을 황국신민화하겠다는 일본의 교육정책 수행에 있어서 큰 걸림돌이었다. 특별히 기독교계 사립학교들은 일본이 지향하는 천황중심의 국가종교체제와 병립할 수 없는 유일신 하나님에

---

19 북장로교의 경우 맥균과 베어드 선교사가 중심이 된 평양 지역의 학교들은 폐교를 주장했고, 언더우드를 중심으로 한 서울 지역의 학교들은 신사참배를 하더라도 학교를 유지하기를 원하는 등 갈등 가운데 폐교를 결정했으나 서울지역의 학교들은 다른 방법으로 학교를 유지했다. 반면 호남지역에 선교했던 남장로교의 경우 총회 결정을 따라 일괄 철수를 했다.

20 미국 남장로교 선교사들이 운영을 하던 호남 지역의 학교들의 경우, 지역민들이 학교를 폐쇄하지 말고 지역민들에게 학교 운영을 넘길 것을 요구했으나, 선교사들이 일괄 폐쇄를 결정했기 때문에 해방 이후 선교사들이 다시 학교를 재건하려고 할 때 지역사회와 마찰을 겪기도 했다.

대한 신앙과 그에 근거한 개인의 자유와 인권을 존중하는 사상을 기반으로 하고 있었기 때문에 더 문제가 되었다. 이러한 기독교계 사립학교들을 식민지 교육 체계 속에 가두기 위한 일제의 여러 조치들은 기독교계 사립학교와의 대립과 갈등 가운데서도 어느 정도 성과를 거두고 있었다. 하지만 신사참배 문제는 기독교계 사립학교의 핵심 신앙의 문제와 관련된 것이라 이전의 조치들과는 달리 타협의 여지가 많지 않았다. 결국 학교폐쇄를 통해 일제는 기독교계 학교를 굴복시켰고, 선교사들은 신앙의 지조를 지켰지만, 조선인들로서는 일제의 황국신민화 교육 가운데서 교육의 숨통 역할을 하던 학교를 잃어버리고, 그나마 부족한 중등교육의 기회가 더 축소되는 상황에 처하게 되었다.

5. 소결 : 식민지 교육체제 하의 기독교의 영향과 갈등

구한말 조선은 일본을 비롯한 외세의 침략이라는 위기 상황 가운데 서구 근대교육 도입을 통해 국가를 새롭게 하기 위한 몸부림을 친다. 하지만 이러한 근대교육을 활성화하겠다는 의지를 뒷받침할 만한 역량이 정부는 물론이고 민간에서도 충분히 축적되어 있지 않았다. 이 가운데 교회 부속 소학교들과 기독교계 사립고등학교들은 근대교육의 중심적인 역할을 하고 있었다. 교회 부속 소학교들과 기독교계 사립고등학교들은 단지 서구의 교육제도와 틀을 가져오는데 그치지 않고, 근대 공교육이 추구하고자 했던 그 정신을 조선 교육에 실현하고자 했으며, 이를 조선이 처한 국가적 위기를 극복하는 실천적인 에너지로 연결시키는 역할을 담당하고 있었다.

1905년과 을사늑약에 이어 1910년 한일합방을 통해 조선을 지배하기 시작한 일제는 조선 내부에서 싹트기 시작한 근대 공교육의 싹을 잘라내고, 식민지형 근대교육을 심기 시작했다. 이러한 일제의 식민지 교육정책에 대해 조선 백성들은 공립 보통학교에 자녀를 보내지 않고 자생적인 사립 소학교 설립으로 대응을 했다. 하지만 일제가 사립학교 탄압을 본격화하고 일제의 식민 지배가 본격화하면서 대부분의 백성들은 생존을 위해 공립 보통학교를 선택하게 되고 사립학교는 약화되거나 공립으로 전환하는 길을 걷게 된다.

이러한 일본의 사립학교 탄압 정책 가운데서 선교사들은 조선인들이 중심이 된 교회 부속 소학교를 지키고 육성하기보다는 선교사들이 직접 세운 사립고등학교들을 육성하고 지키는 일에 집중을 한다. 물론 기독교계 사립고등학교의 정체성을 지키는 것조차 쉽지가 않아서 고등보통학교나 지정사립학교로 전환함을 통해 겨우 생존할 수 있었던 당시 상황을 생각할 때, 교회 부설 사립 소학교까지 육성 및 보호 정책을 펼 것을 요구하는 것은 무리일 것이다. 하지만 한국 근대 공교육의 형성에 있어서 교회 부속 소학교가 했던 역할과 그 존재 가치에 대해 선교사들이 제대로 인식하지 못했던 것이 아닌가 하는 아쉬움은 남는다.

일제 식민 통치 하에서 공립보통학교의 급속한 확대는 조선 백성들의 교육 확대에 대한 강렬한 요청과 헌신에 의거해서 이루어졌다. 조선 백성들의 입장에서는 보통학교에서 식민교육이 이루어진다 하더라도, 교육은 신분상승의 유일한 통로였기 때문에 보통학교 취학열과 상급학교 진학열은 시간이 흐를수록 그 열기를 더해갔다. 반면 일제는 조선 백성들의 교육열을 활용해 황국신민교육을 강화하되 그 교육을 보통학교 수준에서 제한하려고 했다. 그래서 중등교육과 고등교육은 최대한 억제를 했다.

이러한 상황 가운데서 선교사들이 세운 기독교계 사립고등학교들은 조선인을 위한 중등교육의 비교적 큰 비중을 차지했을 뿐 아니라 일제의 식민교육과는 다른 기독교적 교양교육으로서의 공교육의 본질을 지켜내는 역할을 감당했다. 하지만 이러한 대립은 기독교계 사립학교에 대한 일제의 탄압을 가져왔고, 사립학교에서 종교교육을 하지 못하게 하는 조치와 신사참배 강요 조치를 두고 충돌을 하게 된다. 이러한 일제의 기독교계 사립학교 탄압 정책에 대해 기독교계 내부에서는 일제의 정책에 순응하는 가운데 그 한계 내에서 기독교 교육의 정체성을 모색하자는 입장과 기독교 교육의 정체성을 지키지 못할 경우 더 이상의 교육이 무의미하다는 입장으로 나뉘어졌다. 그리고 그에 대한 대응에 따라 학교의 존폐가 결정이 되었다.

근대 공교육의 정신에 비추어볼 때 황국신민 양성에 초점이 맞추어진 일제의 식민지 교육은 한국 근대 공교육의 발전에 있어서 심각한 왜곡과 일탈이었다. 그리고 일반 백성들은 그러한 교육적 한계 내에서 교육을 통한 생존과 신분 상승이라는 전통적인 욕구를 더 강화할 수밖에 없었다. 이러한 일제와 백성들의 상이한 욕구들이 서로 맞물림으로 식민지 교육은 한국 근대 공교육의 역사 가운데 쉽게 풀 수 없는 모순의 큰 덩어리를 만들어낸 시기였다. 이러한 모순은 해방 이후 교육에 대한 국가와 관료의 지배 체계와 교육을 통한 계층 상승 욕구를 담은 입시경쟁교육으로 나타나게 된다.

이러한 모순과 억압의 식민지 교육 가운데서 교회 부속 소학교들과 기독교계 사립고등학교들은 한국 근대 공교육의 본질에 근접하는 보루의 역할을 했다. 물론 일제 식민지 억압 가운데 교회 부속 소학교들은 일제 식민지 중반을 넘기면서 약화되었다. 그리고 기독교계 사립학교들도 기독교 교육의 정체성을 위협 받는 가운데, 일부 학교는 정체성을 후퇴시키면서 타협과 생존을 모색했고, 일부 학교들은 정체성의 위협

앞에서 학교를 폐쇄함으로 정체성을 지키려고 했다. 타협과 생존을 모색한 학교는 생존 자체로 그 시기에 기여를 했고, 폐쇄한 학교는 그 정신을 남겨줌으로 한국 근대 공교육의 발전에 기여를 했다고 볼 수 있을 것이다.

Ⅳ. 미군정기 민주적 교육제도 도입 과정의 혼란

1. 미군정청의 교육정책 기조

1945년 해방 직후 남쪽을 점령한 미군정은 일제의 잔재를 청산하고 조선 백성들이 주체가 된 민주적인 국가 형성의 기반을 마련해야 하는 과제를 안고 있었다. 따라서 교육에 있어서도 일제의 황국신민화 교육을 청산하고 민주적인 근대 교육제도 정착을 위한 기반을 마련해야 하는 요구를 받고 있었다. 하지만 미군정은 일본의 무장해제 외에는 새로운 국가 건설에 대한 비전을 가지고 있지 않았다. 그리고 이러한 상황 속에서 미군정이 제일 크게 부딪힌 현실은 38도선 이북 소련 군정 하에 진행되고 있는 북한의 공산화와 남한 내부에 있는 공산주의 세력이었다. 이렇게 되자 한반도 내에서 공산주의 세력을 저지하는 것이 미군정의 제일 중요한 목표가 되어버렸고, 친일 청산이나 조선인이 주체가 된 민주국가 건설은 부차적인 목표가 되어 버렸다. 교육도 이러한 큰 흐름에서 자유로울 수 없었다.

미군정은 일제 식민지 교육을 청산하고 민주주의를 실시하겠다고 했지만 이 민주주의는 다양한 생각과 독특한 삶을 인정하고 허용하는 관용을 의미한 것이 아니라 공산주의와 대비되는 사상이라는 의미로 제한되었다. 미군정은 당시 직접적인 위협의 대상이었던 공산주의나 사회주의는 물론이고 많은 국민들의 정서를 지배하고 있던 민족주의 도 불온시했다. 그래서 민주주의의 내용을 개인주의 정도로만 축소해서 민중들을 기존의 모든 정치 집단이나 이데올로기로부터 단절시키고 자 했다. 이러한 미군정의 당면한 반공정책을 시행하는데 있어서 대중 매체 등 다른 홍보 수단이 많지 않았던 상황에서 교육은 가장 효과적인 정치사회화의 수단이었다. 교육에 대한 이러한 미군정의 인식은 이후 미군정기에 시행된 모든 교육정책의 기조로 작용하게 된다.

2. 새로운 교육정책의 도입

미군정은 한국에 대한 정보가 많지 않았으므로 한국의 언어와 풍습에 능통한 선교사 혹은 선교사 자녀들을 자문관으로 중용을 했다. 그리고 이들의 추천을 받은 인사 혹은 미국 유학 경험을 가진 인사들을 등용했다. 교육 분야에서도 김성수, 유억겸과 같이 일본 유학 후 일제 시대 학교를 운영하며 일세와 타협하거나 온건한 민족운동을 표방해왔던 인사들이나, 오천석, 백낙준, 김활란 등 기독교를 배경으로 미국 유학 출신으로 영어를 능통하게 구사할 수 있는 능력을 갖춘 인사들이 주로 등용되었다. 이 가운데 오천석은 미군정 교육담당관인 라카드 대위의 자문관이나 통역 역할로 이후 문교차장과 부장으로서 주도적인 역할을 담당했다. 학무국에서는 10명의 교육 관련 인사들로 구성된 '한국교육위원회'를 통해 해방 직후 교육 현안들과 인사 문제를 처리했으며, 이후 70여명의 위원들과 10개의 분과를 가진 '조선교육심의회'를 통해 해방 한국의 교육이념부터 교육제도, 교육내용에 이르기까지 전반적인 기초 작업을 했다. 조선교육심의회에서 결정한 내용은 지금까지 영향을 미치는 한국 교육의 토대가 되었다.

조선교육심의회가 했던 중요한 결정 중의 하나는 '홍익인간'이라는 교육이념의 설정이었다. 교육이념 분과에서는 '홍익인간'을 "건국이념에 기하여 인격이 원만하고 애국정신이 투철한 민주국가의 공민을 양성하는 것"이라고 설명하고 있다. 즉, 민주주의 교육이념을 한국의 역사적 맥락 속에서 표현했다는 것이다. 그래서 이 말은 'maximum service of humanity'라는 말로 번역될 수 있으며 서양의 공리주의와도 상통하는 것이라고 설명했다. 이러한 설명에도 불구하고 이 말은 처음부터 교육계로부터 환영을 받지는 못했다. 우선 이 말은 민족의 설화에서 도출하긴 했지만 민족주의를 제대로 담아내지 못하고 미국의 민주주의 이념을 한국적 표현으로 각색한 것에 불과하다는 평가를 받았다. 이로 인해 해방 직후 새로운 민족국가를 형성해야 하는 역사적 상황과 백성들의 염원을 제대로 담아내지 못했다는 비판을 받았다. 또한 개념의 모호성으로 인해 무엇을 어떻게 하자는 실천성이 떨어지며 한국 사회와 교육이 처한 역사적 맥락성의 부재로 인해 우리 교육이 나아갈 방향을 제시하지 못하고 혼란만 초래하고 있다는 비판을 받았다. 그리하여 '홍익인간' 이라는 교육이념은 당시에는 물론이고 지금까지 교육현장으로부터 유리되었지만, 그렇다고 수정이나 보완되지도 않아 한국교육은 지금까지 실질적인 교육이념의 부재 상태에 처하게 되었다.

다음으로 조선교육심의회는 6-3-3-4제라는 단선형 교육제도를 확정했다. 일제 강점기 우리나라 교육제도는 초등교육 후 중등교육 진학단계에서 대학 진학을 위한 일반계 학교와 취업을 위한 실업계 학교의 교육과정이 완벽하게 분리되는 철저한 복선형 교육제도였다. 더욱이 조선인과 일본인 사이의 차별교육이 제도화됨으로써 형식이나 내용 면에서 분명한 복선형 교육의 형태를 취하고 있었다. 이러한 상황 속에서 도입된 6-3-3-4제 단선형 학제는 모든 사람에게 교육기회를 개방하고 교육기회와 진학기회를 확대하겠다는 뜻으로 당시 국민들의 강렬한 교육열을 수용하는 의미이기도 했다. 그래서 후속적인 조치로 초등학교 의무교육안을 발표하고, 사립 중등학교와 고등교육 기관 설립을 장려하였다. 하지만 이러한 단선형 학제, 그것도 미국의 교육제도와 똑같은 6-3-3-4제 도입에 대한 비판도 적지 않았다. 6-3-3-4제는 당시 국민들의 경제적 수준이나 교육여건을 생각할 때 너무 많은 비용을 요구하고, 또 불필요한 교육 수요를 창출하여 인력수요의 불균형을 가져올 수 있다는 것이다. 당시 국민들의 교육열과 상급학교 진학열을 생각할 때 단선형 학제의 도입은 불가피했다 하더라도 그것이 꼭 6-3-3-4제여야 했는가 하는 부분은 그 때뿐 아니라 지금까지 논란이 되고 있다.

교육과정의 개혁도 조선교육심의회의 중요한 과제였다. 식민지 체제에서 교육은 충성스런 신민을 양성하는데 목표를 두었기 때문에 모든 교수 용어와 교과서가 일본어였다. 그리고 일본어를 모국어로, 일본 역사, 일본 지리를 배웠을 뿐 아니라 수신 과목을 통해 제국주의 이데올로기를 주입했다. 그러므로 해방 정국에서 새로운 교육과정을 제시하는 것은 시급한 과제였다. 하지만 이러한 교육과정이 하루아침에 나올 수가 없는 것이어서 일반명령 4호를 통해 모든 교수어는 한국어로 하고 '수신' 과목을 대체한 '공민' 과목을 가르칠 것을 발표했다. 하지만 여전히 교과서가 편찬되지 않은 상황이라 학교 현장은 허둥될 수밖에 없었다.[21] 그리고 당시 초등학교에 남아있던 한국인 교원들의 대부분이

---

21 수학을 포함한 이데올로기적 특성이 적은 과목은 일본 교과서를 그대로 사용했고, 나머지

일제하에서 한글 교육을 받은 적이 없었기 때문에 한글을 제대로 모르고 있었다. 그러므로 이 교사들에 대한 한글 교육도 시급한 상황이었다.

이에 긴급히 교육과정 위원회가 가동되어 1946년 9월부터 개정 교육과정이 시행되었다. 개정 교육과정은 우선 초등학교의 경우 저학년은 총 수업 시수의 1/3 정도를 한글 학습에 둘 정도로 국어 교육을 강조했다. 두 번째는 초등과 중등을 막론하고 지리, 역사, 공민 교과를 '사회생활'로 통폐합을 했다. 이는 교과중심의 교육과정을 생활 및 경험 중심으로 이행하고자 하는 의지의 반영으로 당시 미국 교육과정의 영향을 받은 것이었다. 셋째, 중등의 경우 선택 교육과정을 폭넓게 운영했다. 넷째 중등의 경우 영어 교과 수업이 국어 교과와 비슷하거나 많을 정도로 영어 교육을 강조했다. 이는 당시 영어 구사 능력이 계층 상승의 통로로 인식되던 상황의 반영이었다. 교과서 제작 과정에서 대부분의 교과에서 미국 교과서를 많이 참고하였고, 당시 이념 대립이 극심하던 상황의 반영으로 정치적 내용이나 사회적 쟁점이 될 만한 내용은 철저히 배제하였다. 다만 교과서를 한글 전용 가로쓰기로 결정한 것은 당시로서는 획기적인 결정이자 시도로 평가된다. 이 외에도 당시 교과서 인쇄 용지를 구하기가 힘들었고, 제작된 교과서를 전국으로 배송할 수단이 없어 어려움을 겪기도 했다. 교육과정은 이후 여러 차례 변화를 겪지만 기본적으로 미국 교육 흐름의 영향을 강하게 받는다든가 영어 교육을 매우 강조하는 부분 등은 지금까지 한국 교육에 영향을 미치고 있다.

과목들은 교사들에게 일본 교과서를 배포하고 그 내용을 교사들이 공부해서 아이들에게 가르치도록 했다. 이러한 상황에서 조선어학회 회원들이 한국어 교과서를 1945년 11월에 개발하여 교사들을 교육시켰으며, 진단학회에서 국사교과서를 1946년 2월에 개발하는 등 민간 학회가 발빠르게 대응을 했다.

이 외에 국립서울대학교 설치 문제가 미군정의 중요한 정책으로 제시되어 많은 논란을 겪었고, 교육 행정을 일반 행정으로부터 분리하는 교육자치제도를 도입해 지금까지 이르고 있다.

3. 교육기회의 확대와 갈등의 증대

해방 이후 조선 민중들이 교육과 관련해 가지고 있던 제일 큰 바람은 교육기회 및 상급학교 진학의 확대였다. 이러한 바람은 일제시대에 억압되어 왔던 욕구로서, 해방으로 종래의 신분, 계급, 계층, 민족 등으로 인한 구조적 불평등이 해소될 것으로 기대하고 있었다. 그래서 개인적인 교육수준을 높임으로써 계층이동을 도모하려는 욕구가 분출되기 시작했다. 그리고 미군정으로서도 교육기회의 확대는 정부의 정책을 홍보하고 이해시키는 중요한 수단이자, 미군정에 대한 국민들의 지지를 확보하는 가장 강력한 정책이기도 했다.

이렇게 미군정의 정치적 필요와 한국민들의 교육열이 맞아떨어져 미군정은 1946년 1월 초등학교 의무교육 실시 계획을 확정 발표한다. 이 계획은 향후 6년 이내에 현재의 만6세 아동은 물론이고 그 나이가 지난 모든 아동까지 초등교육을 이수시키겠다는 것이었다. 이는 6년 동안 최소한 2배의 학교 건물과 1만 명의 교사를 투입해야 하고 재정 66억 원을 투입해야 하는 당시로는 획기적이면서 계획이었다. 물론 이러한 계획은 당시 교육여건으로는 거의 불가능한 상황이었고, 실제로 법제화가 되지도 못했다. 하지만 초등학교 전면 2부제 실시, 임시 교사 양성소 운영, 각 시도별 노력 등의 영향으로 1945년 해방 당시 50% 전후에 머물던 초등학교 취학률이 1947년을 전후해서 73% 이상으로 높아졌다.

　미군정의 교육정책이 초등교육의 확대에 초점이 맞추어져 있었기 때문에 중등 교육기관을 증설할 여유가 없었다. 더군다나 미군정 초기 미군이 많은 중등학교 건물을 점령군의 숙영지로 사용함으로써 중등학교의 수용 능력을 더 떨어뜨렸다. 하지만 지역사회의 자발적인 기부에 의한 학교 건물 증축, 중등 임시 교원양성소를 통한 교사 양성, 사립학교의 증가 등의 영향으로 중등학교도 조금씩 증가하기 시작했다. 고등교육의 경우도 일제시대 전문학교들을 대학으로 승격시키는 정책과 토지개혁으로 인해 토지를 빼앗길 위기에 처한 지주들이 대학을 설립함으로 재산을 보존하는 움직임의 영향으로 크게 늘어났다. 그래서 1945년 해방 당시 19개 학교에 재학생이 7,819명이었는데, 1948년에는 31개 학교에 재학생이 24,000명으로 늘어났다. 하지만 이러한 중등교육과 고등교육의 증대에도 불구하고 초등교육의 팽창과 상급학교 진학열기를 만족시키기에는 턱없이 부족했다. 그렇게 해서 중등교육 및 고등교육 입학을 위한 과도한 경쟁은 초등교육과 중등교육을 입시교육으로 왜곡시키는 결과를 낳았다.

　이러한 학교의 급속한 팽창은 부작용도 가져왔다. 가장 큰 부작용은 교사의 질 저하 문제였다. 해방 당시 초등 교원의 경우 40% 정도, 중등 교원의 경우 63%가 일본인이었기 때문에 교사 공백이 심각한 문제였다. 이런 상황에서 급격하게 팽창한 교사 수요를 대체하기 위해 임시 교사 양성소를 통해 교사를 투입하다 보니 교사로서 제대로 자질을 갖추지 못한 사람이 많이 들어오게 되었다. 교육재정의 부족도 심각한 문제였다. 초등 의무교육 정책으로 인해 문교 예산을 1945년의 2.6%에서 1947년에는 8.5%, 1948년에는 5.0%로 확대하긴 했지만 역부족이었다. 그러다 보니 1946년에 초등학교의 수업료가 월 2원 이내였던 것이

1948년도에는 월 10원으로 인상이 되었다. 그럼에도 불구하고 법정 재
정이 부족하여 대부분의 학교는 불가피하게 기부금, 특별부과금, 사친
회비 등 비법정 교육재원에 의존하게 되었다. 그리하여 대부분의 학교
가 총 재원의 최소 1/3 이상을 비법정 재원에 의존했고, 심한 경우에는
75%에 가까운 재원을 이러한 방법을 통해 마련하는 경우도 있었다. 이
러한 학교교육 재정의 학부모 의존은 학교교육이 소수의 재력가의 영
향을 강하게 받게되거나 각종 교육 부조리를 발생시켜 학교에 대한 불
신을 강화시키는 결과를 가져왔다.

<표 12> 미군 점령시대 각급 학교의 양적 성장

학교급	구분	1945년	1948년
국민학교	학교수	2,884	3,443
	교원수	19,729	38,591
	학생수	1,366,024	2,426,115
중학교	학교수	97	380
	교원수	1,810	–
	학생수	50,343	287,512
고등학교	학교수	68	184
	교원수	3,214	5,070
	학생수	83,514	110,055
고등교육기관	학교수	19	31
	교원수	1,490	1,265
	학생수	7,819	24,000

출처 : 오욱환, 최정실(1993), 『미군 점령시대의 한국교육』, p.333

4. 소결 : 민주주의 교육의 기틀 형성과 기독교

미군정기는 일제의 식민지 교육을 청산하고 민주주의에 기반한 근
대 공교육의 틀을 재구축했던 시기였다. 우선 조선인의 교육기회를 억

제하려던 일제의 정책을 벗어나 모든 사람에게 교육기회를 개방하는 단선형 학제를 확립했다. 그리고 비록 교육재정이나 교사수급, 학교건물 등 모든 면에서 여건이 갖추어지지 않은 상황이었지만 초등의무교육계획을 발표했고, 중등학교와 고등교육의 확대도 꾀했다. 교육내용에 있어서도 일본 황국 신민을 기르는 교육을 벗어나 민주주의에 기반한 교양교육으로 교육 내용을 바꾸어갔다. 그리고 비록 논란이 있었지만 교육이념을 확립하고, 국립종합대학을 세웠으며, 교육자치제를 도입하기도 했다. 물론 한계도 많았다. 우선 인적인 면에서 친일 청산이 제대로 되지 않았으며, 관료적 교육 행정체제나 교육방법도 일제시대의 틀이 바뀌지 않고 지속이 되었다. 그리고 교육을 신분상승을 위한 수단으로 여기는 국민 의식이나 과열된 교육열의 문제 역시 해결되지 않았다. 남북 분단으로 인한 이데올로기의 제약 문제가 새롭게 형성되기도 했다.

이러한 미군정기 민주주의 교육 확립 과정에서 기독교의 역할은 매우 컸다. 우선 많은 수의 미국 선교사들과 그 자녀들이 미군정의 자문관 역할을 하면서 정책과정에 영향을 미쳤고, 이들은 기독교인들을 미군정의 정책결정기구에 들어가도록 적극 추천을 했다. 그리하여 교육계의 경우도 오천석, 백낙준, 김활란 등 기독교인이면서 미국 유학파 출신들이 교육을 주도했다. 이들은 시급한 현안 문제에 집중하던 미군정을 설득하여 '조선교육심의회'를 통한 해방 한국의 새로운 교육의 기틀을 잡는 작업들을 주도했다. 그리하여 많은 한계와 논란은 있지만 큰 틀에서 교육이념, 교육제도, 의무교육, 교육과정, 교사양성, 교육자치, 국립대학 등 교육전반에 걸쳐 민주주의에 기반한 근대 공교육의 기틀과 방향을 확정할 수 있었다. 그리고 이들은 교육에 있어서 민주주의 원리를 교육제도에 국한시키지 않고 교육과정 편성과 수업, 교수방법,

생활지도, 학교문화에 이르기까지 구체적인 교육활동에서 실현하려는 노력을 했다. 특별히 오천석을 중심으로 시작된 새교육운동이 주창한 아동중심, 생활중심의 원리들은 당시 유행하던 미국의 교육이념을 그대로 도입해 한국 현실과 여건에 잘 맞지 않아 제대로 뿌리를 내리지는 못했지만 우리 공교육이 지향해야 할 매우 중요한 부분을 담아낸 운동이었다.

한편 일제 말기에 신사참배 거부로 인해 문을 닫았던 기독교계 사립학교들이 다시 개교를 하기 시작했다. 1946년 3월에 경신학교, 1947년 7월에 정신여학교가, 그리고 비슷한 시기에 대구의 계성학교와 신명여학교, 전주의 기전여학교와 신흥학교, 순천의 매산학교, 광주의 수피아여학교, 목포의 정명여학교, 청주의 일신여학교 등이 복교를 했다. 그리고 영락교회 한경직 목사를 중심으로 한 유지들이 북한 피난민 자녀들을 취학시키기 위해 1947년 대광중학교를 설립하였다.[22] 이후 남북 분단이 고착화 되면서 북한에 있었던 기독교계 사립학교인 숭실학교, 숭의여학교, 보성여학교, 송도중학교, 호수돈여학교, 광성학교, 오산학교 등이 차례대로 남한 지역에서 복교를 하게 된다. 이러한 기독교계 사립학교들의 복교, 혹은 신설은 정부가 초등교육에 집중하느라 중등학교 설립에 신경 쓸 여유가 없는 당시 상황에서 교육기회 확대에 큰 기여를 했다.

---

22 대광중학교는 미국 북장로회 선교회가 해방 이전부터 북한에 투입하기 위해 준비해둔 5만 달러 가운데 3만 달러를 한경직 목사님이 지원을 받아 설립을 했다.

V. 한국형 교육발전과 교육모순의 심화

1. 교육기회 확대, 선 양적 확대 후 질적 보완

1948년 정부 수립에 이어 곧바로 한국전쟁을 맞아 폐허가 된 한국 정부가 당면한 제일 중요한 과제는 미군정기 때 선언 후 지연되었던 초등의무교육을 완수하는 일이었다. 이에 정부는 교육여건에 관계없이 우선 취학 희망 학생을 수용한 후 교육여건을 보완하는 방식으로 추진을 했다. 그리하여 1957년에 초등학교 완전 취학(취학률 90% 기준)을 달성했고, 중학교는 1979년, 고등학교는 1985년에 완전취학을 달성한다. 그리고 대학은 1995년 완전 취학(취학율 50% 기준)에 도달한다.

하지만 교육여건이 제대로 갖추어지지 않은 상황에서 이루어진 급속한 교육기회 확대로 인해 학급당 학생수가 100명이 넘는 교실이 나타나기도 하고, 2부제 수업, 교육비용의 과도한 학부모 의존, 사립학교에 대한 과도한 의존, 낮은 교원 처우와 학교 환경, 획일적인 수업 등 많은 문제가 나타났다. 다행히 이 시기 동안 경제 발전이 지속적으로 진행되었기 때문에 지속적인 교육투자가 가능했고, 더디긴 했지만 지속적인 질적인 보완이 가능했다. 특별히 교육투자에 의해 개선이 가능한 교사처우 개선이나 학교 환경 개선, 학급당 학생 수 문제, 교육비용의 학부모 의존 등의 부분은 많이 개선되었거나 개선 전망이 보이고 있다.

하지만 사립학교의 과도한 비중, 획일적인 수업 문화, 과도한 입시 경쟁 등 구조적이고 문화적인 부분은 우리 교육이 풀어야 할 큰 짐으로 남아 있다. 이뿐 아니라 유아교육의 공교육화와 대학교육의 질 제고 문제 등 많은 현안들을 안고 있다.

<표 13> 학교 급별 질적 변화 양상

연도	초등학교		중학교		고등학교	
	학급당 학생수	교사당 학생수	학급당 학생수	교사당 학생수	학급당 학생수	교사당 학생수
1962	62.8	58.6	60.1	40.5	55.8	27.3
1980	51.5	47.5	65.5	45.1	59.9	33.3
2000	35.8	28.7	38.0	20.1	44.1	20.1
2013	23.2	15.3	31.7	16.0	31.9	14.2

출처 : 이종재 외 3인(2010), 「교육기회의 확대와 한국형 발전 전략」, p.55-57 내용을 바탕으로 최근 자료 보완

<표 14> 한국의 교육발전 단계 구분

구분	1948-1960 기초 수립 및 전후 재건기	1960-1980 양적 성장기 : 경제성장 을 위한 교육	1980-1988 질적 변화 모색기	1998- 현재 교육의 재구조화
교육에 대한 도전	· 초등 의무교육 완성	· 중등교육 확대 · 산업인력 공급	· 고등교육 보편화	· 지식기반사회에서의 학업성취 · Governance의 혁신 (자율과 협치)
주요 관심	· 교육기회 확대	· 교육의 양적 성장 · 효율성과 통제	· 교육의 질 · 자율성 · 책무성	· 세계화, 지식정보화에 따른 경쟁력 확보
주요 정책	· 초등 의무교육 완성 · 교육시설 복구	· 중등교육 확대 및 평준화 · 직업기술 교육및 훈련	· 지방교육자치 · 고등교육보편화 · 교육의 질적 개선	· 고등교육 재구조화 - 연구지원 - 지역 개발 - HRD, 평생학습, 공교육 내실화
접근 방법	· 저비용 접근	· 평등주의 접근 · 상향식 단계적 교육기회 확대 접근	· 투입 확대를 통한 여건 개선 · 행정적 관리 접근	· 자율 협치 접근 · 학생 선택

출처 : 이종재 외 3인(2010), 「교육기회의 확대와 한국형 발전 전략」, p.51

2. 상급학교 진학경쟁과 교육의 본질 왜곡

'교육을 통한 신분 상승'은 근대 공교육이 도입될 때부터 교육열의 근본 동기였다. 그러기 때문에 경제적으로 어려운 상황에서도 학부모들은 할 수 있는 한 자녀를 보다 높은 단계의 학교로 진학시키려고 했다. 하지만 일제시대 중등학교 억제 정책으로 인해 중학교 진학 과정에서의 과도한 경쟁과 그로 인한 초등교육의 왜곡 및 사회적 문제가 발생하기 시작했다. 그리고 이러한 입시 경쟁은 단지 상급 학교 진학 경쟁으로만 존재하는 것이 아니라 서울에 있는 명문 중학교로 진학하기 위한 경쟁의 성격을 띠고 있어서 진학 경쟁이 더욱 치열하게 전개되었다. 이러한 중학교 입시 경쟁은 해방 후에도 그대로 이어졌다. 그래서 해방 후 중학교 입학 방법은 사회적으로 매우 큰 이슈였고 매 해 입학 방법이 바뀔 정도로 극심한 혼란을 겪었다.

결국 이러한 과정을 거쳐 1960년대 이후 중학교 입시는 시도단위의 객관식 연합고사에 의한 선발로 정착이 된다. 이러한 시도단위의 객관식 연합고사는 초등학교 내신이 갖는 학교별 격차 문제, 개별 중학교 단위 입시가 갖는 학교의 주관성과 초등학생들의 준비 부담 가중 문제를 해결해주었다. 하지만 다른 면에서 학교가 교육에 대한 재량권을 잃고 국가에 예속되었으며, 초등학교 교육을 상급학교 진학을 위한 반복 암기학습을 하는 기관으로 만들었고, 학교 교육의 권위를 떨어뜨리는 결과를 가져왔다.

이러한 중학교 입시 관련 모순이 심화되자 정부에서는 1969년 서울 시내 중학교에서 시작하여, 1970년 전국 10대 도시, 1971년 전국 중학교 입시에서 입학시험 제도를 폐지하고 학군별 무시험 추첨 배정을 실시한다. 그리고 당시 입시 경쟁이 가장 치열하던 공사립 14개 중학교

신입생 모집을 중단하고 연차적으로 폐교를 실시한다. 이 조치를 계기로 그 동안 중학교 입시 관련 부작용들이 일시에 해소되었지만, 그 부작용은 사라지지 않고 고교 입시에 그대로 반영되었다.[23] 그래서 곧 고등학교 입시에서 추첨배정을 도입하게 된다.

<표 15> 1945-1961년 중학교 입학시험 전형의 변화

시기	연도	시험전형	특징
일제말	-1945	필답고사(국어, 산술), 교사소견표, 서류심사(재산상태), 면접	
해방후 -1950	1946	필답, 구두시험(면접), 신체검사, 강의추천서	신체검사가 새로생김, 강의추천서 (6학년 성적일람, 교장추천)
	1947	지능검사, 신체검사, 인물검사	면접 사라짐
	1948	지능검사, 신체검사	학과시험, 인물고사 없어짐
	1950	학력고사, 신체검사	
한국 전쟁기	1951 -1953	국가고시제, 전교과	객관식 시험 도입
1954 -1956	1954	중학교 단독출제 필답고사(200), 초등학교 성적(200), 신체검사(100), 면접	초등학교 성적, 면접, 신체검사 부활
	1955	중학교 단독 출제	초등학교 성적 고려치 않음
1957 -1961	1957	무시험 전형 병행, 중학교 교장에 일임	학력검사 실시
	1958	무시험 전형기, 공농출제	대부분의 학교 무시험전형 실시
	1959	무시험 병행, 공동출제	이류교만 무시험 병행, 내신 성적에 연합고사 성적 반영
	1961	전국 유시험제	무시험제 폐지, 내신제 폐지

출처 : 강일국(2008), 「해방후 교육개혁운동」, p.219

---

23 당시 고등학교 입학시험도 중학교 입학시험과 크게 다르지 않았다. 연도별 지역별 약간의 차이는 있었지만 대체로 시도별 공동출제 방식의 필답고사와 체능검사(체력장 제도)가 주를 이루었고, 신체검사와 면접은 참고 자료로 활용했다.

1974년 서울과 부산을 시작으로 1975년 대구, 인천, 광주로 확대되기 시작한 고교 학군별 추첨배정은 중학교와 같이 완전 무시험으로 실시된 것은 아니었다. 공사립을 포함한 해당 고교 학군별 인문계 고등학교 입학 가능한 남녀 숫자만큼 시도단위 선발고사를 통해 입학자격자를 선발한 후 학군별 추첨으로 학교에 배정하는 방식이었다. 이러한 고교 추첨 배정은 1979년에 대전, 전주, 마산, 수원, 청주, 춘천, 제주 등 도청 소재지 지역으로 확대되고, 1980년에는 성남, 원주, 천안, 군산, 익산, 목포, 안동, 진주 등으로, 그리고 1981년에 창원으로 확대된다. 1990년대 들어서는 고교 평준화를 해제하는 지역이 나타나기 시작했는데, 1990년에 군산, 목포, 안동이, 1991년에 춘천, 원주, 익산이, 1995년이 평준화를 해제함으로 평준화가 후퇴를 한다. 하지만 2000년 들어서 다시 고교 평준화에 대한 여론이 높아지면서 2000년에 울산, 군산, 익산이, 2002년에 고양, 부천, 안양, 과천, 의왕, 군포가, 2005년에 목포, 여수, 순천, 2006년 김해, 2013년에 안산, 의정부, 광명, 춘천, 원주, 강릉 등으로 확산되는 등 대다수 도시 지역이 고교 평준화를 채택하고 있다.

　　하지만 고교 평준화 제도는 1980년 중반부터 확대되기 시작된 특수목적고 제도에 의해 그 근본 취지가 도전을 받기 시작한다.[24] 정부는 국제 경쟁에 대비한 엘리트를 양성한다는 취지로 기존의 특목고 제도에 1986년에 '과학계열'을, 1991년에 '외국어 계열', 1998년에 '국제계열'을 추가했다. 그리하여 2013년 현재 4개의 과학영재고, 19개의 과학고, 31개의 외국어고, 7개의 국제고가 운영되고 있다. 여기에 더하여 2002

---

24 원래 특수목적 고등학교는 1974년 고교 평준화 정책을 도입할 때 평준화 추첨 배정으로 학생을 배정할 경우 학교의 설립 목적을 구현하기 어렵다고 판단되는 '삼육, 성심, 중경, 국악, 서울예술, 체육, 철도, 부산해양고등학교' 등을 지정하면서 시작되었다.

년 교육과정 자율권과 학생선발권을 갖는 자립형 사립고를, 그리고 2009년에 자율형 사립고를 도입하여 2013년 현재 49개의 자율형 사립고등학교가 운영되고 있다.

<표 16> 고교 유형별 현황

구분	계	일반고			자율고		특목고	특성화고
		소계	일반고	종합고	자율형 공립고	자율형 사립고		
학교수 (교)	2,318	1,524	1,389	135	116	49	135	494
%		65.7	59.9	5.8	5.0	2.1	5.8	21.3
학생수 (명)	1,888,484	1,350,486			99,913	49,599	65,913	322,573
%		71.5			5.3	2.6	3.5	17.1

출처 : 교육부(2013), 「일반고 교육역량 강화 방안」, p.2

이렇게 고교 평준화 정책은 확산 과정에서 여러 저항에 부딪힘으로 확산 속도도 더뎠고, 또 특목고, 자사고 제도가 도입됨으로 인해 중학교 무시험 추첨전형 제도가 가져왔던 교육적 효과를 제대로 가져오지 못했다. 특목고, 자사고 선발 인원이 6% 가까이 달함으로써 평준화 이전 명문고 선발인원과 거의 같아졌기 때문이다. 그래서 지금 고교입시는 평준화 이전 선발제 상황 회귀 혹은 평준화와 비평준화 병행 시기라고 할 수 있을 것이다. 상급학교 입시의 마지막 관문인 대학입시와는 달리 고교입시의 경우 무시험 추첨 전형을 통해 입시 자체를 없애고 중학교 교육과정을 교육 본질에 맞게 정상화하는 것이 충분히 가능함에도 불구하고 이를 위한 국민적 합의나 추진 동력을 만들어내지 못하고 있는 안타까운 상황이다.

상급학교 진학의 마지막 관문인 대학입시의 경우에는 진학률 측면에서만 볼 때는 이미 보편화 단계를 넘어 세계에서 가장 높은 진학률을 유지하고 있다.

<표 17> 대학 진학률 추이

구분	합격자 기준		등록자 기준	
	학생수	진학률	학생수	진학률
2013	–	–	446,474	70.7
2010	500,282	79.0	477,384	75.4
2000	519,811	68.0	473,803	62.0
1990	252,831	33.2	206,790	27.1

출처: 교육부(2013), 『2013 교육기본 통계 조사』

하지만 우리 나라의 경우 특정한 몇몇 대학 출신들이 우리 사회의 요직을 차지하고 있는 상황에서 그 몇몇 대학에 입학하는 것이 향후 진로에 절대적으로 유리할 뿐 아니라 간판으로서도 유의미할 것이라는 학벌주의가 전국의 모든 대학들을 일렬로 세우는 대학서열체제를 형성하고 있다. 이러한 대학서열체제는 학벌파괴, 능력주의 등의 바람과 함께 미세하게 균열되는 면도 있지만, 갈수록 심화되는 수도권 집중화 현상, 그리고 갈수록 힘들어지는 취업난과 함께 인기 전공 집중 현상과 더불어 더 강화되는 추세를 보이고 있다. 그러다 보니 대학 진학 문은 활짝 열려있지만 서열 체제의 상위권에 해당되는 대학이나 전공에 진학하려는 경쟁은 갈수록 더 치열해지고 있다. 하지만 이러한 대학입시 경쟁과 그로 인한 초중등교육의 왜곡, 대학의 경쟁력 약화 문제를 해결하기 위한 정부의 노력은 대학입시체제를 둘러싼 우리 사회 전반의 학벌체제나 대학서열체제 개혁으로 나아가지 못하고 대학입시의 주도권을 누가 쥘 것이며, 그 방법은 어떻게 할 것이며, 어떻게 공정성을 유지할 것인가에 머무름으로 인해 입시 경쟁으로 인한 교육 황폐화가 계속되고 있다.

3. 사교육 시장과 교육불평등 심화

사교육 시장은 한국 교육이 안고 있는 과도한 상급학교 입시경쟁 체제의 모순이 극대화되어 나타난 현상이다. 입시의 방법이 어떻게 변하든 주어진 교과의 내용을 한 번이라도 더 반복해서 익히는 것이 상급학교 진학에 절대 유리한 상황에서 부모의 경제력이 허용되는 범위 내에서 학교 교육을 한 번 더 반복하거나 미리 학습하는 사교육은 기승을 부릴 수밖에 없는 상황이었다. 그래서 사교육은 1970년에 이미 사회적 문제가 되었다. 당시는 주로 현직교사, 대학생, 일반인 등에 의한 개인 과외가 주를 이루었는데 1970년 대 말 기준으로 초중고생의 17%, 일반계 고등학생의 26.6%가 과외수업을 받고 있는 것으로 나타났다. 이러한 과외 수업에 투입된 비용은 3,275억 원으로 당시 교육부 예산의 30%에 해당하는 엄청난 액수였다.

이러한 과외열풍은 1980년 전두환 군사정부가 실시한 과외금지 조치로 어느 정도 잦아들게 된다. 하지만 이 조치가 사교육 근절을 위한 사회적 제반 여건 개선과 교육개혁과 함께 한 것이 아닌 정치적 조치였기에 1991년에 초중고 학생의 방학 기간 학원 수강이 허용되고, 1995년에 학기 중 학원 수강 허용으로, 그리고 2000년 헌재에서 과외금지가 위헌으로 판결되면서 사교육 시장을 향한 족쇄는 완전히 풀려진다. 여기에 더하여 2000년 들어 특목고 입시와 영어 조기교육 열풍이 불면서 사교육은 중학교는 물론이고 초등학교, 심지어 유치원 단계까지 일상화된다. 사회적으로는 가족계획의 영향으로 1980년대 생 이후 가정당 한두 명의 자녀만 둠으로 인해 사교육에 투자할 수 있는 재정적 여유가 생긴 것도 한 원인이라고 볼 수 있다.

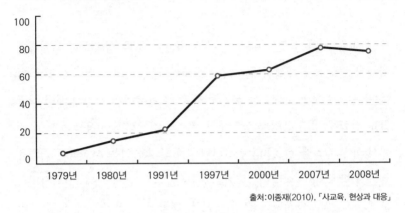

출처:이종재(2010), 「사교육, 현상과 대응」

　이러한 사교육 참여의 증가는 가정 경제 형편에 따라 그 격차가 클 수밖에 없기 때문에 이로 인한 교육의 형평성에 심각한 훼손을 가져오고 있다. 모든 아이들에게 동일한 교육기회를 제공하는 것이 근대 공교육의 매우 중요한 정신이라는 측면에서 볼 때 공교육의 근간을 흔드는 현상이라고도 볼 수 있다.

<그림 2> 가구소득 수준별 사교육비 및 참여율

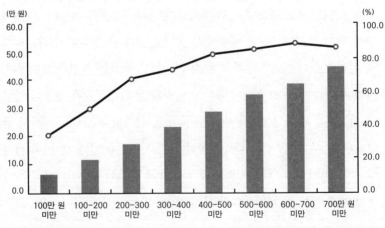

출처 : 통계청(2011), 「2010 사교육비 통계」

실제로 한국 교육은 해방 후 급격한 교육의 양적 성장 정책과 교육 기회 확대를 통해 사회적 계층 이동을 촉진시켜왔다. 그래서 한국은 부모의 사회경제적 지위가 자녀의 학업성취에 미치는 영향이 가장 낮은 국가로 평가돼 왔다. 하지만 최근 들어 부모의 사회경제적 지위가 교육을 통해 자녀에게 세습되는 교육양극화 현상이 급격히 증가하고 있다. 그리고 젊은 부모 계층과 학생들을 중심으로 교육을 받아도 사회적 계층 이동이 불가능하기 때문에 교육을 포기하려는 현상도 같이 나타나고 있다.

4. 사립학교와 대안학교

앞에서 살펴본 바와 같이 정부 수립 후 급격한 교육확대 정책을 펼치면서 정부는 초등학교 교육에 우선적인 투자를 하고 중고등학교의 경우 사립학교 설립을 장려하게 된다. 그렇게 해서 중고등학교의 경우 사립학교가 절반 정도를 차지해왔다.[25] 그런데 사립학교의 설립 자체가 공립학교가 채워줄 수 없는 특별한 교육적 수요에 부응을 한 학교가 아니라 상급학교 진학을 위한 일반적인 교육적 수요에 부응을 한 것이었기 때문에 공립학교 체제가 갖는 획일성을 보완해주는 역할을 하지 못했다. 거기다가 1969년 중학교 무시험 추첨 전형, 1974년부터 시작된 고등학교 추첨 전형 실시로 인해 사립학교들이 준공립화되면서[26], 사립

---

25 사립중학교의 경우 이촌향도 현상으로 시골에 위치한 사립중학교의 학생 수가 감소한 반면, 신도시 건설시 새로운 공립중학교를 신설했기 때문에 사립 중학교 학생 수의 비율이 감소하게 되었다.

26 평준화 제도가 안착이 되려면 모든 학교가 일정한 수준 이상의 동등한 교육여건을 갖추어

학교가 교육적 다양성으로 전체 공교육에 기여할 수 있는 가능성이 사라지게 되었다.

<표 18> 공사립 학교 학생수

연도	중학교		고등학교	
	공립학교	사립학교	공립학교	사립학교
1965	418,059(55.6)	333,282(44.4)	210,193(49.3)	216,338(50.7)
1970	677,518(51.4)	641,290(48.6)	267,697(45.3)	322,685(54.7)
1980	1,513,894(61.2)	958,103(38.8)	688,645(40.6)	1,008,147(59.4)
1990	1,625,344(71.4)	650,407(28.6)	875,090(38.3)	1,408,716(61.7)
1990	1,449,031(77.9)	411,508(22.1)	934,309(45.1)	1,137,159(54.9)
2005	1,603,512(81.1)	380,192(18.9)	893,588(50.7)	869,308(49.3)

출처: 이종재 외 3인(2010), 「교육기회의 확대와 한국형 발전 전략」, pp.66-67

이러한 사립학교의 증가 흐름 가운데 기독교계 학교들도 늘어나기 시작했다. 그래서 구한말과 일제시대에 선교사들이 세웠던 학교와 더불어 한국 교육 전체에서 적지 않은 비중을 차지하게 되었다.

<표 19> 기독교계 학교가 전체 한국 교육에서 차지하는 비율

구분	학교 수			학생 수		
	초	중	고	초	중	고
전체 학교	5,895	3,162	2,303	2,951,995	1,849,094	1,920,087
기독교계 학교	12	124	174	1,822	75,552	175,796
기독교계 학교 비율	0.2	3.9	7.6	0.06	4.1	9.2

출처 : 정병오(2013), 「하나님 나라 관점에서 본 한국 교육의 진단과 대안」, p.41

야하기 때문에 사립학교에 대해서도 교사 급여는 물론이고 공립학교와 같은 수준의 시설지원, 우선적인 학급배정, 연금 국고 지원 등의 혜택을 부여했다. 대신 사립학교는 공립학교와 똑같은 내용의 교육과정을 운영해야 했고, 교사 선발도 국가가 정한 자격증을 가진 자에 제한을 받아야 했다.

1969년 중학교 무시험 추첨 배정과 1974년 고등학교 추첨 배정 정책이 기독교계 학교들의 강력한 반대에도 불구하고 실시됨으로써 기독교계 학교들은 정체성의 위기에 직면하게 된다. 하지만 교육당국의 묵인 하에 전교생 대상 의무적인 예배 참석과 성경 교과 개설을 통한 기독교계 학교로서의 정체성을 지켜나갔으나 2004년 대광고등학교 강의석 사태 이후 이 부분에 대한 도전이 커지고 있는 상황이다.[27] 그래서 일부 학교들은 자율형 사립고로 전환함을 통해 활로를 모색하고 있고, 전체 예배와 성경 과목에서 학생들의 자율권을 주되 예배와 성경 과목의 매력도를 높이는 방안이나, 교사 훈련을 통해 교과와 생활지도 전반에서 기독교 교육 실시하려는 노력들도 일부에서 시도되고 있다. 하지만 전반적으로는 출구를 잘 찾지 못하고 있는 상황이다.

기독교계 학교들이 받고 있는 또 하나의 도전은 해방 이후 한국 교육 전체가 입시위주의 경쟁으로 치닫는 가운데, 기독교계 학교들이 그 가운데 기독교 교육의 본질에 입각한 다른 교육적 정체성을 드러내지 못하고 그 가운데 매몰되었다는 것이다. 물론 이러한 비판은 모든 사립학교들이 자유롭지 못하고 또 기독교계 사립학교만의 책임이라고 할 수는 없지만 앞으로 기독교계 학교들이 풀어야 할 과제임은 분명하다.

공교육의 흐름 가운데서 준공립화된 사립학교와는 별도로 새로운 교육적 상상력을 가지고 교육의 본질을 다시 추구하고자 하는 흐름이 1990년대 중반 대안학교의 흐름으로 나타나기 시작했다. 이들은 처음에는 공부방이나 방과 후 모임, 방학 중 캠프의 형태로 시도되다가 1990년대 들어 입시로 인한 자살 학생의 증가, 학교 부적응 및 중퇴자

---

27 강의석 사건의 전개과정과 그 가운데서 제기되었던 문제들은 월간 "좋은교사" 2004년 9월호 특집에 잘 정리되어 있다.

의 증가에 대한 반성과 함께 학교의 형태들로 나타나기 시작했다. 이러한 대안학교는 기본적으로 기존의 교과 지식 중심이 아닌 생활교육으로, 경쟁 교육이 아닌 공동체와 평화를 중심하는 교육, 출세와 물질지향적 교육이 아닌 생태지향적 가치를 가지고 다양한 교육적 실험을 해나가기 시작했다. 정부에서도 이러한 흐름을 제도권으로 수용해서 '특성화학교'라는 이름으로 학력인정과 재정지원을 하기도 했으며, 최근에는 일정한 조건을 갖춘 학교들에 대해서는 인가 대안학교로 학력인정을 해 주고 있다. 2013년 현재 대안학교의 현황은 특성화 중학교 11곳, 특성화 고등학교 24곳, 인가 대안학교 17곳, 미인가 대안학교 185곳으로 파악되고 있다.[28]

대안학교 운동은 극심한 입시경쟁이라는 교육환경과 정부 지원 없는 독자 생존이라는 어려운 여건 가운데서도 기존 공교육 체제에 맞지 않거나 다른 생각을 가진 학생과 학부모들의 피난처 역할과 공교육으로 하여금 교육의 본질이 무엇인지를 돌아보게 하는 역할을 해왔다. 하지만 10년의 시간이 지나면서 초기 대안학교 운동의 열기는 많이 식었으며, 현실 가운데서의 생존을 위한 다양한 모색을 하고 있는 상황이다. 이러한 대안학교들이 겪는 어려움은 내부의 한계에 기인한 측면도 있지만 대안교육의 흐름을 적극적으로 공교육 혁신의 에너지로 활용하지 못한 정부의 책임도 크다고 할 수 있다. 정부는 초기 '특성화 학교' 정책을 통해 일부 학교를 제도권으로 흡수하기는 했지만 그 외 대안학교의 자생적인 교육본질 추구의 에너지를 더 활성화시키고 이를 공교육 변혁의 기제로 적극적으로 활용하는 쪽으로 나아가지 못하고 있는 상황이다.

---

28 미인가 대안학교의 특성상 교육당국에 파악되지 않은 학교들도 더 많이 있을 수 있다.

<표 20> 미인가 대안학교 목적별 설립 현황

구분	부적응 학생	일반 대안교육	종교 · 선교	다문화	탈북	국제 교육	미혼모	기타	합계
시설수	58	74	30	5	3	6	3	6	185
%	31.4	40.0	16.2	2.7	1.6	3.2	1.6	3.2	100%
학생수	1,958	3,498	2,299	117	37	329	2	286	8,526
%	23.0	41.0	27.0	1.4	0.4	3.9	0.02	3.4	100%

출처 : 교육부(2013), 「미인가 대안교육시설 현황」

기독교 대안학교의 흐름은 일반 대안학교의 흐름과 출발 지점은 달랐지만 진행 과정에서 겹쳐 나타나고 있다. 즉, 기독교 대안학교는 공교육의 위기와 한계는 물론이고 신앙교육의 위기와 본질에 대한 반성으로 시작되었다. 그래서 일반 대안교육이 주춤해진 2000년대 더 활성화되어 지금은 일반 대안학교보다 더 많은 학교 수와 성장세를 기록하고 있다. 하지만 '기독교성'와 '대안성'에 대한 충분한 고민과 준비를 바탕으로 시작한 학교보다는 막연한 열정이나 교회의 선교적 필요에 의해 시작된 학교들이 많다 보니, 좁은 의미의 신앙교육은 이루어지고 있지만 기독교적 전인교육이나 교육본질을 실현하는 대안 교육 성격을 제대로 드러내지 못하는 학교들이 많이 생기고 있다. 그래서 기독교 대안학교가 한국 공교육에 영향을 주고 공교육이 나아가야 할 방향을 제시하는 역할을 하기 위해서는 '총체적 기독성' '대안성' '공공성' 등에 대한 고민과 보완이 있어야 한다는 지적이 많이 나오고 있다.

분류	단어	학교수	
기독교성	하나님	36	40.9%
	예수, 그리스도	18	20.5%
	기독교	17	19.3%
	영성	13	14.8%
	신앙	11	12.5%
	기독교 또는 성경적 세계관	8	9.1%
	제자	7	8.0%
국제성 수월성	리더, 인재, 지도자	36	40.9%
	글로벌, 국제, 월드, 세계, 열방	25	28.4%
	실력	15	17.0%
	비전	9	10.2%
인성	인성, 인격, 품성	22	25.0%
	섬기는, 섬김	21	23.9%
	사랑	17	19.3%
	공동체	7	8.0%
특성화	학교의 특징 반영	15	17.0%

출처 : 기독교학교교육연구소(2012), 「2012 기독교대안학교 실태와 발전과제 모색」

5. 민간 차원의 교육개혁운동

정부 주도가 아닌 현장 교사들 혹은 시민들이 중심이 된 교육개혁 운동은 해방 직후에 여러 형태로 분출되기도 했고,[29] 4.19 직후에는 교

---

29 해방 직후 진보적인 성향의 교육자들이 '조선교육자협회'를 결성하고 교육계에서의 친일청

원노조 결성으로 나타나기도 했다. 하지만 5.16 군사 정부 이후 일체의 풀뿌리 교육개혁 운동이 일어나지 못하다가 1980년대 들어 1986년 전국교사협의회 결성, 1989년 전국교직원노동조합의 결성으로 활발하게 일어난다. 하지만 정부는 전교조를 불법으로 몰아붙여 창립 당시 회원이었던 12,610명 가운데 탈퇴각서를 제출하지 않은 1,465명(11.6%)을 해직시켰다.

<표 22> 전교조 결성 관련 해직 현황

계	해직 형태			학교 형태	
	파면	해임	직권면직	공립	사립
1,465	116	970	379	816	649

출처 : 이영재(2011), 『자유, 희망, 진보를 향한 교육민주화』, p.129

하지만 이러한 해직 조치가 전교조 운동의 열기를 꺾지는 못했다. 전교조는 1986년 전교협 결성시기부터 일어나기 시작한 교사들의 자발적인 교육실천운동인 참교육운동과 교육민주화 운동을 활발하게 전개하기 시작했다. 특별히 참교육운동은 교사들이 가르치고 교육하는 자로서의 자신의 정체성과 고유한 전문성을 자각하는 계기가 되어 학급운영과 수업 관련 새로운 혁신들이 쏟아져 나오고 이러한 활동들이 자료의 형태로 정리되어 나오기 시작했다. 그리고 촌지와 불법 채택료, 찬조금 추방 운동 등 자정 운동들도 일어나기 시작했다. 이러한 교사들의 자발적인 교육혁신 운동과 에너지는 한국 교육사상 최초이자 최대

산과 진보적인 교육의제를 펼쳤으나 미군정과 이념적인 충돌로 인해 해체되었다. 그리고 오천석 박사가 주도한 '새교육 운동'은 반관반민 성격을 가지고 아동중심의 교육관을 주장하고 활발한 운동을 펼쳤으나 당시 교육 현실의 제약 가운데서 상층 운동에서 그쳤고 현장에 뿌리를 내리지는 못했다.

규모의 운동이었지만 정부는 이것을 교육 혁신의 동력을 활용하지 못하고 탄압에만 주력을 했다. 이로서 전교조의 참교육운동의 동력은 많이 상실되었고, 이는 우리 교육 역사상 가장 큰 손실이었다.

전교조는 결성 이후 10년 만인 1999년 합법화가 되었고, 조합원 수는 전체 교원의 1/4에 해당하는 100,000 여 명으로 급성장을 하게 된다. 하지만 이러한 성장은 정부의 잘못된 정책을 막아내는 데는 큰 힘이 되었지만, 당시 학교 현장이 앓고 있는 많은 교육적 문제들에 대한 실천적 대안과 열정을 끌어내는 데는 걸림돌이 되었다. 특별히 전교조에 우호적이었던 김대중, 노무현 정부 시기에 교육개혁의 의제들을 진척시키지 못했고, 교원평가 반대 등으로 인해 우호적인 국민들의 지지를 잃어버림으로 인해 교육개혁운동의 동력을 많이 잃어버렸다.

좋은교사운동은 1995년 15개의 크고 작은 기독교사단체들이 연합함으로 시작되었다. 이들은 1999년 교실붕괴 현상을 겪으면서 기독교사들이 공교육이 처해있는 위기에 대한 실천적인 대안을 주고자, '가정방문' '일대일 결연' '자발적 수업평가 받기' 등 교육실천운동을 펼치기 시작했다. 이러한 교육실천운동은 교육의 제도나 구조를 바꾸는 운동은 아니었지만 교사들의 자기 혁신에 기반한 개혁이라는 차원에서 많은 호응을 얻었다. 이에 더하여 좋은교사운동은 교육정책과 제도에 대해서 이념이나 이해관계를 넘어서 아이들 중심으로 교육본질에 기반한 비판과 대안을 제시하는 운동을 펼침으로서 이념과 이해관계로 분열된 교육계 내에서 합리적인 대안세력 역할을 해왔다.

최근 학교 현장의 내적 위기인 교실 수업의 붕괴, 학교폭력의 만연, 기초학습 부진에 대한 무책임, 은사와 재능에 따른 진로교육의 부재 등의 문제에 대해 성경의 원리와 기독교 전통에서 나온 지혜와 원리에 따른 실천 대안을 제시함으로 교육 현장의 많은 호응을 받고 있다. 특별히 한국 사회가 급격히 세속화됨으로 인해 교사들의 자발성과 소명감, 헌신을 이끌어낼 수 있는 기제가 없고, 더군다나 학교 내 교사와 학생, 교사와 학부모, 학생과 학생간의 관계가 단절되어가는 메마른 상황 가운데서 좋은교사운동이 가진 기독성과 거기서 나오는 회복과 소명의 에너지가 주목과 기대를 받고 있다. 물론 좋은교사운동은 '기독교사'라는 정체성으로 인한 강력한 에너지를 가지고 있지만 동시에 그 정체성으로 인한 확장의 한계를 가지고 있다. 하지만 이러한 한계는 그 정체성을 버림으로서가 아니라 그 정체성에 바탕을 둔 현실개혁에 적절한 대안을 만들어내고 그 대안을 헌신적으로 선도함으로 인해 극복해야 할 것이다.

사교육걱정없는세상은 좋은교사운동이 가지고 있던 정신과 문제의식을 바탕으로 교사를 넘어 모든 시민을 대상으로, 기독을 넘어 일반으로, 학교를 넘어 교육 전반으로 확장한 운동이다. 사교육걱정없는세상은 우리 교육의 핵심 모순이라고 할 수 있는 대학입시 문제와 대학체제 문제, 그리고 여기서 파생된 사교육 문제 해결을 위한 정책 연구 및 대안 생산, 그리고 이와 관련된 시민들의 의식 개혁과 실천운동에 이르기까지 전방위적 활동을 통해 교육시민운동의 새로운 지평을 넓혀가고 있다.

6. 소결 : 교육모순의 심화와 기독교의 미진한 역할

1948년 정부수립 후 지금까지 한국 교육은 급속한 양적 팽창과 교육기회 확대, 높은 학업 성취 등에서 세계 교육의 모범으로 성장을 했다. 하지만 과도한 입시경쟁으로 인해 교실 수업 붕괴 현상이 일어나고, 학교 내 모든 관계가 단절됨으로 평화가 깨어지고, 아이들은 의욕과 희망을 잃어버린 채 방치되고, 학부모는 과도한 사교육 부담으로 허리가 휘고, 국가는 교육경쟁력의 약화로 인해 고민하는 등 총체적인 위기를 겪고 있다.

이러한 한국 교육의 위기는 갑자기 온 것이 아니라 한국 교육의 성장과 함께 동시에 심화된 것이기에 교육개혁을 위한 노력들도 동시에 진행되었다. 정부 차원의 개혁은 중학교 단계에서의 입시개혁에서는 어느 정도 성과를 거두었지만 고등학교 입시 개혁의 단계를 넘어가지 못하고 원점으로 회귀했으며 대학입시에서는 제자리를 맴돌 뿐이었다. 이뿐 아니라 정부는 학교 현장이나 공교육 밖의 교육개혁의 움직임과 노력들은 방치하거나 탄압함을 통해 공교육 혁신의 에너지로 담아내거나 활용하지 못했다.

1980년대 말 민주화의 흐름 속에서 탄생한 전교조는 정부의 강력한 탄압 가운데서도 참교육 실천과 교육 민주화 운동을 통해 학교 현장에 기반한 교육개혁의 성과를 이룩했다. 하지만 거대 교원단체로 탈바꿈하는 과정에서의 내적 운동 에너지의 지속적인 관리와 국민들의 신뢰 확보에 실패하고 정부와 보수 언론의 지속적인 탄압과 모함 가운데 운동의 동력과 영향력을 많이 상실했다. 기존 공교육의 근대성과 입시경쟁을 탈피하고 생태주의와 공동체성에 기반으로 한 새로운 학교 운동을 펼쳤던 대안학교 운동은 공교육이 잃어버렸던 교육의 본질과 공교육이 나아갈 방향을 제시해주는 역할을 했고, 지금은 지속성과 새로운 혁신이라는 과제 앞에서 서 있는 상황이다.

한국 교육이 정부 수립 후 고삐 풀린 말같이 입시 경쟁을 향해 달리는 가운데 기독교는 그 방향에 의문을 제기하거나 새로운 방향을 제시하지 못하고 그 경쟁 대열에 낙오지 않기 위해 급급할 따름이었다. 이러한 영향으로 한 때 입시경쟁의 쉼터 역할을 하던 교회학교도 심하게 위축되어버렸다. 그리고 기독교계 사립학교들은 숫자 면에서는 많이 확대되었으나 역시 입시경쟁교육의 흐름 가운데 의무적인 예배 참석과 성경 교과 교육의 틀을 지키기에도 역부족인 상황이 되었고, 입시경쟁교육에 대한 대안을 보여주지는 못했다. 이러한 기독교계 사립학교의 한계를 극복하고 총체적인 기독교 교육과 이 시대 공교육의 대안을 실현하기 위해 출범한 기독교 대안학교는 좁은 의미의 신앙교육이라는 차원의 성과는 거두고 있으나 교육에 있어서 '기독성'과 '대안성'을 얼마나 확보했느냐는 면에서는 아직 제대로 된 성과를 보여주고 있지는 못하고 있다. 오히려 일부 학교는 '공공성'이나 '대안성' 면에서 역주행을 하고 있기도 해서 우려를 사고 있다.

이러한 상황 가운데서 공교육에 근무하는 기독교사들의 연합모임인 좋은교사운동은 기독교적 정체성에 근거하여 학교 현장이 겪고 있는 위기들에 대한 구체적인 실천대안과 정책대안들을 제시하고 이를 선도해감으로 인해 기독교적 교육운동의 모범을 보이고 있다. 아울러 좋은교사운동의 연장선에서 이를 일반 시민사회로 확대하고 우리 교육의 근본 모순인 입시와 사교육 문제에 대한 정책 대안과 의식 개혁 운동을 함께 전개하고 있는 사교육걱정없는세상은 기독교직 교육시민운동의 새로운 가능성과 지평을 열어가고 있다.

VI. 나가면서 : 한국 교육이 선 자리와 한국 기독교의 과제

공교육은 서구 기독교 국가들에서 시작이 되었다. 그래서 하나님의 형상으로 지어진 모든 사람들의 삶에 필요한 기본적인 안목과 교양을 심어주고, 각자에게 주어진 재능과 은사를 개발하도록 돕는 공교육의 정신이 형성될 수 있었다. 그리고 공교육의 확대 과정에서 교회가 실제적인 역할을 많이 감당했다. 비록 각국의 국가 권력 강화 과정에서 교육을 국민통합의 중요한 수단으로 사용한 것은 사실이고, 현대 들어 기독교의 약화와 다종교 상황이 되면서 직접적인 종교교육은 약화되고 있지만 그래도 공교육의 뿌리에 있는 기독교적 정신은 지금까지 유지되고 있다.

반면 한국은 기독교 문화와 전혀 상관이 없는 유교적 현세주의와 기복적인 샤머니즘의 배경 하에서 근대 공교육이 도입되었다. 조선시대를 지탱하던 신분제도와 과거시험 제도가 무너지는 그 현장에 도입된 근대 공교육은 대부분의 사람들에게 신분 상승의 새로운 수단으로 받아들여졌다. 비록 초기 선교사들이 서구 공교육의 본질이라고 할 수 있는 기독교적 교양교육을 심어주기 위한 시도를 하긴 했지만, 이런 부분이 받아들여질 수 있는 정신적인 기반이 존재하지 않았다. 그래서 일제 시대 그 억압적인 상황에서도 교육열이 달아올랐고, 해방 이후 급속한 교육 팽창을 가져왔다.

하지만 공교육이 그 근본 정신적 기반 없이 신분 상승과 출세의 도구라는 욕망 위에서 무제한적으로 확대되다 보니 모든 사람들을 불행으로 몰아넣는 괴물로 변해버렸다. 그리고 신분 상승이라는 그 기회의 문조차도 이제는 양극화를 재생산하는 수단으로 변해버린 상황이다. 이러한 상황 가운데서 기독교인들도 근대 공교육의 혜택을 통해 신분 상승의 길을 선점하는데 급급했고, 기독교적 교양교육을 표방했던 기독교계 사립학교들도 입시경쟁교육의 큰 흐름 가운데 포섭되고 말았다. 그리고 최근 생겨나기 시작한 기독교 대안학교들 가운데도 이러한 공교육의 기독교적 정신을 구축하는 일에 대한 안목을 가진 학교가 많지 않은 상황이다.

그렇다면 공교육으로서의 외형적인 덩치는 커졌지만 실제로 다음 세대 아이들을 행복한 삶으로 인도하지 못하는 생명력을 잃어버린 한국 공교육에 대해 한국 기독교는 어떤 역할을 해야 하는가? 그것은 중병으로 신음하는 한국 공교육에 정신과 생명을 불어넣는 역할일 것이다. 이것은 추상적인 이야기가 아니라 이미 지난 10 여 년의 역사를 통해 좋은교사운동이 해왔던 일들 가운데서 그 실마리를 찾을 수 있다.

좋은교사운동의 경우 학교폭력 문제가 심각한 교육적 사회적 이슈가 되었지만 학교가 그 해답을 찾지 못하고 있을 때 성경적인 정의 개념이 가진 회복의 정신과 기독교 평화주의 전통과 실천을 바탕으로 '회복적 생활교육'을 제시하여 학교폭력에 대응하는 전체 학교의 패러다임을 바꾸고 있다. 그리고 우리의 모든 교육이 상급학교 진학과 경쟁에서 앞선 아이들에게 초점을 맞고 있는 상황에서 경쟁에서 뒤처지는 아이들과 기초 학습 부진이나 장애로 인해 고통당하는 아이들에 대한 관심이 필요함을 환기시키고 이를 돕기 위한 실천 지침서 개발과 법적 뒷받침을 위한 입법 활동을 펼치고 있다. 교실 수업의 위기에 대해서도 수업 방법 개선에 초점을 맞춘 일반적인 분위기와는 달리 수업 가운데서 교사와 학생의 관계와 수업 속에서 무너진 교사의 내면에 초점을 맞추면서 새로운 대안들을 모색하고 있다.

이러한 부분들은 기독교 혹은 기독교 전통에 있는 인간과 사회에 대한 관점 혹은 자산들을 현재 우리 학교가 가진 문제들을 해결하기 위한 대안으로 제시한 것들이다. 그리고 공교육에서는 이러한 기독교에 바탕을 둔 교육적 대안들을 기독교에서 나왔다고 배척하는 것이 아니라 한국 공교육이 회복해야 할 대안이라고 기쁘게 받아들이고 있는 것이다. 사교육걱정없는세상의 경우 일반 교육시민단체의 성격을 가지고 있지만, 그 중심에는 과도한 입시경쟁과 사교육으로 인해 고통당하는 아이들과 학부모들을 불쌍히 여기고 개입하시는 하나님의 마음과 행동을 담아내려는 동기와 에너지가 있다. 그리고 여기서 나오는 대안들이 사람들의 마음을 움직이고 변화의 물결을 만들어가고 있다.

그 동안 우리 사회는 공교육에 있어서 종교의 역할을 종교중립이라는 개념으로 막아왔다. 이는 다종교 사회라는 한국적인 상황에서 나온 부분이긴 하지만 기독교가 공적인 영역에서 공적인 기여를 하지 못하고 오히려 공익에 반하는 형태의 선교를 강행하는 것에 대한 반감의 영향이라고 할 수 있다. 하지만 어느 사회건 '공'의 개념과 공적 영역 가운데 종교가 어떤 역할을 해야 하느냐 하는 것은 불변의 법칙이 작용하는 것이 아니라 그 사회 내에서 종교가 차지하고 있는 위치와 종교가 공적 영역에서 하고 있는 기여 정도에 따라 달리 정해진다. 기독교가 공교육 내에서 공교육의 정신과 생명을 살려내고 그로 인해 교육이 모든 사람들에게 행복을 주는 곳으로 변해가고 있다면 누가 공교육에서 기독교를 배제하려고 하겠는가? 물론 그러더라도 다종교 사회라는 틀이 변하지 않는 한 공교육의 공식 교육과정에서 직접적인 선교는 제한이 있겠지만 전반적인 분위기는 바뀔 수 있고, 선교적인 풍토는 확실히 넓어질 수 있다.

그러므로 이제 한국 기독교에게 주어진 숙제는 공교육의 본질과 생명을 회복하는 이 일에 기독교가 얼마나 어떻게 기여할 수 있겠는가 하는 것이다. 이는 사실 한국 공교육이 간절히 사모하고 있는 바이기도 하다. 현재 한국 공교육의 위기에 대해서는 누구나 공감하지만 이를 해결해낼 주체나 에너지는 완전히 바닥이 나 있는 상황이다. 다행인 것은 한국 기독교 가운데 교육 영역은 공교육 내에 정신과 생명을 불어넣어줄 수 있는 준비된 자산을 많이 갖고 있는 영역이다. 좋은교사운동이 지난 20년간의 활동을 통해 기독교의 정신을 교육의 형태로 바꾸어낼 수 있는 전문성과 경험을 가지고 있고 이에 대한 기독교 진영과 일반 교육계의 신뢰를 함께 받고 있다. 그리고 사교육걱정없는세상은 교육 시민운동 영역에서 독보적인 영향력을 확보하고 있다. 이뿐 아니라 한국 교육의 10%를 차지하고 있는 기독교계 사립학교와 날로 성장하고 있는 기독교 대안학교의 경우도 그 방향을 제대로 잡기만 하면 이러한 역할을 할 수 있는 잠재력은 가지고 있다.

한국에 기독교가 들어온 지 130년이 되었다. 그 동안 기독교는 성장의 정점을 찍고 이제 퇴보의 길에 들어섰다는 우려가 많이 나오고 있다. 하지만 이는 양적인 면에서의 평가일 뿐이다. 질적인 면에서 한국 기독교는 복음의 풍성함이나 2000년 기독교 전통의 깊이를 한국 사회 가운데 제대로 드러낸 적이 없다. 물론 개화기 한국 민족정신에 기여한 부분이나 1907년 평양 대부흥 운동, 그리고 1970년대 이후 급속한 성장 등의 열매가 있긴 했지만 이는 복음의 지극히 작은 부분일 뿐이다. 한국 기독교는 기독교가 서구 유럽 사회를 통째로 바꾸어내고 풍성한 정신적 사회적 자산을 남겼던 그 풍성함을 한국 사회 가운데 실현해야 할 과제를 안고 있다. 이는 한국 사회와 교육을 위해서도 필요하지만 아시아와 아프리카의 많은 선교지에서 기독교가 나아갈 방향과 모델을 제시해야 한다는 면에서도 매우 중요하다.

한국 기독교가 한편으로 양적인 면에서 퇴조하고 또 세상으로부터 비웃음을 살 정도 복음의 생명력을 잃어버린 교권주의와 세속화의 모습을 보이고 있는 것은 사실이다. 하지만 다른 한편에서는 삶 속에 체화되고 세상 가운데서 복음의 공적 능력을 드러내고자 하는 성숙한 그리스도인의 그룹이 존재하고 있다. 한국 사회 여러 영역 가운데서 가장 많은 사람들이 고통당하고 힘들어하는 영역인 공교육의 영역에서 한국 기독교가 올바른 개혁의 내용과 방향, 생명을 주는 역할을 할 수 있다면 이는 한국 사회 다른 영역으로도 누룩처럼 퍼져갈 수 있을 것이다.

〈참고문헌〉

강영숙 외 7인(2011). 식민지 교육연구의 다변화. 교육과학사.

강일국(2008). 해방 후 교육개혁운동. 강현출판사.

기독교학교교육연구소(2012). 2012 기독교 대안학교 실태와 발전과제 모색.

_____(2007). 평양 대부흥 운동과 기독교학교. 예영 커뮤니케이션.

김경자 외 3인(2005). 한국 근대 초등교육의 좌절. 교육과학사.

김경미(2009). 한국 근대교육의 형성. 도서출판 혜안.

김기석 편(1987, 1994). 교육사회학 탐구 I II. 교육과학사.

김영우(1999). 한국초등교육사. 도서출판 하우.

김용일(2000). 지방교육 자치의 현실과 이상. 문음사.

김정준 외 4인(2005). 한국 근대 초등교육의 발전. 교육과학사.

김정효 외 4인(2005). 한국 근대 초등교육의 성립. 교육과학사.

류대영(2009). 윌리엄 베어드의 교육사업. 한국 기독교와 역사 32호, 127-158.

류방란(1995). 한국근대교육의 등장과 발달. 서울대학교 교육학박사학위논문.

_____(2001). 개화기 기독교계 학교의 발달. 한국문화 28집, 251-272.

박상진 외 4인(2013). 기독교학교 역사에 길을 묻다. 예영 커뮤니케이션.

박현정(2004). OECD 교육지표로 본 한국교육 실태 분석. 한국교육개발원.

사교육걱정없는세상(2012). 선행교육 금지법 제정을 위한 제5차 토론회 자료집.

서울대학교 교육연구소(1997). 한국교육사. 교육과학사.

손봉호, 조성표 편(2012). 한국 사회의 발전과 기독교. 예영 커뮤니케이션.

송현강(2009). 한말 일제 강점기 강경교회의 만동학교 설립과 운영. 한국 기독교와 역사
　　31호, 95-122.

안종철(2009). 미군정 참여 미국선교사와 관련 인사들의 활동과 대한민국 정부 수립.
　　한국 기독교와 역사 30호, 5-30.

양현혜(2009). 근대 한일 관계사 속의 기독교. 이화여자대학교 출판부.

오성철(2000). 식민지 초등교육의 형성. 교육과학사.

오욱환(2000). 한국사회의 교육열 : 기원과 심화. 교육과학사.

오욱환, 최정실(1993). 미군 점령시대의 한국교육. 지식산업사.

이계학 외 4인(2004). 근대와 교육 사이의 파열음. 도서출판 아이필드.

이길상(2007). 20세기 한국교육사. 집문당.

이만규(2010). 조선교육사. 살림터.

이성전(2007). 미국 선교사와 한국 근대교육. 한국기독교역사연구소.

이영재(2011). 자유, 희망, 진보를 향한 교육민주화. 동연.

이종재, 김성열 편(2010). 한국교육 60년. 서울대학교 출판문화원.

이종태(2004). 이종태와 함께 찾는 한국교육의 희망. 도서출판 바른길.

정병오(2003). 현장 교사가 바꾸는 교직문화. 좋은교사운동 정책토론회 자료집.

정진상(2004). 국립내 통합네트워크. 책세상.

한국교육개발원(2013). 초중등교육 내용 방법 평가체제 개선방안 탐색을 위한 세미나.

한국기독교사연구회(1990, 1999). 한국기독교의 역사 Ⅰ Ⅱ Ⅲ. 한국기독교역사연구소.

한국기독교학교연합회(2004). 한국기독교학교연합회 50년사. 한국장로교출판사.

한국직업능력개발원(2013). 진로탐색을 위한 자유학기제 활성화 방안 모색.

허대영(2009). 오천석과 미군정기 교육정책. 한국학술정보.

Arthur. J. Brown(류대영, 지철미 역)(2013). 극동의 지배. 한국기독교역사연구소.

한국 공교육과 기독교, 쟁점을 말한다

📍 **일시**

2014년 2월 11일(화)

🎤 **참석자**

- 박상진 (장신대 기독교교육학과 교수, 기독교학교교육연구소 소장, 좋은교사운동 이사)

- 송인수 (사교육걱정없는세상 공동 대표, 좋은교사운동 대표 역임)

- 정병오 (좋은교사운동 정책위원, 좋은교사운동 대표 역임)

- 김진우 (좋은교사운동 공동 대표)

- 임종화 (좋은교사운동 공동 대표)

- 노종문 (IVP 편집장)

앞에서 총 5장에 걸쳐 독일, 영국, 미국, 덴마크, 한국 5개국의 공교육 전개 과정과 그 가운데 기독교가 했던 역할, 그리고 공교육과 기독교가 어떤 영향을 주고받았는지에 대해 살펴보았다. 이 과정 속에서 제기된 질문과 쟁점을 가지고 기독교사들의 연합 모임인 좋은교사운동 전현직 대표들과 창립부터 이사로서 신학적 지도를 하고 계신 박상진 목사님, 그리고 IVP 노종문 편집장님이 한 자리에 모였다. 이 좌담회는 2014년 2월 11일 좋은교사운동 사무실에서 진행되었다.

공교육을
어떻게 정의할 것인가?

박상진 오늘 논의를 시작하기 전에 공교육에 대한 정확한 정의를 규정할 필요가 있을 것 같다. 앞에서 5개국의 공교육 전개 과정에 대한 서술을 하면서 각 나라의 연구자마다 공교육에 대한 정의를 조금씩 다르게 사용하고 있다. 공교육에 대한 정의는 크게 3가지 차원에서 논의가 된다. 첫째는 국공립학교만을 공교육으로 제한하는 경우다. 그리고 둘째는 국가가 지원하고 관리하는 학교를 모두 공교육이라고 보는 경우인데 이 경우 정부 지원을 받는 사립학교는 물론이고 인가된 대안학교까지 공교육 체제로 볼 수 있다. 셋째는 모든 교육이 공교육적 성격이 있다고 봐서 모든 교육을 다 공교육으로 이해하려는 관점이다. 여기서 세 번째 관점은 너무 포괄적이어서 제외하더라도 첫 번째 관점과 두 번째 관점 중에서는 선택이 필요하다. 국공립학교에서 기독교의 역할을 논하는 것과 기독교사립학교에서 기독교의 역할을 논의할 때는 그 주제와 쟁점이 완전히 달라지기 때문이다.

정병오 앞에서 설명한 바와 같이 서구의 경우 공교육은 교회에서 시작이 되었다. 국가는 한참 뒤에 지원을 하기 시작했다. 그러기 때문에 국가의 지원과 통제를 받는 사립학교와 대안학교들도 공교육의 범주에 포함시켜 논의하는 것이 역사적인 바른 접근이라고 할 수 있다. 특별히 한국적 상황에서 미션스쿨을 포함한 사립학교들은 국공립학교 똑같은 수준의 지원과 통제를 받기 때문에 공교육 속에 포함시켜야 한다.

김진우 저는 조금 다른 차원에서 접근을 해 보겠다. 공교육의 범주를 정할 때 하나의 기준은 국가가 재정을 대느냐 여부이고, 두 번째 기준은 그것이 지향하는 가치가 공적이냐 사적이냐 하는 것이다. 이 두 기준에 비추어 본다면 모든 교육은 공적 공교육, 사적 공교육, 공적 사교육, 사적 사교육으로 나뉘어진다. 이런 차원에서 본다면 국가 재정의 지원을 받는 국공립학교나 사립학교라 하더라도 이들 학교가 추구하는 가치가 사적 가치라면 사적 공교육이라 볼 수 있고, 이에 비해 대안교육의 경우 틀은 사교육이지만 시민 양성과 같은 공적 가치를 지향한다고 인정한다면 공적 사교육이라고 볼 수 있을 것이다. 공교육의 개념을 이렇게 가치 지향성까지 포함해서 평가해야 공교육이 나아갈 방향을 제대로 모색할 수 있다고 본다.

박상진 좋은 지적이다. 다만 공교육이 지향해야 할 가치와 관련된 부분은 뒤에서 좀 더 논의하기로 하고, 여기서는 일단 학교의 형태 면에서 먼저 정리를 하자. 앞서 정병오 선생님이 이야기한 대로 정부 재정 지원과 통제를 받는 사립학교까지 공교육의 범주에 포함시켜 논의를 하되, 사립학교가 가지고 있는 고유한 고민과 쟁점은 제외하고 국공립학교와 사립학교가 공통적으로 가지고 있는 쟁점만 다루기로 하는 것이 좋겠다.

공교육 전개 과정에서
교회와 국가의 관계

정병오 공교육에 대한 개념과 범주에 대한 정리가 되었으니 첫 번째 주 제인 공교육의 시작과 전개 과정에서 교회와 국가의 관계에 대해 이야기를 해 보자.

노종문 서구에서 공교육 역사를 보면 루터의 구원론인 이신칭의론이 교육에도 적용되어, 교육도 모든 사람에게 값없이 주어져야 한다는 평등주의적인 생각이 공교육의 출발점이 되었다. 그래서 서구의 초기 공교육은 교회가 주도하고 국가가 지원을 하는 체계로 가다가 근대 민족국가가 형성되면서 국가가 교육을 국민통합의 중요한 수단으로 취하며 국가 주도성을 확대해갔다. 또한 공교육 가운데 계몽주의적 세속화 경향이 들어오면서 기독교와의 충돌이 불가피해졌다. 국가는 국가 통합과 산업화를 위한 인적 자원을 개발하는 것을 교육의 목표로 삼았고, 탈기독교적인 세속화의 가치들이 전통적인 기독교적 가치와 맞지 않아 국가는 점차 기독교를 공교육에서 배제해왔다.

임종화 서구에서 공교육이 처음 시작할 때는 서구 사회가 기독교 국가였기 때문에 교회가 공교육을 주도하고 교육 내용에 있어서도 성경과 기독교 신앙을 가르치는 것이 가능했다. 하지만 서구가 다종교 사회가 되면서 공교육 가운데서 불가피하게 기독교를 배제하는 방향으로 흘러왔다.

정병오   서구 공교육의 역사를 보게 되면 기독교 신학에 근거해서 교회의 주도 하에 공교육이 시작되었다. 그리고 서구 사회가 근대국가 체계로 들어서고 다종교 사회가 되면서 공교육에서 기독교의 역할이 축소된 것은 사실이다. 하지만 이는 시대적 상황의 변화에 따라 공교육 가운데서 기독교의 역할이 변화가 된 것이지, 배제되거나 사라진 것은 아니다. 특별히 처음 기독교가 생각했던 공교육이 담아야 할 가치는 이미 서구 공교육 가운데 굳건히 자리를 잡고 있다. 다만 직접적으로 성경과 신앙을 가르치는 부분은 간접적인 형태로 바뀌고 있는 상황이다. 이런 면에서 볼 때 "공교육에서 종교는 완전히 배제되어야 한다"는 우리의 통념은 역사적 근거가 없는 사실이라는 것이다. 최소한 서구적 맥락에서는 기독교 국가일 때는 물론이고 다종교 사회가 된 이후에도 기독교는 공교육 속에서 그 나름의 역할을 하고 있음을 알 수 있다.

물론 한국은 서구와는 다른 다종교 사회다. 하지만 한국도 초기 공교육의 역사를 보면 국가가 공교육을 제대로 꾸려갈 여유가 없을 때, 교회가 초기 공교육을 주도했던 것을 알 수 있다. 이러한 흐름이 국가(일제)의 탄압에 의해 꽃을 피우지는 못했지만 공교육의 기초석 역할을 충분히 했다. 지금도 한국 공교육에서 기독교를 포함한 종교를 완전히 배제하려는 시도는 공교육에 결코 유익하지 않다. 다만 한국과 같은 다종교 사회에서 공교육이 기독교를 포함한 종교와 어떤 관계를 맺는 것이 유익한지에 대한 폭넓고 열린 논의가 필요하다. 그리고 기독교에서는 이와 관련하여 설득력 있는 모델을 제시할 필요가 있다.

서구 공교육 속에 자리잡은
공적 가치의 의미

임종화   서구 공교육이 기독교에서 출발을 했고, 기독교적 가치가 공적 가치라는 이름으로 서구 공교육에 깊숙이 자리를 잡고 있다는 것에 동의를 한다. 하지만 다른 편에서 볼 때 서구 공교육에는 원초적인 복음의 생명력은 다 빠져있다. 물론 이는 단지 공교육만의 문제가 아닌 서구 기독교 전체의 문제라고 할 수 있다. 물론 서구인들은 기독교적 가치가 사회 전반에 다 녹아들어있다고 표현하지만 이는 다른 말로 복음의 본질과 관련해서는 아무 것도 하지 않는 것에 대해 변명으로 들리기도 한다. 물론 서구 사회 전반 특히 공교육 속에 깊이 자리를 잡은 인권존중, 평등, 평화의 정신은 매우 소중한 것이고 기독교의 유산임에 틀림없다. 하지만 이러한 인권존중, 평등, 평화의 가치는 보편적인 가치지 기독교만이 가진 가치인 것은 아니다. 이런 의미에서 이것을 기독교 가치로 제한해서 표현할 수 있는 것인지 모르겠다.

김진우   우리가 공적 가치라 부르는 인권, 평등, 평화, 민주주의 등은 물론 기독교의 전유물은 아니다. 불교에도 이런 가치가 포함되어 있기 때문에 어떤 의미에서는 불교적 가치라고 부를 수도 있을 것이다. 여기서 중요한 것은 어떤 가치가 특정 종교 속에 들어 있느냐 하는 것이 아니라, 교리 속에 들어 있는 가치를 그것을 믿는 신자들에 의해 역사적 상황 가운데서 실천하고 풀어냄으로 구체화할 때 의미를 가지고 그 종교의 가치라고 인정을 받는 것이다. 흑백차별 철폐운동도 그 차별의 현장 가운데서 루터 킹 목사를 중심으로 기독교인들이 신앙고백적 실천으로 참여하여 변화를 만들었을 때 흑백 차별 철폐 운동에는 기독교적 가치가 담겨있다고 평가하는 것이다.

정병오 연결해서 생각하자면 인권, 평화, 평등, 민주주의라는 것이 보편적 가치라고 하지만 역사적으로 보면 이슬람권이나 불교권에서 그러한 보편적 가치가 실현된 적이 없다. 오직 기독교 국가에서만 이러한 가치가 사회적 제도와 문화로 형성이 되었다. 이러한 것을 결코 가볍게 볼 수는 없다. 민주주의의 핵심 가치라고 할 수 있는 천부인권 사상만 해도 모든 인간이 하나님의 형상으로 창조되었다는 신앙의 기반이 없으면 나올 수가 없는 개념이다. 그래서 민주주의 기본 사상을 논한 로크의 책을 보면 천부인권을 포함한 모든 민주주의의 원리를 성경에서 끌어내고 있다. 그래서 로크의 책은 신학 책을 읽는 느낌이다. 물론 이러한 가치가 보편화되면서 종교적 용어를 사용하지 않기 때문에 이것이 마치 모든 인간의 내면 속에 보편적으로 들어있는 것이고, 인간이 이성적 추론을 통해 만들어냈다고 생각하지만 역사적으로 결코 그렇지가 않다. 그래서 기독교가 역사적 뿌리를 갖고 있지 않은 나라에 민주주의와 인권 존중이 뿌리를 내리기가 어려운 것이다.

한국의 경우 정치만 해도 민주주의가 제도로 들어왔지만 기독교적 가치의 뿌리가 약하다 보니 홍역을 앓고 있다. 공교육 역시 그나마 기독교가 중고등학교는 물론이고 초등 교육까지 중심을 잡고 이끌어서 어느 정도 공교육의 틀이 잡혔지만 그 기초가 약하다 보니 이렇게 어려움을 겪고 있다. 즉, 기독교적 가치에 대한 내면화 없이 그 가치에 기반한 제도만 도입하고, 가치는 유교적 입신양명의 가치를 그대로 가지고 있다 보니 많은 문제를 야기하고 있다. 이와 관련해서 이만규는 『조선교육사』에서 구한말 근대 교육의 도입기에 기독교 계통의 학교들이 중심을 잡아주었기에 그래도 한국 공교육이 어느 정도 자리를 잡을 수 있었음을 밝히고 있다. 하여간 지금도 기독교가 한국 공교육이 올바른 공적 가치 위에 견고히 서가는데 기여하기 위해서는 멋진 구호를 외침을 통해서가 아니라 기독교사들이 삶과 교육을 활동을 통해 그 가치를 구체적으로 실현하는 노력들을 쌓아가야 한다.

박상진 앞에서 서구 여러 나라 공교육의 역사에서 보았듯이 교육이 일부 특권층의 전유물이던 시대 가운데서 지위나 신분에 관계없이 모든 사람이 교육을 받을 수 있도록 공교육을 만든 것은 기독교의 혁혁한 공헌이었다. 그러기 때문에 모든 사람에게 동등한 교육을 제공한다는 공교육의 기본 개념 자체가 기독교의 산물이고 기독교 정신의 소산이라고 할 수 있다. 이러한 소외된 계층까지 교육으로 품어내는 평등의 가치 외에 정의, 평화, 생태보전 등 하나님 나라의 가치를 공적 영역 가운데서 일반인들과 소통하면서 실현해가는 것은 기독교가 이 세상 가운데서 해야 할 매우 중요한 역할이다. 다만 같은 가치를 이야기하지만 이 가치가 반기독교적 혹은 비기독교적인 의미로 사용되고 실제로 실현될 우려도 있다. 그러기 때문에 하나님 나라의 가치로서 공교육 속에 들어온 이러한 가치들이 원래 하나님이 의도하셨던 그 바른 의미로 제대로 실현되도록 노력해야 할 의무가 기독교인들에게 있다.

한국 공교육에서
기독교적 가치의 실현 전망

김진우 한국 공교육의 경우 서구에서 기독교적 배경 하에서 형성된 공교육이 들어왔지만 진공 상태에서 들어온 것이 아니라 한국이 가진 전통적인 정신적 유산 위에 들어왔다. 여기에다가 일제 강점기의 군국주의적 유산과 해방 이후 교육을 도구화하려는 독재국가적 성격이 결합되었기 때문에 비기독교적 요소가 지배하고 있는 상황이다. 그러기 때문에 현재 우리 공교육이 가지고 있는 비기독교적인 요소를 잘 구분해야만 그 위에서 기독교가 어떤 부분에서 어떤 가치를 가지고 한국 공교육에 기여해야 할 것인가를 구분할 수 있을 것이다.

송인수 그러면서도 현재 한국 공교육의 이념성을 대치하는 기독교적 가치를 이야기할 때는 거대담론 형태가 아니고 개별 학교적 상황과 교실 수업적 상황까지 낮추어서 설명해야 구체적으로 설명이 될 수 있다. 그러지 않고 인권, 평화 등 너무 추상적인 가치만 이야기하면 실제로 무엇을 어떻게 할지 잡히지 않게 된다. 또 다른 한편에서 볼 때 해방 후 한국 공교육은 국가 이데올로기의 지배를 받았지만 그 가운데 교육을 수행한 교사들 가운데는 이 국가 이데올로기를 무비판적으로 받아들인 것이 아니고 재구성하려는 노력을 꾸준히 해 오는 흐름이 있었다. 대표적으로 전교조가 이러한 흐름의 중심에 있었다. 그러기 때문에 이러한 흐름들과 또 구분되는 기독교적 가치가 무엇인가를 규명하는 것이 필요하다. 한편으로 국가 이데올로기가 교육에 어떻게 침투되어 왔는지, 그리고 그것에 맞서 이를 재구성하려는 움직임이 무엇이었는지, 그 가운데서 기독교적 가치는 어떻게 형성되어 왔는지를 살펴보아야 한다.

또 한 가지, 조심스러운 평가이기도 한데 한국 교회가 한국 교육에 어느 정도 긍정적 기여를 한 것은 사실이지만, 역사 가운데서 과연 기독교가 한국 공교육의 공적 가치 확립에 어느 정도 기여를 해 왔는지를 살펴볼 때 그렇지 않은 면도 가지고 있다. 기독교 학교만 하더라도 세속적 공교육 기관과 별 차이가 없는 부분도 많고, 사학에 주어진 자율성을 기독교적 가치의 확대가 아닌 국영수 교육을 강화하여 입시경쟁 교육을 강화하는데 사용한 경우도 많았다. 몇 년 전 대안학교 법제화 토론회에 가 보았더니 일반 대안교육에 종사하는 분이 "기독교 대안학교는 대안학교로 분류하지 말자." "기독교 대안학교는 출세 경쟁을 극복하지 못하고 거기에 편승하는 경우가 많다"는 평가를 해서 충격을 받은 적이 있다. 물론 이 평가가 다 맞는 것은 아니겠지만 우리 안에 상당한 정도의 반성과 성찰이 있어야 한다. 기독교 학교만이 아니라 한국 교회가 삶의 차원에서 기독교적 가치를 구현할 수 있는 기독교적 자산을 얼마나 가지고 있느냐 하는 부분도 냉정히 따져보아야 한다.

박상진 한국에 기독교가 처음 들어왔을 때 선교적인 관점에서 기독교 학교를 세웠고, 선교하는 것이 가장 중요한 기독교적 가치라고 생각했다. 그리고 실제로 기독교 학교는 복음화에 많은 기여를 했다. 하지만 그런 가치 위에서 기독교 학교가 하나님 나라의 가치, 제자도를 추구하는 학교로 나아가는 부분에서는 부족했다. 거기에 한국 교회 전반적으로 기복주의와 유교의 현세주의의 영향을 받으면서 학교는 전통적인 출세중심의 영향을 벗어나지 못했다. 그래서 기독교가 가진 공적 가치를 한국 공교육 가운데 실현하고 모델을 보여주는 부분에서 자기 역할을 하지 못했다. 이런 면에서 볼 때 한국 교회의 갱신과 교육의 건강성 회복은 불가분의 관계다. 한국 교회가 새로워질 때 기독교 학교들과 기독교 대안학교들이 건강성을 회복할 수 있고, 나아가 일반 공교육에도 건강한 영향을 미칠 수가 있다.

송인수　한국 교회가 가진 자산을 통틀어 생각할 것이 아니라 비록 부족하지만 지금도 한국 사회와 교육에 기여할 수 있을 정도로 가지고 있는 자산은 무엇이며, 마땅히 가져야 하는데 부족한 부분은 무엇이고, 또 가져서는 안 되는데 가지고 있으면서 영향을 미치고 있는 병폐적 자산은 무엇인지를 자세히 살펴야 한다. 그래서 지금 당장 한국 교육을 향해 내줄 수 있는 부분은 적극적으로 내주고, 오히려 교회 내부부터 고쳐야 할 부분은 내적 개혁과 자정 운동을 해나가야 한다.

정병오　교육에서 많은 사람들이 북유럽의 공교육을 공교육이 지향해야 할 이상에 가깝다는 평가를 한다. 이는 보수와 진보가 크게 다르지 않다. 그런데 이러한 북유럽의 공교육은 루터로부터 시작된 기독교의 영향이 절대적이고 기독교의 가치가 모든 면에 스며들어 있다. 이런 면에서 볼 때 한국 기독교는 기독교가 원래 지향하는 교육적 가치가 무엇인지를 깊이 생각할 필요가 있다. 신학적으로도 살피고 역사적으로도 살필 필요가 있다. 한국 초기 교육만 하더라도 아펜젤러나 베어드 선교사의 경우 '기독교적 전인교육'의 이상을 실현하려고 했고, 이에 반해 한국인 학생과 학부모는 영어를 배워 출세하려는 목적을 강하게 가지고 있어서 그 충돌이 심했다. 그런데 당시에는 그런 긴장과 갈등이라도 있었지만 지금은 교회와 기독교 내부에서도 출세교육에 지배당하고 있다. 기독교 내부에서 기독교적 교육의 가치를 재발견하고 이를 가지고 현실의 교육적 가치와 싸워가려는 노력이 필요하다. 만약 기독교가 이 역할을 해 주지 못하면 한국 교육 가운데는 입시출세교육과 싸울 수 있는 가 치와 힘을 가진 집단이 더 이상 없다. 한국 기독교는 이 부분에 대 한 역사적 책무성을 가져야 한다.

한국 공교육의 기독교적 변혁과 기독교사운동의 역할

박상진 한국 공교육에 기독교적 공적 가치를 불어넣어 공교육의 본질 과 건강성을 회복하는 일을 한국 교회가 해야 된다고 할 때 그러한 일을 할 수 있도록 한국 교회를 건강하게 만드는 작업을 해야 한 다. 이런 차원에서 볼 때 기독교사운동도 한국 교회의 건강성을 회 복하도록 돕는 일을 포기해서는 안 된다.

송인수 한국교회를 변화시키는 것이 기독교사운동의 역할이라고 말씀 하셨는데, 기독교사가 영향력을 줄 수 있는 것보다 기독교사가 교 회로부터 영향을 받는 것이 훨씬 크다. 우리의 힘이 매우 미약하다 는 것을 인식하고 이러한 상황 가운데서 우리가 어떤 변화의 불씨를 어떻게 일으킬 수 있는가를 고민해야 한다.

김진우   이런 차원에서 기독교사운동이 한국 교회의 건강성에 기여한다고 할 때 모든 영역이 아니라 교육과 관련해서 한국 교회가 가지고 있는 반기독교성에 집중해야 할 것이다. 그래야 좋은교사운동이 한국 교회의 건강성을 위해 기여해야 할 부분이 무엇인지 명료해질 것 같다.

박상진   기독교사운동은 교육의 영역에 집중하면 된다. 한국 교회 내 보수와 진보의 대립이 심하긴 하지만 현재의 왜곡된 교육을 바꾸어야 한다는 공감대는 있다. 그렇다면 이러한 공감된 현실에 바탕을 두고 교육과 관련된 기독교적 가치를 발견하고 이를 교회에서부터 해결해나갈 수 있는 대안을 제시해나가고 이를 바탕으로 한국 교육 전체를 바꾸는데 한국 교회가 기여하도록 이끌어가야 한다. 이러한 경험은 교육 뿐 아니라 다른 삶의 영역에서도 교회가 먼저 성경적 가치를 실천하고 이를 바탕으로 사회를 바꾸어가는 기독교의 원리와 능력을 회복하는 방향으로 역사할 수 있을 것이다. 기독교사운동은 이러한 가장 교육적인 방식으로 한국 교회의 갱신에 기여해야 한다.

송인수   교육과 관련해서 한국 교회를 갱신해야 할 영역은 많이 있다. 한국 교육을 지배하고 있는 출세주의 가치관은 한국 교회 가운데도 만연하다. 김교신 전집을 읽다 보면 일제 시대에도 한국 교회 내 출세주의 가치관이 만연하다는 비판이 나오는 것을 보면 뿌리가 깊다는 것을 알 수 있다.

임종화 기독교사운동이 한국 교육과 교회가 가지고 있는 뿌리 깊은 문
제들을 직시하고 이를 고치기 위한 의식과 제도의 차원에서 다양
한 노력을 해야 한다는 부분에 대해서는 동의를 한다. 하지만 우리
내부에서는 기독교사운동이 이렇게 한국 교회 갱신과 한국 교육의
구조적 뿌리까지 다루다 보면 아이들의 영혼을 구원하는 본질적인
사역에 집중력이 떨어질 수 있다는 우려도 나오고 있다.

송인수 그래서 기독교사운동을 처음 시작할 때 개인의 성화, 복음전
도, 교육전문성, 교육개혁 등의 영역을 다 우리 운동의 영역으로 아
우르는 노력을 해왔다. 물론 개인 차원에서는 자신의 소명이나 역
량을 따라 집중을 하되, 다른 영역을 다른 사람이 해 주는 것에 대
해 감사하는 공동체의 원리를 강조해 왔다. 하지만 이제는 보다 적
극적인 기독교사운동 신학의 정립이 필요하다고 본다. 교사들이
개별 교회에서 협소한 신학적 설교의 영향을 받는 경우가 많아 내
면화가 잘 되지 않는 경우가 많다. 물론 기독교사 신학이라고 할
때 체계화된 이론도 필요하지만 기독교사운동의 개별 실천 운동과
사역과 관련된 신학적 의미를 잘 설명해주는 것까지 필요하다.

김진우 현장에서는 모든 영역이 다 기독교사운동의 영역이라는 것은
알겠지만, 본부가 특정 영역에 집중함으로 인해 자신들이 하고 있는
영역의 수고가 잘 인정받지 못하는 것에 대한 서운함을 느끼는 정서
적인 부분도 있다. 그리고 본질적으로는 기독교사운동이 한국 교회
나 우리 교육의 구조적 문제를 고치기 위한 노력을 하더라도 그것이
상부 단위에서만 이루어지는 것이 아니라 개별 기독교사의 삶과 어
떻게 연결될 것인지 세심한 차원의 운동 전략이 있어야 할 것이다.

하나님 나라 신학과
기독교사운동의 과제

노종문　복음의 공공성과 관련하여 교회가 그동안 진행해 왔던 제자훈련에 대한 반성과 새로운 대안의 필요성이 제기되고 있다. 지금까지의 제자훈련은 선교단체 경험을 교회에 이식한 것이었는데, 그 내용이 개인 구원과 경건에 초점을 맞추고 있었다. 그러다보니 교회론과 공적 영역의 삶 부분에서는 공백이 있었다. 최근에 와서 이러한 개인 경건 중심의 틀이 가진 한계를 인식하고 하나님나라 복음이라는 더 온전한 패러다임에 맞춰 제자훈련 커리큘럼을 개발할 필요성이 제기되고 있지만 아직 구체화되지는 못하고 있다. 제자훈련의 내용이 개인 경건에서 멈추고 공적인 영역의 삶까지 다루지는 못하고 있다.

박상진　좋은교사운동은 공교육으로 부름받은 단체이기 때문에 기독교적 공공성에 대한 깊은 고민을 해야 한다. 최근 신학에서도 공공신학 논의가 많이 되고 있는데, 일반적인 학계나 사회 운동에서 이야기 하는 공적 가치를 가지고 와서 그것을 기독교적 공공성으로 이야기하는 경우가 많다. 그럴 경우 성도들의 동의를 얻을 수 없고 교회 가운데 힘을 가질 수 없다. 기독교적 공공성이 교회 내에서 힘을 얻고 교인들을 움직이며 그 힘으로 세상 가운데서 변혁의 힘으로 작용하려면 하나님의 나라의 관점에서 철저하게 성경에 기반을 둔 공공성을 이야기해야 한다. 물론 기독교적 공공성이라 해도 그 표현은 정의, 인권, 평화, 생태 등 일반 공공성과 같을 수 있다.

하지만 그 내면에 성경적 관점에서 치열하게 고민한 신학적 정당성 구조를 가지고 있어야 한다. 그리고 그 속에 이 세상의 왜곡된 구조에 대해 아파하는 하나님의 마음이 잘 담겨있어야 한다. 그렇게 할 때 입시, 사교육, 학교폭력 등 교육 문제에 대해 성경적 공공성의 관점과 하나님의 마음을 가지고 대안을 만들어낼 수 있다. 그리고 이 대안은 애통함과 간절함이라는 개인적인 영성과도 연결되기 때문에 구체적인 힘으로 나오게 된다. 또한 이러한 고민들은 교실에서 개별 기독교사들의 삶 가운데서는 어떤 실천으로 나타날지 교회와의 관계에서는 어떤 메시지로 나타날지, 일반 교육시민사회와 어떻게 연대할지 연결되게 된다.

김진우 기독교적 공공성, 공적 가치를 이야기할 때 그것이 비록 성경적 근거를 가지고 있다 해도 좌우대립 구도 속에 있는 우리 현실 가운데서는 왜곡되거나 불편함을 주는 현실도 존재한다. 예를 들어 인권을 이야기 할 때 그 이야기가 진공에서 나온 것이 아니라 여러 진영이 가지고 있는 정치적 맥락에서 나온 것이기 때문에 서로 경계를 하는 모습도 나타난다. 그러기 때문에 성경적 근거와 신학적 기초를 잘 정립하는 것이 더욱 필요하겠지만 주의는 필요하다. 또 한 가지 우리가 추구하는 가치를 우리의 현실 가운데서 보다 구체적으로 표현해가는 것도 필요하다고 본다. 예를 들어 일제 시대에는 민족이나 독립의 가치가 국민들의 마음을 얻었고, 군부 독재 시대에는 민주주의가 온 국민의 가치로 인정받았다. 전교조의 경우 당시 우리 교육의 상황 가운데서 자신들의 가치를 민주, 민족, 인간화로 표현하기도 했다. 기독교적 가치도 사랑, 정의 등 추상적 차원에서 머물러 있어서는 안 되고 왜곡된 우리 교육 현실을 어떻게 고치자고 하는지에 대한 보다 구체적인 그림으로 표현할 필요도 있다.

노종문   그런 차원에서 본다면 오랫 동안 우리 공교육을 지배해온 '인재 양성'의 가치에 대해 기독교적 가치에 근거한 반성과 대안 제시가 필요하다. 국가 차원에서 교육을 통해 인재를 양성해야 하겠다는 것은 이해가 되지만, 이 말이 무비판적으로 우리 교육을 지배하는 가치가 되면서 인간을 산업 발전의 도구로 생각하고 교육하는 것이 당연시 되고 있다. 기독교의 입장에서 인간이 어떤 존재인지, 사람이 어떻게 살아야 하는지에 대한 성경적 가치에 기반을 둔 좋은 교육 이념을 제시할 필요도 있다.

송인수   두 가지 축이 필요하다. 하나는 성경적이고 신학적인 엄밀한 작업 과정을 통해 교육과 관련해서 우리가 추구해야 할 하나님 나라의 가치가 무엇인가를 찾는 작업이다. 하지만 동시에 생각해야 할 것은 이렇게 우리가 추구해야 할 성경적 가치와 더불어 현재 우리의 역량을 고려해서 지금 우선적으로 할 수 있는 것을 찾아야 한다. 그런데 지금 우리가 해야 할 일은 우리의 가슴을 뛰게 하고 우리의 심장을 들끓게 만드는 것이어야 한다. 그래서 그것이 이슈화가 되도록 우리를 헌신하게 만드는 것이어야 하고, 그것이 사건화되어서 세상에 충격을 주는 것이어야 한다. 사건화되지 않은 것은 아무리 기독교적 가치를 합리적 언어로 잘 표현해도 이 세상 가운데 맥락화되어 스며들 수 없기 때문에 어떠한 효과도 거둘 수가 없다.

공교육에서의 종교교육, 어떻게 이루어져야 하나?

김진우 한국 공교육 내에 기독교적 공공성을 가지고 기여하는 부분과 관련해서는 충분히 이야기를 했으니, 공교육에서 종교교육의 문제는 어떻게 접근해야 할지 이야기를 해 보자.

박상진 우리나라 상황은 종교교육 자체가 이루어지지 않고 있다. 공교육이 추구해야 할 공적 가치 가운데는 종교적인 가치, 종교성이 매우 중요함에도 불구하고 배제하고 있다. 나라마다 종교교육에 대한 양상이 달라서 어떤 나라는 종교 일반을 가르치기도 하고 또 어떤 나라는 그 나라의 주된 종교의 교리를 가르치기도 한다. 그리고 학생들의 선택을 받아 개별 종교의 성직자가 직접 신앙교육을 시키는 나라도 있다. 그런데 우리 나라와 같이 종교중립을 내세워 종교교육 자체를 하지 않는 나라는 거의 없다. 우리나라는 사실상 종교는 사적인 영역, 평향적인 것이라고 축소 왜곡하는 반종교 교육을 하고 있는 것이다. 공교육 안에서 종교 교육에 대한 새로운 접근이 필요하고, 기독교사운동이 종교교육 자체가 얼마나 중요한지에 대해 도전을 줄 수 있어야 하고 우리 상황에 맞는 종교교육을 적극적으로 제안해야 한다.

김진우 유럽을 포함해서 많은 나라에서 공교육에서 종교를 가르치는 것이 도덕교육과 시민교육에 유익하다는 판단에서 실시하고 있다. 우리 나라의 경우에도 종교를 갈등의 요인으로만 볼 것이 아니라 적극적으로 공교육에서 활용할 필요가 있다.

임종화　기본적으로 찬성한다. 하지만 순서가 중요하다고 본다. 예를 들어 덴마크의 경우 대안교육을 공교육과 비슷한 수준에서 지원하고 있는데, 이는 질 높은 공교육을 전제로 하기 때문에 부작용이 없고 오히려 다양성으로 작용하고 있다. 그런데 우리나라와 같이 공교육의 질이 높지 못한 상황에서 대안교육에 대한 지원을 강화하게 되면 대안교육이 특권교육이 되면서 공교육은 더욱 위축될수가 있다. 마찬가지로 공교육 전반에 기독교적 공적 가치를 실현하기 위한 노력이 우선되어야 한다. 그러지 않고 공교육 내에 공적가치가 매우 약한 상태에서 종교교육이 들어올 경우 종교가 통합의 순기능보다는 갈등을 일으킬 소지가 더 높다. 그러므로 기독교는 공교육 내 종교교육을 도입하는데 에너지를 쏟기보다는 공교육내 공적 가치를 높이는데 우선적인 노력을 해야 한다.

송인수　현재 한국에서 기독교에 대한 사회적 인식 정도를 볼 때 종교를 정규 교육과정의 하나로 도입하려는 시도가 과연 복음전도 사역에 도움이 될 것인가 하는 부분에 대한 판단이 필요하다. 비공식 교육과정 수준의 종교교육, 그리고 일반 교과 내에서 풀어내는 기독교 친화적인 교육은 현실적으로 가능하고 유리하기도 하다. 그런데 기독교를 교육과정의 하나로 도입하고자 하면 종교인과 비종교인, 또 종교간의 갈등이 생길 수 있다. 자칫 공교육 내에서 모든종류의 기독교적 요소를 배제하려는 움직임을 촉발할 수 있기에 신중한 검토가 필요하다.

노종문 종교를 교과목으로 도입하는 것이 종교간 갈등의 소지도 있지만 종교간 이해를 통한 갈등 해소의 측면도 있다. 어차피 우리 나라도 다문화 사회로 접어들었기 때문에 다양한 문화를 가진 사람들이 공존하는 훈련이 학교 교육을 통해 이루어져야 한다. 이런 차원에서 종교를 교과목으로 도입하는 것이 현실적인 설득력을 가질 수 있고 실제 그 역할을 감당할 수도 있다.

정병오 현실적으로 공교육 내 종교교육을 강화하는 부분과 관련해서 기독교는 공교육 내 다양한 종교 과목을 개설하되 학생과 학부모의 선택권을 주면 된다는 입장이다. 하지만 이에 대해 타종교에서는 기독교의 공격적 선교 전략에 휘말릴지도 모른다는 우려 때문에 반대를 하고 있다. 반대로 기독교를 제외한 타종교에서는 특정 종교 과목이 아닌 일반적인 종교적 영성을 교육하자는 입장이다. 이에 대해서는 기독교가 받아들일 수 없다는 입장이다. 그러기 때문에 종교교육과 관련해서 타종교와의 대화, 협력이 우선 되어야 한다.

박상진 우리나라는 다양한 종교가 공존하면서 큰 갈등을 일으키지 않는 좋은 토양을 가지고 있다. 하지만 동시에 종교간 갈등이 생길 수 있는 시한폭탄을 안고 있는 것도 사실이다. 그러기 때문에 개별 종교의 특성을 희석화시키는 종교간 대화는 안 되지만 서로 존중하고 평화롭게 공존하는 차원의 종교간의 대화는 매우 필요하다. 종교교육의 이슈를 가지고 타종교와 대화와 협력이 필요하다.

공교육에서의
직접적인 선교 가능성은?

정병오 공교육 교육과정 내 어떤 형태로든 종교를 교과목으로 도입하는 문제는 기독교가 단독으로 주장할 문제는 아니고, 타종교와의 충분한 대화와 신뢰 형성이 전제되어야 한다. 그렇지만 현재 주어진 상황 가운데서도 공식적인 교육과정이 아닌 계발활동이나 동아리 혹은 학생들과의 비공식적인 만남을 통한 직접적인 복음전도와 양육 활동의 기회를 보다 적극적으로 활용하려는 노력이 필요하다.

송인수 현실적으로 동아리나 계발 활동이 직접적인 복음전파의 주요한 통로로 남아 있는 것은 사실이다. 하지만 기독교사들이 여기에만 국한해 생각해서는 안 된다. 수업과 생활지도를 포함한 모든 교육 활동의 영역 가운데서, 학생들과의 모든 만남 가운데서 기독교사가 추구하는 기독교적 가치를 어떻게 반영할 것인가 하는 부분에까지 관심이 확대되어야 한다.

김진우 특별히 수업은 기독교사가 놓칠 수 없는 부분이고 창의성이 요청되는 부분이다. 물론 교과와 무관한 복음전파는 공교육의 원리에 맞지 않고 기독교에 유익하지도 않다. 다만 교과가 원래 추구하고 전달하고자 하는 진리를 통해 어떻게 이 세상을 창조하시고 사랑으로 다스리시는 하나님의 보편성과 연결시켜 아이들의 시야와 생각을 열어줄 것인가 하는 부분에 대한 고민이 많이 필요하다. C.S.루이스가 『순전한 기독교』에서 펼치고 있는 변증의 논리는 기독교사가 공교육의 교과 가운데 어떻게 수업을 전개할 것인가에 대한 모델을 보여준다.

박상진 종교가 교육과정의 교과목으로 개설되는 것도 상징적으로 중요한 의미가 있다. 하지만 더 중요한 것은 수업 가운데 하나님 나라의 가치를 어떻게 반영할 것인가 하는 부분이 더 중요하다. 하지만 수업 속에 기독교 교리를 반영해야 한다는 강박 관념에서 기독교적 수업을 교조적으로 생각해서는 안 된다. 학문적 깊은 통찰과 하나님 나라의 공공성 차원에서 고민이 이루어져야 한다. 그리고 기독 동아리나 계발 활동도 기독교가 아이들의 건강한 전인적 성장에 유익하다는 교육학적인 타당성을 보여주는 방향으로 나아가야 한다.

송인수 좋은교사운동은 공교육으로 부름받았기 때문에 복음전도의 영역도 교육의 본질과 밀접한 관련을 맺고 깊이있고 풍성한 복음의 총체성을 전달하려는 노력을 해야 한다. 그래야 교육계 내에서 지속가능하고 장기적으로 볼 때 효과적이다. 학생선교단체의 역사를 보면 대학생의 일상적인 삶과 무관하게 좁은 의미의 복음전도와 제자훈련에만 집중한 단체들은 한 때 부흥했으나 지금은 거의 소멸되고 있다. 하지만 복음을 총체적으로 이해하고 대학생의 일상과 연관된 그리고 학생들의 미래와 관련해서 제자훈련을 해온 단체들은 꾸준히 자기 역할을 하고 있다. 기독교사운동이 학교에서 고립되는 방식이 아니라 학교와 교육을 유익케 하고 살리는 방식으로 뻗어가야 한다. 직접적인 복음전파가 좋은 수업, 회복적 생활교육, 좋은 학교 등의 가치와 함께 가야 한다.

임종화 복음이 총체적이듯, 공교육에서 복음 전도도 교육이라는 총체적인 맥락에서 이루어져야 한다는 부분에 동의를 한다. 다만 이렇게 총체적인 접근을 하다 보면 직접적인 복음 전도에 대한 열정과 관심이 약화되는 부분이 우려가 된다. 인간의 연약성을 생각할 때 교육 전 영역을 통한 복음의 능력을 드러내는 일과 보다 직접적인 복음 전도의 열정을 지속적으로 고양시켜야 하는 양면을 잘 조화시키는 것이 과제다.

강영택

고려대학교 졸업 후 서울동북고등학교에서 국어 교사로 근무하면서 기독교 사회(TCF)를 통해 기독교사운동에 참여했다. 이후 미국 Calvin Theological Seminary와 미시간 주립대학에서 교육행정을 공부한 후 우석대학교 교수로 근무하고 있다. 기독교 학교 운동과 학교와 지역사회의 올바른 관계 문제 에 많은 관심을 가지고 연구해 오고 있으며, 최근 논문으로는 「기독교 학교 정체성 재정립을 위한 한 시도」(2012), 「학교 지역 사회의 파트너십에 대한 사례 연구」(2012), 「기독교 학교와 교회의 관계에 대한 고찰」(2013) 등이 있고, 최근 저서로는 『고통의 교육에서 희망의 교육으로』(SFC출판부), 『기 독교 학교, 역사에 길을 묻다』(예영) 등이 있다.

김창환

연세대학교와 독일 튀빙겐 대학교에서 교육철학을 공부했으며, 한국교육개 발원 선임연구원으로 근무하면서 교육통계정보연구본부장과 기획처장을 역임했다. 교육철학, 독일교육, 통일교육, 교육통계, 교육지표개발 등 교육 의 폭넓은 분야에서 왕성한 연구활동을 해 왔으며, 최근 논문으로는 「국가 교육의 장기 비전 : 향후 10년의 교육 비전과 전략」(2011), 「학생역량지수 개발 연구」(2013), 「남북 청소년 교류 방안 연구」(2013), 「통일교육의 새로 운 지평 : '통일준비'에서 '통합역량'으로」(2013) 등이 있으며, 대표적인 저 서로는 『인재강국 독일의 교육』(신정), 『헤르바르트』(문음사), 『인본주의 교 육사상』(학지사), 『입시에 대한 기독교적 이해』(예영) 등이 있다.

유재봉

서울대학교와 University of London(Institute of Education)에서 공부를 했으며, 현재 성균관대학교 교육학과 교수로 재직 중이다. 기독교학문연구회가 펴내는 〈신앙과 학문〉 편집위원장을 역임했으며(2003-2011) 현재는 부회장으로 섬기고 있다. '영미 현대교육철학', '공교육에서의 종교교육', '도덕교육'에 많은 관심을 가지고 연구를 해 오고 있으며 최근 논문으로는 「영국의 종교교육: 학교에서의 종교교육의 가능성 탐색」(2013), 「교육에서의 영성회복: 학교에서의 영성교육을 위한 시론」(2013), 「학교폭력의 현상과 그 대책에 대한 철학적 검토」(2012), 「교육의 종교적 차원과 그 정당화」(2011) 등이 있으며, 최근 저서로는 『종교교육론: 학교에서의 기독교적 종교교육』(학지사, 공저, 2013), 『다문화시대 대화와 소통의 교육철학』(학지사, 공역, 2010), 『학교교육에 대한 기독교적 이해』(교육과학사, 공저, 2010) 등이 있다.

송순재

고려대학교와 감리교신학대학교 대학원, 독일 튀빙겐 대학교에서 공부했으며 현재 감리교신학대학교 교수로 재직 중이다. 〈대화와 실천을 위한 교육사랑방〉과 〈학교교육연구회〉를 공동 운영하고 있으며 서울시 교육청 연수원장으로 근무한 바 있다. 저서 · 편서 · 역서로 『유럽의 아름다운 학교와 교육개혁운동』(내일을여는책), 『상상력으로 교육에 말걸기』(아침이슬), 『위대한 평민을 기르는 덴마크 자유학교』(민들레), 『삶의 이야기와 종교』(한국신학연구소), 『어떻게 아이들을 사랑해야 하는가』(내일을여는책), 『꿈의 학교 헬레네 랑에』(착한책가게) 등이 있으며, 논문으로 「자유종교교육 모형 탐색 – 기독교종립대안학교를 중심으로」(2006), 「독일 가톨릭 종립 대안학교 사례 연구: '카를 요제프 라이프레히트 학교'를 중심으로」(2007), 「기독교교육 미학적 신앙형성을 위한 물음과 과제」(2007) 등이 있다.

정병오

서울대학교 윤리교육학과 졸업 후 청운중, 장충여중, 양화중을 거쳐 문래중학교 교사로 근무 중이다. 교직 초기부터 기독교사운동에 참여하여 기독교사들의 연합모임인 좋은교사운동의 대표를 역임했고 현재는 정책위원으로 섬기고 있다. '입시사교육바로세우기 기독교운동'과 '대한민국 교육봉사단' 공동대표로도 활동 중이다. 저서로는『시대를 뒤서 가는 사람』(좋은교사운동 출판부),『하나님 앞에서 공부하는 아이』(좋은씨앗),『선생님은 너를 응원해』(홍성사)가 있다.

카를 크리스티안 에기디우스 (Karl K. Aegidius)

1935년 덴마크의 교직자 집안에서 태어났다. 1953년 대학입학자격 고사를 치루고 이듬 해 코펜하겐 대학에 입학. 독일, 스페인, 핀란드 등 유럽 여러 나라를 여행하며 활동하느라 학업을 때때로 중단하기도 했다(1953-57). 반년 정도 농촌 작은 학교에서 교장대리직을 맡아보다가, 스페인 마드리드로 가서 영어 교사로 근무(1955-56). 3년간 작은 농가에서 소작인으로 일하기도 했으며, 군복무를 마친 후, 1961년부터 2년간 자유학교와 자유중등학교 교사로 일했다. 몇몇 가정과 자유학교를 설립하여 운영했으며(1962-69), 1962년 결혼 후 오덴세 대학에서 역사와 스칸디나비어 언어와 문학을 공부했다(1969-76). 뢴델세 자유학교(Nr. Lyndelse Friskole, 1969-71)와 오덴세 김나지움(Odense Katedralskole)에서 역사 교사로 재직(1971-75). 1976년부터 자유교원대학(Den Frie Laererskole)에서 역사와 사회과학을 가르치다가 1997년 은퇴 후, 이듬해부터 현재까지 〈덴마크 자유학교협회 국제위원회〉 위원으로 활동 중이다.